Jane Sherwood
Das jenseitige Land

Jane Sherwood

Das jenseitige Land

Offenbarungen über das Leben nach dem Tode und das Mysterium der Wiedergeburt

Eine reine Quelle höheren Wissens

Ansata-Verlag

Aus dem Englischen von Carmen-Sylvia Kremer
Lektorat: Elisabeth und Wolfram Hämmerling

Titel der Originalausgabe:
THE COUNTRY BEYOND
THE PSYCHIC BRIDGE
Erschienen bei C. W. Daniel Company Limited
Saffron Walden, Essex, England
Copyright © 1990 by Jane Sherwood

Deutsche Ausgabe:
2. Auflage, Sonderausgabe 1996
Copyright © 1991 by Ansata-Verlag, Interlaken
Alle Rechte vorbehalten
Umschlagbild: Robert Wicki
Satz: Jung Satz Centrum, Lahnau
Druck: Kösel, Kempten/Allgäu

ISBN 3-7157-203-6

Inhalt

Einführung

Der größte Teil des Materials, das mir in diesen Mitteilungen durchgegeben wurde, war in seinen ersten Fassungen äußerst abstrus und kompliziert. Ich habe versucht, es von allen verwirrenden Faktoren zu befreien und es möglichst klar und logisch darzulegen. Um die komplexen Wahrheiten der eingegebenen Gedanken nicht zu verfälschen, mußte ich allerdings ein bestimmtes Niveau beibehalten.

Gedanken und Ideen sind faszinierende, vitale Gebilde. Je nach dem Boden, auf dem sie wachsen, können sie sich in eine verwirrende Vielzahl von Formen kleiden. Ich habe die Hoffnung, daß die Saat, die ich ausstreuen helfe, ihre eigene Ernte in den Gemütern anderer Menschen hervorbringen wird, und daß die Form der Wahrheit in ihrem Geist eine andere sein mag als in meinem eigenen. Darin, daß jeder selbst die Wahrheit erfaßt, liegt die Hoffnung für die Zukunft. Darum vertraue ich darauf, daß der Leser meine persönliche Wirklichkeit lediglich als ein Beispiel nimmt, das ihm als Wegweiser zu seiner eigenen, individuellen Wahrheit dienen soll und als Anstoß zu eigenen Forschungen.

Als ich mit meinen Experimenten begann, warnten mich erfahrene Menschen vor bestimmten Gefahren, die auftreten könnten, wenn sich ein Mensch den Einflüssen aus der Geisterwelt öffnete. Nicht alle diese Einflüsse nämlich seien gut, sondern es strebten auch unheilvolle Kräfte danach, Macht über die Gemüter der Menschen zu erlangen. Da ich noch nicht wußte, wovon sie sprachen, nahm ich diese Warnungen damals nicht besonders ernst; ich hielt sie für puren Aberglauben. Dafür mußte ich später einen hohen Preis zahlen. Ich lege diese gutgemeinten Warnungen deshalb jedem dringend ans Herz, der Kontakt mit der Geisterwelt aufnehmen möchte.

Die Gefahren existieren in zweifacher Art. Zum einen gibt es erdgebundene Geister, die auf Unheil sinnen, Kontakte mit jenseitigen Wesen stören wollen und alles daransetzen, die Menschen irrezuführen und Mitteilungen zu verfälschen. Mit aller Wahrscheinlichkeit tritt diese Gefahr in den Anfangsphasen der Entwicklung auf. Sie kann durch guten Willen und Hilfsbereitschaft diesen unglücklichen Geistern gegenüber gemildert werden. Sie sind ja nichts anderes als die Persönlichkeiten der verstorbenen «bösen» Menschen, die sich auch im Jenseits in ihrer gewohnten Weise betätigen. Immerfort wird daran gearbeitet, diese irregeleiteten Geister zu bessern. Manches Mal wird den hingebungsvollen Seelen, die sich freiwillig dieser schwierigen Aufgabe widmen, sehr viel Zeit und Geduld abverlangt.

Die zweite Gefahr kommt von innen, und vor ihr muß man noch weit mehr auf der Hut sein. Bei den vielfältigen Gründen der Wahrheitssuche (oft nur intellektuelle Wißbegier) wird leicht übersehen, daß die moralischen Qualitäten eines Menschen von allergrößter Bedeutung sind. Während der Entwicklung kommt es nämlich zu Bewußtseinsveränderungen und gewaltigen emotionalen Umwälzungsprozessen. Offensichtlich wird das Unterbewußtsein bis in seine dunkelsten Tiefen hinein aufgewühlt, wobei alle Spielarten verdrängter Inhalte das Bewußtsein überfluten. Es werden Erfahrungen bewirkt, die so phantastisch und qualvoll mit Emotionen aufgeladen sind, daß es äußerst schwierig ist, das seelische Gleichgewicht zu behalten. Sehr oft hört man von traurigen Fällen, in denen diese Krise fatale Folgen für die Stabilität des Menschen hatte. Ein geschulter, disziplinierter Geist und Körper und geläuterte, kontrollierte Gefühle sind für den Suchenden unerläßlich. Um dem Unbekannten gegenüberzutreten, braucht er ein hohes Maß an Mut. Einen echten Schutz gegen die Gefährdungen eines solchen Unternehmens kann jedoch nur ein gefestigter Charakter gewähren.

Im eigentlichen Sinne handelt es sich bei dieser Suche um den Versuch, die nächste Stufe menschlicher Weiterentwicklung vorwegzunehmen. Aber der Durchbruch neuer Fähigkeiten und Kräfte gefährdet immer auch das Gleichgewicht des alten Zustandes. Davon wußte ich nichts und geriet so in ernsthafte Gefahr. Ich mußte mich meiner erweiterten Wahrnehmungsfähigkeit anpassen, während mein ganzes Wesen von emotionalen Stürmen geschüttelt wurde. Daß ich diese Gefahren sicher überstand, verdanke ich hauptsächlich der Hilfe meiner drei Freunde, die mir von ihrer Kraft gaben und mich durch diese schwierige Zeit hindurchmanövrierten. Das sind die Wesenheit, die unter dem Namen «Scott» bekannt ist, mein verstorbener Mann Andrew und ein älterer, weiserer Freund, den wir mit seinen Initialen, «E. K.», anreden. Die Geschichte, auf welche Weise ich den Kontakt mit ihnen aufgenommen habe, erzähle ich in den ersten Kapiteln dieses Buches.

Es gibt bestimmte Emotionen, die ich als besonders gefährlich empfunden habe. Unter allen Umständen muß sich der Suchende mit ihnen auseinandersetzen und sie unter Kontrolle bringen, bevor er die Initiation erwarten darf. In meinem Fall war es ein großer selbstsüchtiger Kummer, ein jahrelang unterdrückter Groll, der nun in qualvollen Wogen freigesetzt wurde. Ich mußte Akzeptanz und Demut lernen, bevor meine Leiden Linderung erfuhren. Auch war es mir niemals ganz gelungen, mein ungeduldiges Temperament zu zügeln. Nun mußte ich feststellen, daß mein Ärger die empfindlichen Körper meiner Freunde versengte, wenn sie sich in solchen Momenten an mich heranwagten. Als ich schließlich begriff, daß sie meinetwegen leiden mußten, ging ich hart mit mir ins Gericht und versuchte, mich besser unter Kontrolle zu halten. Nachdem mein eigener Körper immer durchlässiger und feiner geworden war, verstand auch ich, was es heißt, von den buchstäblichen Wellen des Hasses oder der Aggression versengt zu werden. Auf diese Weise erhielt ich einen überzeugenden Eindruck von der beinahe physischen Beschaffenheit des Emotionalkörpers.

Angst, die grundlegendste aller emotionalen Störungen, schuf manchmal regelrecht vergiftete Luft um mich herum, vor der sich meine Freunde stets eilig in Sicherheit brachten. Sie verglichen meine Angst mit einem Gas-Angriff, und so war ich gezwungen, die Furcht irgendwie zu bemeistern, wollte ich meine Freunde in meiner Nähe behalten. Man kann der Angst nur durch eine Geisteshaltung beikommen, die das Ich vollständig über Bord zu werfen vermag, die fähig ist, das Leben verlieren zu können, um es in Wahrheit zu erhalten, und die es wagt, alles, was kommt, im Geiste der Liebe und Demut anzunehmen. Dieses, fürchte ich, ist eine lebenslange Schulung.

Um das, was mich meine Freunde zu lehren versuchten, auch nur ansatzweise zu verstehen, mußte ich fügsamer und gelehriger werden. Ich mußte mich von vorgefaßten Meinungen und Stolz befreien und die Welt mit den Augen eines kleinen Kindes betrachten. Das heißt nicht, daß ich meinen Verstand nicht mehr benutzen durfte, sondern meine Freunde taten es für mich. Er erwies sich als ein so armseliges Werkzeug, daß es jahrelanger Übung bedurfte, bis er fähig war, ihre Gedanken zu denken oder ihre Ansichten zu äußern. Alle Geisteskräfte werden hierzu benötigt, und ein ungeübter Geist kann die durch ihn übermittelten Informationen sogar entstellen.

Wenn man Kontakt mit der Geisterwelt aufnimmt, ist es keine einfache Aufgabe, das Gleichgewicht zwischen den beiden Erfahrungswelten zu halten. Eine doppelte Sicht der Dinge macht den Gang nicht gerade sicher. In der ersten Zeit, unter dem Druck machtvoller neuer Eindrücke, verlieren die praktischen Forderungen des Lebens an Bedeutung, und oft wird man ihnen dann nicht mehr gerecht. Alle Empfindungen bekommen eine traumhafte Qualität. Vertraute Gesichter und Umstände erhalten plötzlich eigenartige neue Aspekte. Flüchtige Eindrücke von einer geheimnisvollen Realität hinter den physischen Erscheinungen tauchen im Bereich der Sinne auf und verschwinden plötzlich wieder. Nichts behält seine frühere, gewohnte Erscheinung, eine ungezügelte Horde neuer Eindrücke fällt in die Welt gewöhnlicher sinnlicher Wahrnehmungen ein. Es ist, als ob der ebene Boden, auf dem man immer so vertrauensvoll einherging, sich wellenförmig unter den Füßen heben und senken würde. Diese doppelte Sehweise, dieser zweifache Erfahrungsbereich müssen zur Gewohnheit geworden sein, bevor die neuen Pfade ohne Stolpern betreten werden können. Während dieser schwierigen Periode der Umstellung ernannte sich E. K. zu meinem Beschützer und Führer, da ich ziemlich durcheinander war, und oft an mir und allem, was mir begegnete, zweifelte. Von nun an wurde ich ruhig an der Hand geführt; meine Wege waren genau berechnet, so daß ich diesem Menschen begegnete, einem anderen jedoch auswich. Meine Hand wurde zu dem Buch hingeleitet, das ich lesen mußte, und die Worte, die ich zu sprechen hatte, wurden mir in den Mund gelegt. Diese Lektion in Sachen Fügsamkeit war hart für mich, doch da sie nötig war, lernte ich sie gründlich. Als die Notwendigkeit der ständigen Führung nicht mehr bestand und ich mich in meiner zweifachen Welt ein wenig heimischer fühlte, beendeten wir sie.

Ich kann nicht genug betonen, daß diese Art automatischen Geführtwerdens eine höchst gefährliche Angelegenheit sein kann, es sei denn, man kann seinem Führer unbedingtes Vertrauen schenken. Aber selbst dann müssen die allgemein anerkannten Maßstäbe von Richtig und Falsch und die Grundregeln vernünftigen Verhaltens zu allen Zeiten in Kraft bleiben. Andernfalls hat man keinerlei Garantie dafür, daß nicht das Unterbewußtsein selbst die steuernde Kraft ist, und das kann verheerende Folgen haben. Deshalb benötigen wir das Bewußtsein als Kontrollinstanz.

Die Etappen der Entwicklung, die ich bis hierhin beschrieben habe, bleiben keinem Suchenden erspart. Die Mystiker bestehen auf einer Periode der Läuterung, bevor sie ihren Schülern erlauben, die Reise zur Initiation anzutreten. Wer sich als Entdecker auf dem Gebiet der Seele versuchen will, wird Ähnliches zu durchlaufen haben.

1. KAPITEL

Suchen und Irren: der schwere Weg zu den Jenseits-Kontakten

Ich dachte an Andrew, mein Idealbild des Mannes; ich erinnerte mich an seinen jungen, vitalen Körper, an seine Briefe, aus denen seine liebevolle, optimistische Persönlichkeit sprach. Plötzlich war da eine Stille. Sein Körper lag zerschmettert irgendwo in Frankreich. Andrew sei tot, erklärte man, von der Erde verschwunden. Ich konnte es nicht fassen: Die verwesenden Zellen, die Moleküle sollten der ganze Andrew sein? Die subtile Form, die gesamten Energien eines Menschen sollten mit dem Stück Materie verfallen? Wie konnte das angehen? Ich sah, wie Andrew mit der Axt ausholte und hörte die krachende Eiche; ich sah ihn über das Fußballfeld stürmen; ich erinnerte mich an seine ruhigen, bedachtsamen Gedankengänge, den steten Fluß geistiger Energien, dachte an seine übersprudelnde Lebensfreude und die unwiderstehliche Fröhlichkeit. Wo sollte alles das geblieben sein? Ich verweigerte mich der Blasphemie zu glauben, «Gott habe ihn zu sich genommen», denn Gott ist keine deutsche Granate. Menschen hatten ihn auf dem Gewissen, wahnsinnige, angstgepeitschte Menschen. Ich mußte eine Weile verstreichen lassen, ehe sich die Bestürzung, die Wut, die dieser Erkenntnis entwuchsen, gelegt hatten; dann machte ich einen neuerlichen Versuch, diese unmögliche Gleichung zu begreifen: daß von einem Menschen nichts bleiben soll, subtrahiert man seine materielle, durch chemische Prozesse in Gang gehaltene Hülle. Die höhere Vernunft reagierte empört und erklärte die Gleichung für falsch.

Was sagte der christliche Glaube zu diesem Thema? Er entriß dem Grabe einen schwächlichen Geist, eine Seele – was immer das auch bedeuten mochte. Er hob sie empor in einen vagen Himmel, wo sie ein paradiesisches Dasein frei von Sünde und Schuld führen durfte, aller Schwächen und Irrtümer ledig, befreit vom Hunger nach den herrlichen irdischen Freuden und Lustbarkeiten. Ein ziemlich plötzlicher Übergang, dachte ich. Ich versuchte, mir Andrews Reaktion auf himmlische Harfen und goldene Kronen vorzustellen und mußte beinahe lachen. Er würde arbeiten wollen und sich Aufgaben und Herausforderungen wünschen; Er würde Dinge organisieren, Verantwortung übernehmen und Zufriedenheit über gut gelöste Probleme empfinden wollen. Und, vorausgesetzt, ich schätzte ihn richtig ein: er würde sich nach denen sehnen, die er zurückgelassen hatte, und keine Ruhe finden, so lange sie um ihn trauerten. Konnten alle ätherischen Freuden des Himmels ihn die zerstörten Hoffnungen und grausam vereitelten Pläne vergessen lassen, die wie Blumen abgeschnitten wurden, noch bevor sie blühen durften? Der Himmel mußte schon sehr weit entfernt und mein Andrew ein gänzlich anderer geworden sein, wenn er sich in solche Bedingungen schicken sollte. Für mich war es ausgesprochen unwahrscheinlich, daß menschliche Wesen sich derart radikal und plötzlich veränderten. Nein, falls Andrew tatsächlich weiterexistierte, täte er es nicht anders als mit seinen ureigenen, gewohnten Charakterzügen. Und überhaupt, was eigentlich sollte ihn denn so verwandeln? Ein plötzlicher Schock, Schmerz, Bestürzung und Schrecken über neue Daseinsbedingungen? Das alles konnte noch keine echte, grundlegende Veränderung im Wesen eines Menschen bewirken. Mir kamen die langen, schwierigen Lehrjahre des Lebens in den Sinn, die nötig sind, um bestimmte Charakterzüge herauszubilden oder zu modifizieren. Nein, Andrews Persönlichkeit hätte sich mitsamt seinen Fehlern nur sehr geringfügig verändert, und darum war es ganz und gar absurd, ihn sich als Bewohner eines sanften, körperlosen Himmels vorzustellen.

Da ich also die Möglichkeit sah, daß Andrew tatsächlich noch in einer realen Welt weiterexistierte, mußte ich mich in Gedanken auf die Suche nach ihm machen. Ich konzentrierte mich – und dieser Raum, das Kaminfeuer und der Tisch, an dem ich schrieb, sie versanken im Nichts, besaßen keinerlei Bedeutung mehr. Ich befand mich plötzlich weit draußen im riesigen Universum, dort, wo das wirkliche, wahre Leben pulsierte, auf der Suche nach Andrew. Und meine Überzeugung, ihn dort tatsächlich zu finden, war nahezu unerschütterlich. Das bedeutete, daß die langen, dunklen Jahre der Verzweiflung, in denen ich vergeblich an die nackte, kalte Wand des Todes geklopft hatte, nun endgültig vorüber waren. Diese unerbittliche Schranke, an der bislang alle Hoffnungen abgeprallt waren, würde es für mich hinfort nicht mehr geben: Als ich sie berührte, löste sie sich auf und verschwamm in einem Nebel, verschmolz mit einem dunklen, unbekannten Ozean, und aus diesem Meer erhoben sich vor meinem Blick die Gestalten verlorener, kummervoller Menschen.

Diese Bilder packten mich und brannten mir in der Seele, denn ich wußte genau: Auch er würde leiden und sich grämen. Konnte ich denn ohne Rücksicht auf ihn so einfach weiter meines leuchtenden, himmlischen Weges ziehen? Was, wenn die Verzweiflung und der Kummer, die mich schüttelten, auch von ihm durchlitten werden mußten? Diese Vorstellung war grauenvoll, und aus ganzer Seele wünschte ich Andrew weit fort in Sicherheit. Oder mußte ich davon ausgehen, daß auch er in diesem trüben Nebel herumirrte – auf der Suche nach mir? Dann würden wir ja unseren Kummer gegenseitig vervielfachen, würden gleichzeitig zwei Kanäle zueinander bilden, angefüllt mit Trauer und Gram!

Gab es wohl eine Möglichkeit für mich, ihn zu finden? Wie

oft habe ich versucht, ihn zu fühlen, mit ihm zu sprechen; ich habe krank vor Sehnsucht nach ihm ausgeschaut und wie erstarrt auf irgendein Zeichen von ihm gewartet. Nichts geschah. In mir wuchs die Überzeugung, daß wir beide, er und ich, dieses Gefühl ständiger Frustration und die Verzweiflung darüber miteinander teilten. Wenn es mir aber doch schon möglich war, einen Kontakt mit ihm überhaupt zu erwägen, ihn in meinem Innern für durchführbar zu halten – mußte ich trotz allem akzeptieren, daß die Angelegenheit hoffnungslos war, oder gab es doch irgendeinen Weg, die Mauer zu durchstoßen, die uns trennte und die inzwischen immerhin schon ein wenig wackelte?

Ich hatte Medien behaupten hören, sie besäßen die Gabe, mit den Toten zu sprechen, sie gar zu sehen. Was steckte dahinter? War die Gabe nur ein von Gott verliehenes Monopol? Wann durften ihre Ergebnisse den Anspruch auf Echtheit erheben, und wann waren sie Schwindel, Selbstbetrug, eine Form der Hysterie? Ich fragte mich, wie man den Wahrheitswert überprüfen könnte. Vielleicht schlummerten solche Fähigkeiten in uns allen, unterschieden lediglich durch verschiedene, entwicklungsbedingte Abstufungen?

Wenn es neben der physischen Hülle noch einen anderen, nicht sichtbaren Körper gab, der uns allen eingeboren ist, dann lag es ja auf der Hand, daß ich mehr darstellte als die Summe meiner chemischen Energien. Wollte man einen Kontakt mit eben diesem anderen, unsichtbaren Körper eines Menschen herstellen, müßte man lernen, das entsprechende Instrument in sich selber zu nutzen. Gab es wohl einen Weg, die physischen Anteile des Wesens so in den Hintergrund zu drängen, daß die Stimmen anderer Wesenheiten dem inneren Ohr hörbar und ihre Gedanken dem inneren Verstehen erschlossen werden konnten? Zu dieser Zeit hatte ich bereits allen Grund zu der Annahme, daß zumindest ihre Gefühle der fleischlichen Umhüllung zum Trotz von Zeit zu Zeit spürbar waren. Was ich brauchte, war eine Methode, anhand der ich präzise erfassen und überprüfen konnte, was damals noch dumpfe, vage Vermutungen und Vorstellungen waren.

Mir kamen Menschen mit scharfem Intellekt und geübten Verstandeskräften in den Sinn, die bereits die Reise in das unbekannte Land angetreten hatten. Wenn es ihnen doch nur möglich wäre, uns Erdenmenschen mit detaillierten Berichten über dort gemachte Beobachtungen zu versorgen, aus denen neue Lehrsätze und Theorien über die große Veränderung selbst entwickelt werden könnten – ganz sicher hielten wir dann den roten Faden in Händen, der ihre Form der Existenz mit der unseren verband. Mehr noch, aufgrund ihres alten Wissens könnten sie der Erforschung und Analyse von Energien weiterführende Faktoren hinzufügen. Doch wußten sie überhaupt etwas von unserer mißlichen Lage, und bemerkten sie den gefährlichen materialistischen Wahn, in den die Menschheit langsam aber sicher abglitt und vor dem ihr Wissen uns bewahren könnte? Sicherlich verlangte es sie ganz genauso danach, Kontakt mit uns aufzunehmen, wie wir zuverlässigen Beweismaterials bedurften, das ihre Existenz belegen konnte.

Ich kannte meine Welt mit ihrem fast primitiven Glauben an alles, was «wissenschaftlich erwiesen» war. Zwar rauschte es dann und wann wie ein erfrischendes Lüftchen in einem Baum, hörte man es hier und da wispern, die Menschheit würde eines schönen Tages zu Möglichkeiten und Fähigkeiten erwachen, die sich durch keine wissenschaftliche Methode nachvollziehen ließen. Der gewöhnliche Mensch auf der Straße jedoch sah im Wissenschaftler den Hohepriester der Wahrheit und in jedem seiner Worte ein heiliges Gebot. Um jemals auf breiter Basis Anerkennung finden zu können, mußte das Wissen um jene andere Welt in den Rahmen wissenschaftlicher Bezüge hineingestellt und von wissenschaftlicher Autorität getragen werden. Weder ethische noch philosophische Unterstützung würde heutzutage alleine ausreichen.

Doch das waren Tagträume, und ich wandte mich wieder meiner eigenen Position inmitten der nebelhaften Wahrscheinlichkeiten zu, die ich gerade eben zu erkennen vermochte. Das einzige, was ich tun konnte, war, sie zu Grundannahmen zu ernennen und als Experimentierbasis zu nutzen. Es würde mir vielleicht helfen, etwas über die Erfahrungen anderer Menschen mit diesen Dingen zu lesen, und mich schließlich durch Übung selbst so weit zu bringen, eigene Einsichten zu erhalten. Wichtig war jedenfalls, daß ich meine Angst davor verlor, mich selbst hinters Licht zu führen, und daß ich jedem Risiko mit offenen Augen begegnete. So hielten sich Unwissenheit und Optimismus in mir die Waage.

Eines Tages geschah dann etwas sehr Merkwürdiges. Ich verbrachte gerade meine Ferien mit einer Jugendfreundin, mit der ich bis dahin nur selten Verbindung gehabt hatte. Ihre Mutter war eine begeisterte Spiritistin, und wir unterhielten uns über ihren Glauben an die Geister Verstorbener. Ich versuchte, die Diskussion in mehr spekulative Bereiche zu dirigieren. Was meine Freundin darauf erzählte, traf mich wie ein Blitz aus heiterem Himmel. «Ich war mir lange Zeit nicht sicher», berichtete sie, «ob ich dir etwas von der Botschaft erzählen soll, die vor einigen Monaten auf einer Séance herübergekommen ist, an der ich mit Mutter teilnahm. Ich machte nicht aktiv mit und saß außerhalb des Kreises. Das Medium bestand darauf, es hätte eine Botschaft für mich, und zwar von einem Soldaten. Ich mochte mich in diese Dinge nicht hineinziehen lassen und antwortete, ich hätte keine Freunde in der Armee. Sie jedoch blieb hartnäckig und meinte, die Mitteilung sei sehr dringend, und sie sei nicht an mich persönlich gerichtet, sondern an eine Freundin, die ich schon sehr bald treffen werde. Wie du weißt, haben wir beide uns seit zwei Jahren weder gesehen noch geschrieben, darum war ich weit davon entfernt, an dich zu denken und hatte keine Ahnung, was ich von alledem halten sollte. Nun überlege ich aber allen Ernstes, ob diese Botschaft nicht für dich bestimmt sein sollte.»

Meine Freundin hatte sich den genauen Wortlaut der Mitteilung beim Empfang notiert und übergab mir nun das Papier, auf dem sie geschrieben stand. Die Botschaft war eindeutig genug. Ein Soldat wünschte, eine Verbindung zu seiner Frau herzustellen und ihr zu versichern, daß er oft bei ihr sei. Bis hierhin waren es noch Allgemeinplätze, doch die folgenden Worte behandelten Details, die genau auf meine damalige Situation paßten und ein authentisches Wissen um alles das aufwiesen, was mir seit Andrews Tod begegnet war. Von den allermeisten Dingen, die auf dem Papier verzeichnet waren, konnte meine Freundin auch nicht die geringste Ahnung gehabt haben. Mein ganzes Theoretisieren zu der Zeit war gesteuert von gewaltsam unterdrückten Emotionen, und nun brachte mich dieser intime Widerhall meiner Sehnsucht gänzlich aus der Fassung. Es war, als hätte sich mir, die ich verwirrt, blind in diesem Nebel aus Ungewißheit umhertappte, ganz plötzlich eine Hand entgegengestreckt und die meine ergriffen, wie um mir zu versichern, daß ich nicht allein auf der Suche war. Ich entschuldigte mich bei meiner Freundin, ich mußte allein sein.

Später versuchte ich, den Wert der Mitteilung richtig einzuschätzen. Sie wies genaue Kenntnisse von vielen meiner Handlungen auf und beruhigte mich in vielerlei Punkten, bei denen ich mir lange Zeit nicht klarwerden konnte, ob Andrew sie gebilligt haben würde. Sie schien mir so ganz typisch für ihn zu sein. Konnte ich mich entschließen, ihr rückhaltloses Vertrauen zu schenken, war sie von allergrößter Bedeutung für meinen Seelenfrieden. Was von diesen Informationen konnte den Vorstellungen meiner Freundin entsprungen sein? Grundsätzlich wußte sie über meine Verhältnisse Bescheid, doch machte die lange Unterbrechung unserer Verbindung es unwahrscheinlich, daß sie sie dem Medium in diesem Umfange vermittelt haben konnte. Auch waren bedeutsame, ganz bestimmte Details in der Botschaft enthalten, von denen sie unter gar keinen Umständen irgendwelche Kenntnis hätte besitzen können. Ich selbst war dem Medium und den anderen Teil-

nehmern an der Séance selbstverständlich vollkommen unbe-
kannt. Es sah also tatsächlich ganz danach aus, als handelte es
sich hier um eine authentische Botschaft.

Dann fing ich an, darüber zu spekulieren, warum Andrew
wohl ausgerechnet diese Form der Kontaktaufnahme gewählt
hatte. Er kannte meine Freundin zwar flüchtig, konnte jedoch
keine Veranlassung gehabt haben, sie mit Spiritismus in Verbindung zu bringen. Und überhaupt – wie konnte er wissen,
daß wir nach einer so langen Pause unsere Beziehung wieder
aufnehmen würden? Ich stellte fest, daß der Anstoß dazu von
mir ausgegangen war, keineswegs von ihr. Ich hatte plötzlich
oft an sie denken müssen, fühlte mich ein wenig schuldig, weil
ich sie so lange vernachlässigt hatte und schrieb ihr einen Brief,
in dem ich ihr vorschlug, mich zu besuchen. Dann machten
wir Pläne für einen gemeinsamen Urlaub. War alles das nun
reiner Zufall, oder handelte es sich um eine gezielte Beeinflussung durch Andrew? War es wohl möglich, daß er meiner
Freundin seine Botschaft an mich übermittelte, gleich darauf
meine Gedanken in ihre Richtung lenkte und auf diese Weise
seine Prophezeiung unseres Wiedersehens Wirklichkeit werden ließ? Meine Freundin war jedenfalls die einzige unter Andrews und meinen gemeinsamen Freunden, die Kontakte zu
spiritistischen Zirkeln unterhielt. Deshalb kam nur sie in
Frage, um als Kanal zu dienen, durch den die Mitteilung mich
erreichen konnte.

Diese Überlegungen deuteten nun wirklich darauf hin, daß
es sich um den gezielten Versuch einer Kontaktaufnahme handelte. Ganz offensichtlich war dieser Versuch auf gründliche,
bedachtsame Weise geplant, also voll und ganz charakteristisch für Andrew. Über seine genauen Aktivitäten bei der Angelegenheit, welche Hindernisse er dabei zu überwinden hatte,
darüber konnte ich natürlich nur Vermutungen anstellen. Und
gerade diese Eventualitäten waren es, die mich quälten – ich
konnte lediglich die eine Hälfte des Vorganges erkennen.
Noch hatte ich einen verlustreichen Kampf mit der skepti-

schen Seite meines Wesens auszufechten; doch ich wußte genau: Weigerte ich mich, einen Versuch zu unternehmen, ihm zu antworten, würde ich ihn damit im Stich lassen. Gesunder Menschenverstand wurde in diesem Zusammenhang sehr rasch zu Feigheit. Die Herausforderung mußte angenommen werden. Ich würde also die Mitteilung als echt betrachten und meinerseits nach einem Weg suchen, auf dem der Kontakt mit Andrew möglich sein konnte. Und damit begab ich mich auf die Reise, auf Schleichwegen menschlicher Erfahrung, die mich wegführten von den ausgetretenen, sicheren Straßen; oftmals fiel das Wandern auf ihnen schwer, oft waren sie gefährlich und tückisch, doch immer übertrafen sie an Erlebenswertem und Abenteuerlichem bei weitem die breite, gefahrlose Straße des gesunden Menschenverstandes.

Ich begann, an spiritistischen Versammlungen teilzunehmen und las entsprechende Literatur. Ich fand mich einer verwirrenden Vielzahl von Vermutungen und Voraussetzungen gegenüber und mußte mich vorerst einmal mit einem konkreten Urteil zurückhalten, bis mir mehr von diesem Studienmaterial zur Verfügung stehen würde. Langsam bildete sich aus dem Durcheinander phantastischer, den Kern verzerrender Vorstellungen so etwas wie eine gültige Theorie heraus. Die Leichtgläubigkeit hatte mit Träumen und Wunderglauben dieses seltsame Umfeld erstehen lassen. Sobald die soliden Grundmauern des Gebäudes sichtbar werden, tut man gut daran, diesen Dschungel fortan zu meiden. Die Naivität der Menschen, ihre starrenden Blicke und die Wunderdinge, von denen sie sich gleichsam ernährten, stießen mich ab, und doch wurde mir allmählich klar, daß eine Gesetzmäßigkeit hinter diesem Dickicht wirken mußte.

Das Element des Phantastischen war für mich ein ganz besonderer Stein des Anstoßes. Ich hörte eine ganze Menge über indische Geistführer, Schutzengel für Kinder, ägyptische und chinesische Schutzgeister, selten oder niemals jedoch hörte ich etwas über solche Wesen mit britischer Nationalität. Warum erfüllten gerade diese ausländischen Prunkstücke das Medium und seinen Klienten mit solch hoher Befriedigung? War es nur die kindliche Lust an allem Unheimlichen und Phantastischen, oder gab es vielleicht einen anderen Grund dafür? Einige Kontrollgeister sprachen durch ihre Medien in gebrochenem Englisch oder in Lauten der Kindersprache, doch niemandem erschien es seltsam, daß Chinesen oder Ägypter plötzlich in die englische Mundart verfielen, gebrochen oder nicht. Die Mitteilungen selbst waren oft von erschreckender Banalität, trivial und voller Plattheiten, andere wiederum wurden in gleichbleibend freundlicher, angenehmer Weise übermittelt und waren in ihrer Art höchstwahrscheinlich sehr hilfreich. Der Inhalt der Botschaften reichte von dem Ratschlag an einen Sitzungsteilnehmer, nur eine ganz bestimmte Farbe zu tragen, da sie zu seiner Aura passe, bis hin zu anderen von hohem ethischen Niveau. Versuche, persönliche Botschaften von Freunden und Verwandten zu erhalten, die «hinübergegangen» waren, erwiesen sich selten als überzeugend; solche, die mir galten, waren nichts als nette Gesten – man überreichte mir einen Strauß symbolischer Blumen, oder aber ich erhielt vage, beruhigende Prophezeiungen zukünftigen Wohlergehens. Nichts konnte weiter von dem entfernt sein, was ich brauchte und mir so sehnlich wünschte.

Auch die spiritistischen Fachzeitschriften räumten den Wundern, die in den Séance-Räumen geschahen, viel Platz ein. Phänomenen wie «Anrufungen» oder «Materialisationen» wurde große Bedeutung beigelegt, ganz zu schweigen von den Mitteilungen, die angeblich von erst kürzlich verstorbenen Berühmtheiten durchgegeben wurden.

Die Bücher zum Thema Spiritismus verringerten die geistige Verwirrung keineswegs. Zwar wurden wesentliche Fakten dargestellt, doch hing über den meisten dieser Schilderungen über die Lebensbedingungen Abgeschiedener eine schwüle, emotionsgeladene Atmosphäre. Unverkennbar war der Einfluß östlich gefärbter Mystik. Schimmernde Marmortempel, errichtet in den symbolischen Formen grauer Vorzeit, in denen orientalische Priesterinnen ihren Gottesdienst verrichteten, wurden direkt neben den rituellen Gebräuchen der ehrwürdigen Kirche von England verehrt. Die Beschreibungen jenseitiger Städte besaßen dieselben märchenhaften Qualitäten, sie strahlten in schillerndem Gepränge und waren zumeist das Ziel engelhafter Besucher aus höheren Sphären. Das alles erschien mir wie ein heilloser Mischmasch aus Mysterium und Einbildungskraft, ein Sammelsurium aus romantisierenden und esoterischen Quellen. Ich reagierte argwöhnisch und ablehnend, ja beinahe feindselig. Sehr wenig nur war von wirklich ernsthaften Versuchen zu spüren, die Bedingungen dieses neuen Daseins mit seinen Bezügen zur aktuellen irdischen Existenz, nach denen ich auf der Suche war, kennenlernen zu wollen. Mich verlangte nach Brot – und was ich erhielt, waren zwar keine Steine, aber Eierkuchen.

Schließlich gerieten mir die Bücher Rudolf Steiners in die Hände. Hier immerhin fand ich eine klar verständliche Theorie. In seinen Werken wurde eine aufeinanderfolgende Reihe von Existenzebenen im Jenseits entworfen, die erst dann erreichbar waren, wenn man sich für das Leben auf ihnen qualifiziert hatte. Die Vorstellung dieses stufenweisen Fortschreitens befriedigte immerhin das Verlangen nach einem logisch fundierten Prozeß des Wachsens und der Weiterentwicklung. Auch wurde dort geschildert, daß die Beschaffenheit des Daseins auf den niedrigeren Ebenen den irdischen Bedingungen sehr ähnlich sei und das Leben in Körpern fortgeführt würde, die ihren Besitzern genauso real erschienen wie uns die unsrigen. Materielle Substanzen würden immer durchlässiger, je höher man die Sprossenleiter emporsteige, so daß die Beschreibungen der höheren Sphären sich entsprechend unbestimmter gestalteten. Es gab Hinweise auf Unterschiede von Zeit und Raum, die eine Verbindung mit unserem modernen wissenschaftlichen Gedankengut nahelegten. Daneben wurden Theorien über die Beschaffenheit des Universums aufge-

stellt, für die logisch begründete, beweiskräftige Aussagen
fehlten. Man mußte sie als das inspirierte Wissen eines Menschen hinnehmen, dessen spirituelle Entwicklung ihn dazu be-
fähigte, alle diese Dinge auf außersinnliche Weise wahrnehmen und erkennen zu können.

Die Medien, mit denen ich in persönlichen Kontakt kam,
waren von sehr unterschiedlicher Qualität. Einige wenige besaßen die Gabe, Bilder von großer Schönheit und Aussage-
kraft zu übermitteln, und diese Gabe beschränkte sich keineswegs nur auf Medien, die über eine höhere Bildung verfügten.
Doch niemals erhielt ich eine Botschaft von Andrew, und so
entschloß ich mich, es mit privaten Sitzungen zu versuchen.
Während dieser Sitzungen wurden mir recht seltsame Dinge
nahegebracht. Manchmal mußte ich mehrfach versuchen,
mich an kaum bekannte oder entfernte Verwandte zu erinnern. Gelang mir das, konnte mir das Medium anschließend
eine Botschaft des Betreffenden vermitteln. Es war wirklich
erstaunlich, wie viele meiner längst verstorbenen Verwandten
jetzt plötzlich mit mir in Kontakt zu treten wünschten, während sie im Leben kaum Notiz von mir genommen hatten.
Was Andrew betraf, wurde mir mitgeteilt, daß er manchmal
zugegen sei. Doch lediglich bei einer Gelegenheit konnte ich
seine Anwesenheit durch emotionale Einwirkung tatsächlich
spüren: Ich geriet durch einen mächtigen Einfluß in einen ex-
trem aufgeladenen emotionalen Zustand. Der Unterschied
zwischen der Atmosphäre dieser Sitzung und der anderer Sitzungen war frappierend. Das Medium schien davon unberührt
geblieben zu sein, doch auf meinen Schläfen lastete ein furcht-
bares Druckgefühl, ich fröstelte und zitterte. Während dieser
Sitzung hörte ich erstmalig das Echo einer Stimme. Ich hörte
Fragen und antwortete in Gedanken. Ich wurde nach den
Gründen und Zielen meiner Suche gefragt, und meine Antwort war eine Bitte um Erleuchtung und Hilfe. Dann ergriff
das Medium wieder das Wort, ohne auf das, was ich zu hören
geglaubt hatte, näher einzugehen und es mir zu erläutern. Die

unvermeidliche Frage trat auf, ob ich selbst diese Situation aus meinem Verlangen heraus geschaffen hatte. Waren jene beinahe physischen Empfindungen, die inneren Stimmen und ihr Widerhall, etwa schon Hysterie? Oder, vorausgesetzt, sie waren echt, wie konnte es geschehen, daß das Medium ihnen gegenüber taub geblieben war?

Ich fühlte, daß ich auf der Stelle trat. Ich mußte ein Medium finden, das ernsthafter an die Dinge heranging; erzählte ich ihm jedoch vorher, um welche Art von Kontakt es mir zu tun war – wie konnte ich dann sicher sein, daß nicht etwas Entsprechendes für mich nur in Szene gesetzt wurde? Es schien aussichtslos, einem Medium zu begegnen, das seine Fähigkeiten auf ehrliche Weise für diese Suche zur Verfügung stellen konnte und wollte. Ich mußte einsehen, daß es unter berufsmäßigen Medien sicherlich nicht zu finden war. In meiner Verzweiflung begann ich, die Entwicklung eigener mediumistischer Fähigkeiten zu erwägen. Nur dadurch, daß man selber ein Medium war, würde man zu ernsthaften Ergebnissen gelangen. Dabei würden die Risiken auf zwei reduziert: Selbstbetrug und Unzuverlässigkeit der Intelligenz, mit der man es jeweils zu tun hatte. Dem Selbstbetrug war ausschließlich durch ständige, wachsame Selbstbeobachtung beizukommen, das zweite Risiko jedoch ließ sich nicht eindämmen. Erhielt ich also irgendeine Resonanz, die nicht meinem Unterbewußtsein zugeordnet werden konnte, würde ich zum mindesten schon einmal mit einem Fuß auf der untersten Sprosse der Leiter stehen. Wenn das tatsächlich schon Beweis für die Existenz entkörperter Intelligenzen wäre, dann konnte aus bloßem Glauben endlich konkretes Wissen werden.

Inzwischen wußte ich schon ein wenig über die Möglichkeiten, mediumistische Fähigkeiten zu entwickeln und zu trainieren. In einigen einem Medium übermittelten Durchgaben wurde mir nahegelegt, es mit automatischem Schreiben zu versuchen. Obwohl ich ziemlich sicher war, wenigstens bei einer Gelegenheit gesprochene Worte gehört zu haben und

ihnen gedanklich gefolgt zu sein, fühlte ich, daß bloßes Hören
eine unsichere und vielleicht sogar gefährliche Methode sein
könnte; Schreiben schien mir doch weitaus vertrauenswürdi-
ger. Auch hatte es den Vorteil, die Durchgaben sorgfältig
überarbeiten und kritisch unter die Lupe nehmen zu können.
Es wurde zwar auch hier behauptet, das Geschriebene könne
dem eigenen Unterbewußtsein entstammen, aber von welcher
Mediumschaft galt das nicht. Der einzige Schutz bestand,
wenn auch wieder nur sehr bedingt, in der kritischen Einschätzung von Inhalt und Stil der Mitteilung. Entwickele zuerst einmal die Fähigkeit, dann kannst du dir um die Resultate immer
noch Gedanken machen, dachte ich.

Ich begann, indem ich mich allein in einen stillen Raum zurückzog. Meine Gemütsverfassung war skeptisch, falls nötig,
mit einem ausgeprägten Willen zur Gegenwehr, aber auch gespannt bis aufs äußerste. Ich hatte gelernt, daß es in solchen
Fällen ratsam war, seinen Geist leerzumachen von allen Gedanken, um ihn so für den Empfang von Eindrücken zu präpa-
rieren. Gewissenhaft versuchte ich es, fand jedoch bald heraus,
daß dies eine Kunst war, die sehr viel Übung erforderte und
deren Anwendung mir nicht richtig gelingen wollte. Meine
Versuche gipfelten für gewöhnlich in der Konzentration auf
den Gedanken an Andrew und in der Hoffnung darauf, seine
Anwesenheit wieder spüren zu können. Aber ich blieb allein
inmitten einer gähnenden Leere. Nichts, absolut nichts geschah. Ich versuchte, mit dem gleichgewichtig schwebenden
Federhalter in einer nicht zu steif gehaltenen Hand über dem
Papier dazusitzen. Gelegentlich zitterte der Federhalter ohne
mein Dazutun. Einmal kritzelte er eine wackelige Linie über
das Blatt, etwas Verständliches jedoch erschien nicht. Niemals
geschah irgend etwas von Bedeutung. Ich war sehr verwirrt
von dem Gefühl des «Alleinseins», das mit diesen Erfahrungen
einherging. Ich wußte mit absoluter Gewißheit, daß am anderen Ende der Leitung niemand war, wie man so sagt, und
fühlte mich befremdet und verletzt durch das Schweigen und

das Fehlen jeglicher Resonanz. Höchstwahrscheinlich war es meine Erwartungshaltung, die eine Antwort verhinderte.

Ich lebte damals in der Nähe einer großen Küstenstadt. Eines Tages ging ich durch die Straßen auf der Suche nach einer bestimmten Spiritisten-Kirche. Mein Weg führte mich durch armselige, schmutzige Hinterhöfe, bis mir schließlich ein Mann ohne Kragen den Weg wies. Er trug ein weißes Hemd, das nur an einer Stelle von einem kristallenen Kragenknopf zusammengehalten wurde, der mich unheilvoll anblinkte. Auf meine Frage kicherte er und blickte mir nach, als ich über die Straße ging. Beunruhigt und aus dem Konzept gebracht, war ich nahe daran, die Suche aufzugeben, fand die Kirche aber dann schließlich doch am Ende eines schmalen, versteckten Gäßchens und ging hinein. Der sonnendurchflutete, freundliche Innenraum beruhigte mich sogleich wieder; das Rednerpult war mit Blumen geschmückt, und leiser Gesang ertönte aus dem Hintergrund, aus welchem nun ein Wärter auftauchte. Er sagte mir, daß an diesem Nachmittag eine Séance stattfinden würde, und ich beschloß, zu bleiben und an ihr teilzunehmen. Jede Einzelheit dieser Séance steht mir heute noch vor Augen, da sie weitreichende Folgen für mich haben sollte.

Das Medium arbeitete mit Mitteln der Psychometrie, das heißt, sie benutzte persönliche Gegenstände von jedem Teilnehmer, während sie ihre Mitteilungen durchgab. Die Beiträge des Publikums wurden im voraus auf einem Tablett gesammelt, so daß das Medium, das sie wahllos nacheinander herausgriff, auch nicht den kleinsten Anhaltspunkt haben konnte, wer der jeweilige Besitzer des Gegenstandes war. Ich begriff den Sinn dieser Methode nicht, und in meiner skeptischen, argwöhnischen Grundhaltung erschienen mir das mit Ringen, Broschen und anderen kleinen Habseligkeiten angefüllte Tablett und die derbe, altmodisch gekleidete Frau, die mit geschlossenen Augen und gespitzten Lippen die Gegenstände befingerte, ganz einfach wie ein groteskes Stück Hokus-

pokus. Ich war noch lange nicht an der Reihe, und so hatte ich
Zeit und Muße genug, mein Urteil zu revidieren und mich
über die Qualität der Durchsagen zu wundern, die vom Medium übermittelt wurden. Wie konnte sie von dem katho-
lischen Glaubensbekenntnis jenes ruhigen Mannes wissen, an
den sie die eindrucksvolle Vision des dämmerigen Innenraums
einer Kapelle voller Blumen und Heiligenbilder weitergab?
Er trug kein Erkennungszeichen oder Emblem, bestätigte jedoch seinen Glauben und schien über ihre Botschaft an ihn
hocherfreut zu sein. Eine andere Person, einen entschlossen
dreinblickenden Geschäftsmann, entlarvte sie auf der Stelle als
Spion, der weit davon entfernt war, ihren Fähigkeiten Vertrauen zu schenken. Dieselbe eigentümliche Intuition wurde
offenbar, als sie mit einem Hausmütterchen sprach und ihr
versicherte, daß «ihr Einkaufskorb niemals leer sein würde».
Als die Reihe schließlich an mein Andenken kam, einen kleinen Behälter für Notizen, der Andrew gehört hatte, stellte sie
augenblicklich die Verbindung zu mir her. Es folgten eine
nette Botschaft an mich von einer kürzlich verstorbenen
Tante, die beifällige Prophezeiung über meinen künftigen,
sonnenbeglänzten Weg und über hilfreiche Hände, die sich mir
aus der geistigen Welt entgegenstreckten, um mir über etwas
hinwegzuhelfen, das sie als rauhen, steinigen Fußweg bezeichnete. Dann sagte sie, es sei jemand anwesend, der wünschte,
mir zu helfen und mich zu leiten. Ich fragte mich, ob nun wohl
endlich der ersehnte Kontakt mit Andrew zustandegekom-
men sei, doch die folgende Beschreibung belehrte mich eines
Besseren. Mir wurde erklärt, es handele sich um einen Mann in
einem weißen Gewand, von dem er ein Ende über sein Gesicht
gezogen hielt, so als wolle er es verbergen. Er zeigte sich amü-
siert über ihre Beschreibung seiner Nase, die mir als lang und
schnabelförmig geschildert wurde. Er korrigierte diese Aussage und nannte sie ‹aristokratisch›. Das Medium fügte hinzu,
sie hielte ihn für einen Ägypter, der darauf brannte, mir die
Bedeutung der Hieroglyphen zu erschließen und mir die alten

Geheimnisse seines Landes zu offenbaren. Damit schien ich wieder einmal ein Beispiel für die phantastischen Maskeraden vor mir zu haben, die mir den Spiritismus letztendlich immer wieder verleideten, und obwohl ich den Sinn für Humor meines Möchtegern-Freundes im weißen Gewand durchaus schätzte, ging ich nicht eben erfreut nach Hause.

Schon bald darauf machte ich die Bekanntschaft einer Frau, die als Tisch-Medium arbeitete, das heißt, sie empfing Mitteilungen, indem ein Tisch in Schwingung versetzt wurde und diese Bewegungen schließlich ganz bestimmte Buchstaben des Alphabets auf der Tischplatte bezeichneten. Ich nahm an einer ihrer Sitzungen teil und war überrascht von der Wucht, mit welcher der Tisch hin und her zu schwingen schien und von der Geschwindigkeit, mit der die Botschaften zusammengesetzt werden konnten. Nachdem ich ihr von meinen Versuchen berichtet hatte, schlug sie vor, mir eine Planchette zu überlassen, ein dreieckiges Stück Holz von der Größe einer ausgestreckten Hand mit einem Loch an einem Ende zum Einsetzen eines Bleistiftes. Es ließ sich auf zwei kleinen elfenbeinernen Rädern bewegen, wobei die Hand leicht mit der Handfläche nach unten auf das Brett gelegt wurde. Der Bleistift registrierte jede Bewegung, während man es über ein Blatt Papier rollen ließ. Mir kam mein eigener, in der Schwebe gehaltener Federhalter in den Sinn, bei dem ja ebenfalls Anzeichen unabhängiger Aktivität spürbar gewesen waren, und ich dachte darüber nach, wie hilfreich diese Vorrichtung sein mochte, einer Ermüdung der Hand vorzubeugen. Sie plazierte das Spielzeug auf dem Tisch und ließ ihre Hand darauf ruhen. Mit einem leichten Krachen seiner Räder fuhr es den Tisch hinauf und hielt plötzlich an. Ich dachte, ein unbewußter Druck sei ausgeübt worden, aber wie unheimlich wurde mir zumute, als ich es selbst versuchte und den entschiedenen Ruck spürte, mit dem es reagierte. Jedenfalls nahm ich das Ding mit nach Hause, und noch am selben Abend, sobald ich allein war, nahm ich ein großes Blatt Papier, zog darauf einen Kreis, verteilte rund-

herum die Buchstaben des Alphabets und begann mit meinen
Experimenten. Ich brachte den Bleistift auf dem Mittelpunkt
des Kreises in Position, legte meine Hand sanft auf das übrige
Gebilde und wartete auf Anzeichen von Bewegungen. Beinahe sofort regte es sich und begann, über das Papier zu wandern, und sobald es einen Buchstaben erreicht hatte, schrieb
ich ihn nieder und brachte den Bleistift wieder ins Zentrum des
Kreises zurück. Die Angelegenheit faszinierte mich, und ich
wurde sehr neugierig. Ich versuchte es immer wieder, wenngleich es mir auch an diesem ersten Abend nicht gelingen
wollte, irgendwelche Buchstabengruppierungen, die einen
Sinn ergeben hätten, zustandezubringen. An anderen Abenden
gelang es mir manchmal nach einigen Versuchen, Buchstaben-
reihen zusammenzubekommen, die Worte ergaben, sie kamen
jedoch nur sehr vereinzelt und machten keinen Sinn. Eines
Abends, als ich meine Aufzeichnungen überprüfte, stellte ich
fest, daß eine bestimmte Abfolge von Buchstaben immer wieder auf meinem Papier aufgetaucht war, und der Gedanke kam
mir, daß dies Initialen sein könnten.

«G. F. S.» sagte mir nichts. Ich konnte mich an niemanden
erinnern, für den sie stehen mochten. Beim nächsten Versuch
mit der Planchette jedoch erschienen die mysteriösen Buchstaben noch zweimal, und ich hielt inne, einigermaßen verwirrt
und ratlos. Wieder brachte ich den Bleistift in das Zentrum des
Kreises, und diesmal wanderte er geradewegs aus dem Kreis
heraus und wackelte außerhalb auf dem weißen Papier herum.
Etwas Ähnliches war noch niemals zuvor geschehen, und mit
der größtmöglichen Vorsicht, damit er nur ja nicht von seinem
Kurs abwiche, entspannte ich meine Hand, bis sie das Holz
kaum noch berührte. Der Bleistift bewegte sich wieder und
stellte eine Reihe deutlich erkennbarer Buchstaben zusammen.
Sie ergaben einen Namen, eine Unterschrift – «G. F. Scott».

Seltsam, nicht der Schatten eines Zweifels war in mir; ich
wußte genau: Diese Unterschrift stand für eine reale Identität.
Allein die Tatsache, daß sie mir nichts sagte, wirkte beruhi-

gend. Endlich hatte ich meine Antwort, wenn auch aus einer unbekannten Richtung. Nun wußte ich, daß der erste Teil meiner Suche vorüber war, und nach den langen Jahren einsamen Herumexperimentierens machte mich der Schock des Erfolgs sprachlos. Auch fühlte ich ganz deutlich die Einwirkung eines fremden Gefühls, Überraschung und Freude, das dem meinen genau entsprach. Wer in aller Welt aber war dieser Fremde?

Für eine ganze Weile konnte ich nichts anderes tun, als mich in meinen Stuhl zurücklehnen und warten, bis die Erregung der Erkenntnis sich legte und ich mich wieder ein wenig beruhigte. Dann griff ich zu einem anderen Blatt Papier und ließ der Planchette freien Lauf, um aufzuschreiben, was ihr gerade gefiel. Zunächst gestaltete sich das Schreiben ein bißchen mühsam. Ängstlich, vorsichtig versuchte ich, meine zitternde Hand zu beherrschen, sie zu entspannen. Ich konnte spüren, wie sich die Buchstaben unter ihr formten, obgleich ich das Gestell auf die Seite schieben mußte, um sie lesen zu können. Die Schrift war zunächst groß und weit ausgedehnt, wurde jedoch rasch immer besser lesbar, und die dummen kleinen Elfenbeinräder ächzten und wehrten sich gegen den Versuch, sie in schnellere Tätigkeit zu versetzen. Wieder und wieder ließen Ströme der Erleichterung und Freude den fleißig dahineilenden Bleistift zum Stillstand kommen und schienen den Raum, in dem ich saß, zu erfüllen. Ich war nicht länger mehr allein, sondern mir auf ganz seltsame Weise einer unbekannten, freundlichen Präsenz bewußt, ganz so, als ob dieser Fremde in Person in das stille Zimmer getreten wäre, um sich mir vorzustellen.

2. KAPITEL

Die Kraft der wünschenden Gedanken: Jenseitige Gesprächspartner melden sich

Von Anfang an war ich mir einer sehr markanten, robusten Persönlichkeit bewußt, die mir an Wissen und geistigen Fähigkeiten weit überlegen war. Die Erscheinung dieses Fremden teilte sich mir in vielen verschiedenen, subtilen Formen mit. Eine recht seltsame Art, ihn zu «sehen», entwickelte sich. War er anwesend, fühlte ich die Spiegelung seines Gesichtsausdruckes auf meinen Zügen, fast so, als würde mein Gesicht von dem seinen überlagert. Ich bin fest davon überzeugt, daß es sich bei diesem Phänomen wiederum um die Übertragung von Gedanken gehandelt haben muß. Seine Stimmungen beeinflußten mich sehr stark: Belustigung, Ungeduld, Ausgelassenheit, selbst Ärger wurden meinem Körper als beinahe physische Empfindungen mitgeteilt. Sein Geist blendete in den meinen fremdartige, köstliche Bilder, und seine Erinnerungen, Früchte eines bewegten, abenteuerlichen Lebens, bereicherten meinen eigenen, recht faden Erfahrungsschatz. Dieses Miteinander-Teilen von Gedanken hatte jedoch auch durchaus hinderliche Aspekte: stets war ein bewußter, angestrengter Versuch meinerseits notwendig, die «Verbindung abzuschneiden», sobald einer von uns sich anderen Dingen zuwenden wollte. Manchmal geschah es, daß Scott sich ausblendete, ohne daß ich es bemerkt hatte; dann konnte es sein, daß Gesprächsfetzen an mein Ohr drangen, die nicht für mich bestimmt waren, so daß ich eiligst die Tür meiner Aufmerksamkeit zusperren mußte. Zu dieser Zeit war es mir noch nicht zur Gewohnheit geworden, in zwei Welten gleichzeitig zu existieren, und ich fand diesen Zustand ziemlich nervenaufreibend. Ich mußte mich mit der Tatsache abfinden, daß in meinen Gedanken jederzeit wie in einem offenen Buch gelesen werden konnte, und das bedeutete strengste Disziplin. Völlige Aufrichtigkeit war mir nun auferlegt, mit der Folge, daß ich mich mit einigen höchst unerfreulichen Seiten meines Charakters auseinanderzusetzen hatte. Schritt für Schritt lernte ich, mein Kreuz mit mehr Gleichmut zu tragen und mich nicht länger mehr vor unangenehmen Erinnerungen zu drücken. Auch mußte ich feststellen, daß meine Gefühle einen direkten Einfluß auf Scott ausübten; so versicherte er mir, daß, sobald ich mit Scham oder Reue kämpfte, er ganz einfach fortgehen müsse, bis ich mich wieder einigermaßen in der Gewalt hätte.

Ich konnte spüren, welche kräftigenden und bereichernden Auswirkungen diese Kameradschaft auf meinen Verstand hatte. Würde man diese Erfahrung mit unseren gewohnten psychologischen Theorien erklären wollen, hätte ich alle diese neuen Fähigkeiten als meine ureigenen betrachten müssen, als einen plötzlichen, außergewöhnlichen Schub in der geistigen Entwicklung, als eine Art später Blütenpracht eines ansonsten vollkommen mittelmäßigen Geistes. Es war jedoch sehr schwierig, in meinem eigenen, reichlich banalen Erfahrungsschatz irgendeine mögliche Quelle für jene fremden, reich strukturierten Erinnerungen zu finden, die in mir auftauchten und mich gerade durch ihr unerwartetes Auftreten immer wieder aufs neue entzückten. Scott reagierte auf diese Theorie der eigenen Urheberschaft stets verärgert und vorwurfsvoll. Im großen und ganzen war es wohl weit weniger schwierig, ihn als realen Menschen zu akzeptieren, als ihn für eine reine Erfindung meines Unterbewußtseins zu halten.

In der ersten Zeit stellte ich ihm Fragen, die mit einzelnen Worten beantwortet werden konnten. Beide waren wir jedoch so neugierig aufeinander, daß wir unsere Verbindung schon sehr bald ausweiten wollten. Also gingen wir langsam dazu über, zusammenhängende Sätze zu schreiben. Eines Abends schließlich, nach einem besonders strapaziösen Schreibausbruch, brach eines der Elfenbeinräder ab, und die arme, kleine Planchette lag, zu nichts mehr zu gebrauchen, auf der Seite. Am nächsten Morgen saß ich an meinem Schreibtisch und überdachte einen Brief, den ich gerade erhalten hatte. Ich hielt meinen Federhalter in der Hand und klopfte damit gerade müßig auf die Rückseite des Briefumschlages, als ich spürte, wie der Federhalter von mir fortgezerrt wurde. Ich hielt meine Hand ruhig, hob das Handgelenk ein wenig an, und fließend und leicht begann die Feder zu schreiben. ‹Was für ein Glück für die arme Mary›, sagte sie. Das hatte einen direkten Bezug zum Inhalt des Briefes und bewies mir, daß Scott meine Gedanken selbst dann lesen konnte, wenn sie nicht direkt an ihn gerichtet waren. Daß er hier sein sollte, so weit entfernt von unserem gewohnten Arbeitsplatz – das überraschte mich ganz unvernünftig. Von diesem Zeitpunkt an wurde ich mir zu jeder Tageszeit und an jedem Ort seiner Anwesenheit bewußt. Und jedesmal war der Augenblick, wenn er sich meines Federhalters bemächtigte, ein Moment reinsten Entzückens.

Wir begannen, uns gegenseitig unsere Lebensgeschichten zu erzählen. Scott berichtete von seinem Unfall auf der Landstraße, auf der er den Tod fand. Er hat die Geschichte seines Todes und seiner «Entrückung» bereits in einem anderen Buch beschrieben*, und so ist es nicht notwendig, hier nochmals auf sie einzugehen. Meine Feder füllte Seite um Seite, während Scott seinen Lebensbericht in Fortsetzungen durchgab, bis mit dem letzten, flüchtigen Eindruck jener staubigen, grauen Landstraße das große Vergessen über ihn kam.

---

* T. E. Lawrence, Tagebuch von drüben. Ansata-Verlag, Interlaken 1989.

Schließlich gelangten wir im Verlauf seiner Erzählung zu der Séance in der Spiritisten-Kirche, auf der er zum ersten Mal mit mir in Kontakt trat. Er befand sich noch in einem Zustand, in welchem er für irdische Einflüsse und Strömungen erreichbar war. Er berichtete:

«Ich war mir ziemlich sicher, daß jene Einflüsse, die mich von Zeit zu Zeit packten, Emanationen von Personen sein mußten aus der Welt, die ich verlassen hatte. Ich folgte einer solchen Spur, bis sie sich mit anderen, fremden Eindrücken vermischte. Dann, völlig überraschend, hörte ich plötzlich, wie sich Gedanken abspulten, eine Art fortlaufender Kommentar, unregelmäßig zwar, doch deutlich und leicht zu verstehen.» Und Scott wiederholte einige meiner Gedankenfetzen während der Séance. Dann fuhr er fort: «Ich kam zu dem Schluß, daß es sich um die Gedanken einer Frau handeln mußte, die aufmerksam einer Stimme zuhörte, deren Worte mit einem seltsamen Echo durch ihr Unterbewußtsein zu mir herüberwehten. Dann, gleichsam im Schlepptau der ersten, begann ich, eine zweite Strömung aufzufangen. Sie gab mir Auskunft über die Hintergründe und Bedingungen der Szene, die gerade stattfand. Es ging um eine Séance, eine Handvoll Leute saß in einem dämmerigen, kleinen Raum beisammen. Ich sah meine Chance, vorausgesetzt, es würde mir gelingen, dem Medium meine Gedanken aufzuzwingen.

Mit aller Kraft richtete ich meinen Willen auf das Bewußtsein des Mediums, versuchte verzweifelt, ihr ein Gedankenbild von mir einzugeben und beschwor sie, von mir zu sprechen. Erinnerst du dich an den ‹Ägypter›, der sich erbot, dich zu führen und dir zu helfen? Das war das phantastische Kostüm, in das mich das Medium kleidete und für das ich nicht verantwortlich war, obschon es – spaßig genug – in meiner Vergangenheit durchaus einen Grund gab, der das weiße Gewand rechtfertigte. Nach der Séance folgte ich dir trotz deiner belustigten Abwehr, fest entschlossen, den Weg in dein Bewußtsein zu finden. Das war aber gar nicht so einfach. Deine

Gedanken blendeten sich aus, und ich hatte Schwierigkeiten, dich wiederzufinden. Langsam begriff ich, wie alles funktionierte. In Momenten der Erregung oder erhöhter Lebensintensität glühtest du auf und wurdest deutlich sichtbar für mich, wobei sich mir deine Gedanken klar verständlich mitteilten. Doch nicht nur deine bewußte Gedankenwelt stand hell erleuchtet vor mir, ich sah auch die unterschwelligen Strömungen deines Geistes. Verdrängte, gefährliche Fluten von Kummer, Zweifel und Ängsten standen mir zuweilen recht schmerzhaft vor Augen und fanden ihr Echo in dem qualvollen Aufruhr in meinem eigenen Selbst. Aus ganzem Herzen wollte ich dir helfen und verlor keine Zeit, dem undurchsichtigen, nebligen Strom zu Leibe zu rücken, der mir aus deinem Geist entgegenfloß. Ich prägte deinen Gedanken ein, unbeirrt an deinem Ziel festzuhalten und deine Versuche, einen Kontakt herzustellen, fortzusetzen. Wie habe ich mich manchmal über dich geärgert! Oft warst du so nahe daran – und hast dann doch das Wesentliche einfach übersehen. Aber schließlich kam wieder meine Chance.

Ich hatte bemerkt, daß, seit deine Gedanken mich erreicht hatten, die meinen dich ebenfalls beeinflußten, wenngleich es dir nicht bewußt war. Du gabst mir Gelegenheit, meinen Einfluß auszuprobieren, als du anfingst, mit dieser Planchette herumzuspielen. Ich verzweifelte beinahe angesichts der Frage, wie ich einen physischen Gegenstand von der Stelle bewegen sollte, den ich nicht sah, versuchte aber trotzdem, seine Bewegungen zu dirigieren. Und es gelang! Meine Gedanken schienen die Fähigkeit zu besitzen, diese schwerfällige Vorrichtung zu bewegen, wenngleich mir unbegreiflich war, wie das vonstatten ging. Bedenke, daß ich nicht fähig war, die Buchstaben des Alphabets zu sehen, außer als matte Spiegelungen in deinen Gedanken. Du machtest mir die Sache auch noch schwer durch deine Weigerung, sie aus Angst vor eigener Manipulation anzuschauen. Aber ich bekam meine Initialen durch, und in einer Serie glücklicher Treffer wiederholte ich sie, wodurch ich schließlich deine Aufmerksamkeit auf mich zog. Dann gelang es mir durch eine zusätzliche Bemühung mit dem Bleistift, Buchstaben zu formen, und ich schrieb meinen Namen. Das war ein triumphaler Augenblick. Inzwischen muß ich mir das, was ich schreiben möchte, nur noch *denken* und brauche es gar nicht mehr selber zu tun. Deine Hand gibt automatisch das wieder, was ich tatsächlich geschrieben haben würde. Das alles hat nichts mit Magie oder irgendeinem Unfug zu tun: es ist lediglich Gedankenübertragung.»

Scotts Schrift hörte auf. Etwas beunruhigte mich: die Beobachtung, daß ich manchmal schon im voraus wußte, welche Worte folgen würden, und bereits das Wort, auf dem das größte Gewicht im Satz liegen sollte, oder eine prägnante Phrase vorwegnahm, so wie jemand es tut, der seine *eigenen* Gedanken schriftlich niederlegt. Natürlich beruhigten mich dann wieder eine seltsame, fremde Redewendung oder ein Ausdruck, der mir persönlich nicht geläufig war, aber noch hatte ich allergrößte Bedenken und zweifelte oft an der Richtigkeit dessen, was geschah.

Ich erinnerte mich an jene erste Begebenheit, als mir mein Bleistift beinahe aus der Hand gerissen wurde und außer Kontrolle geriet. Es schien so, als bewegte er sich völlig nach eigenem Gutdünken. Mein Wille war es ganz sicher nicht, der ihn seine Worte niederschreiben ließ, so kritisch ich mich auch hinterfragte. Ich war nicht einmal fähig, mit angehobenen Handgelenken in aller Ruhe in meiner eigenen, gewohnten Weise zu schreiben, schon gar nicht, wenn der schwebende Bleistift nur ganz leicht das Papier berührte.

Scott äußerte sich dazu: «Ich denke die Worte auf dein Papier. Die Gedanken werden gewissenhaft deinem Gehirn übermittelt, welches zu ihrer Ausführung ebenso gewissenhaft deine Hand führt. Doch obgleich ein Teil deines Gehirns als Vermittler fungiert, ist dein Wille an diesem Prozeß nicht beteiligt. Du selbst bringst die Gedanken also nicht hervor. Daher das Gefühl von Automatismus. Dabei ist es nur natürlich, daß du auch dieses Vorausdenken, das immer mit der Tätigkeit des Schreibens einhergeht, registrierst; vor meinem Bemühen, Worte auf dein Papier zu denken, muß ich ja schließlich erst einmal überlegen. Es funktioniert wie die Übertragung eines Willensimpulses, der bestimmte Zentren in deinem Gehirn in Gang setzt, mit dem Resultat, daß dabei Schriftzüge vom gleichen Typ wie meine eigenen hervorgebracht werden.»

Wieso aber konnte es sein, daß Scotts Gedanken sich so einfach meinem Gehirn einprägen ließen? Alarmiert fragte ich mich, ob es wohl klug sei, eine solche Kontrolle überhaupt noch länger zu dulden. Würde sie meinen Willen nicht langsam, aber sicher untergraben und schwächen? Diese Gedanken konnten natürlich nicht unbemerkt bleiben, und Scott stürzte sich augenblicklich darauf.

«Du scheinst zu vergessen, daß es anfänglich deine Gedanken waren, die mein Gehirn beeinflußten. Es ist ein wechselseitiger Prozeß, und damit befinden wir uns beide in der Gefahr, daß unsere Willensäußerungen untergraben und geschwächt werden könnten. Es ist wirklich völliger Unsinn, so ängstlich zu sein. Wir demonstrieren einfach nur die Macht der Gedanken über den Körper, eine Fähigkeit, die nun von Rechts wegen ein Attribut meines gegenwärtigen Zustandes ist und die für dich in der Zukunft gleichfalls noch ansteht.»

In der Zwischenzeit setzte ich auf jede nur mögliche Weise meine Bemühungen fort, mit Andrew, meinem Mann, in Verbindung zu kommen. Ich erzählte Scott von Andrews Botschaft, und er meinte, mit großer Wahrscheinlichkeit sei sie echt.

«Du mußt berücksichtigen», meinte er, «daß er schon eine sehr lange Zeit in dieser neuen Welt lebt und Freunde und Aufgaben hat, die seine Zeit in Anspruch nehmen. Du bekamst diese Mitteilung bereits vor einer ganzen Weile, und was deine Antwort darauf angeht, mag er inzwischen schon resigniert

haben. Ich vermute aber, daß er es in Abständen immer wieder
versucht, und darum müssen wir nach einer entsprechenden
Botschaft Ausschau halten.» Also ließ ich den Mut nicht sinken.

Sitzt man still an einem ruhigen Ort und konzentriert seine
Aufmerksamkeit auf einen bestimmten Punkt, so ist es möglich, seine Gedanken auf eine höhere Ebene zu bringen. Dabei
kann man spüren, wie sie sich nach oben hin ausdehnen, um
höhere Zustände der Wahrnehmungsfähigkeit zu erforschen.
Ich fand ein für mich sehr hilfreiches Gedankenbild: Ich stand
draußen in der Dunkelheit vor einer geschlossenen Tür und
war sicher, daß diese Türe sich einmal öffnen würde, was nur
von drinnen möglich war. Ich konzentrierte alles, was an Verlangen in mir lebte, darauf, Andrew hinter dieser geschlossenen Tür zu erreichen. Eines Tages, als ich diese Technik wieder einmal anwandte, fühlte ich plötzlich den dringenden
Impuls zu schreiben. Ich nahm Bleistift und Papier zur Hand,
und mit angehaltenem Atem und namenlosem Entzücken sah
ich, wie mein Stift begann, die wohlbekannten Schriftzüge zu
formen. Während der ersten Zeit des Krieges, 1914 bis 1916,
hatten Andrews Briefe für mich Höhepunkt und Sinn jedes
einzelnen Tages gebildet, bis schließlich die langen, erschöp-
fenden Jahre kamen, in denen ich vergebens auf sie wartete.
Andrew wurde 1916 als vermißt gemeldet, und da ich niemals
eine definitive Nachricht von seinem Tod erhielt, wurden die
grausamen Jahre der Hoffnung qualvoll verlängert, bis das
Ende des Krieges schließlich allem Hoffen ein Ende setzte.
Jetzt aber, zwanzig Jahre später, sah ich endlich jene verzweifelt herbeigesehnten Schriftzüge wieder leibhaftig vor mir.
Nicht, daß sie etwa nur annähernd ähnlich aussahen – nein, es
war in allen Einzelheiten seine alte, vertraute Handschrift. Sie
war nicht von der in seinen alten Briefen zu unterscheiden,
stellte ich fest, als ich entsprechende Vergleiche anstellte. Das
Gefühl seiner Gegenwart war nahezu überwältigend; unser
gemeinsames Entzücken, unser beider Kummer, Staunen und
Liebe überfluteten in mächtigen Wogen das Bewußtsein.

Wir mußten eine Kluft von zwanzig Jahren überbrücken. Viele Wochen lang waren wir eifrig damit beschäftigt, unsere so verschiedenartigen Erfahrungen miteinander in Verbindung zu bringen. Andrew konnte meine Gedanken lesen und war so in der Lage, in Windeseile meine Berichte zu überfliegen, ich aber mußte mich an die so viel langsamere Methode des automatischen Schreibens halten, um etwas über sein Leben und Treiben in Erfahrung zu bringen. Ich erfuhr, daß er die Beschäftigung gefunden hatte, die seiner tatkräftigen Natur und seinem mitfühlenden Herzen in idealer Weise entsprach: Er hatte eine Ausbildung als Arzt absolviert, um jenen anpassungsunfähigen, emotional kranken Menschen helfen zu können, die in ihren neuen Lebensbedingungen Hilfe so dringend benötigten. Auch mir stand er nun in dieser Zeit der Umstellung hilfreich zur Seite, und allmählich lernte ich, meinen neuartigen Erfahrungen gefaßter und ruhiger ins Auge zu blicken. Schon sehr bald erregten die Experimente sein Interesse, die Scott und ich unternahmen, um zu einem besseren Verständnis der Zusammenhänge zwischen seiner Welt und der irdischen Existenz zu gelangen. Er brachte seine speziellen Kenntnisse über die Ausstattung des Emotionalkörpers in unsere Untersuchungen ein, und sein Wissen und Einfluß werden im folgenden stets spürbar sein.

Während wir gemeinsam an unseren Theorien arbeiteten, sahen wir uns zuweilen mit unlösbaren Problemen konfrontiert. Eines Tages bemerkten wir, daß uns Hilfe aus einer anderen, uns bisher unbekannten Quelle zuteil wurde. Dieser Unbekannte begann, sich an unseren Diskussionen zu beteiligen, indem er sich mit seinen charakteristischen Schriftzügen einmischte, so oft wir am Ende unserer Weisheit angelangt waren. Zuweilen korrigierte er in seiner gütigen, weisen Art unsere frühen, voreiligen Schlußfolgerungen. Während wir allmählich mit diesem vierten Mitglied unserer Arbeitsgemeinschaft vertraut wurden, stellten wir fest, daß ihm die Gedanken und die Vorstellungswelt der Mystiker zueigen waren.

Später erzählte er mir, wie er auf unsere Gedankenspur gestoßen war. Ich las nämlich manchmal in Carpenters *Hin zur Demokratie,* ein Buch, das er kannte und liebte. So wurde er durch den Strom vertrauter Gedanken angezogen, der von mir ausging. Wir stehen tief in seiner Schuld. Er gab uns seine Liebe und weise Freundschaft mit vollen Händen und ließ niemals nach in seinem Bemühen, uns zu inspirieren und anzuleiten.

Ich brauchte einige Zeit, um zu begreifen, daß meine drei Freunde sich nicht in körperlicher Reichweite voneinander befanden, obwohl sie in der Lage waren, zur gleichen Zeit mit mir in Verbindung zu treten. Sie hatten unterschiedliche Grade der Entwicklung erreicht und lebten von daher auf verschiedenen Existenzebenen. Unser neuer Freund war bereits in fortgeschritteneren Lebensbedingungen zu Hause, Andrew lebte in noch ausreichender Nähe zu den unteren Sphären, um dort den Neuankömmlingen zu helfen, und Scott schließlich ärgerte mich damit, daß er sich dickköpfig weigerte, seinen Standort preiszugeben. Der freie, ungehinderte Gedankenaustausch aber funktionierte mühelos durch die Mittlerschaft meines Bleistiftes, und die Reaktionen von Gemüt zu Gemüt waren klar und deutlich spürbar.

Dieses nun ist die kleine Gruppe, aus deren Zusammenarbeit das, was auf den folgenden Seiten behandelt wird, erwachsen ist: E. K., unser weiser, alter Freund, der es zufrieden ist, mit seinen Initialen genannt zu werden; ‹Scott›, der mit seinem richtigen Namen zu jener Zeit wegen seines ausgeprägten Abscheus vor seiner Popularität noch hinter dem Berg hielt; mein Mann, Andrew. Die Schriftzüge meiner jeweiligen Korrespondenten weichen voneinander ab und sind leicht zu unterscheiden.

Scott schreibt folgendermaßen:

To understand life study death

E. K.'s Handschrift ist spitzig und schräg abfallend:

Und Andrews ordentliche Schrift sieht so aus:

Ohne Zweifel ändert meine eigene Schreibweise die einzelnen Handschriften in geringem Maße ab; in dem einzigen Fall jedoch, bei dem ich die Schriftzüge mit ihrem irdischen Gegenstück vergleichen kann, also im Falle Andrews, ist der Unterschied äußerst geringfügig. Die Tatsache, daß ich die Feder ganz leicht und schwebend mit angehobenem Handgelenk halte und ihre Spitze gerade eben das Papier berührt, macht es mir beinahe unmöglich, mittels meiner Muskeln irgendeinen Einfluß auszuüben.

3. Kapitel

Was geschieht mit uns, wenn wir sterben?

Es war mir nicht genug, mich mit meinen drei Freunden zu unterhalten, ihre schriftlichen Mitteilungen aufzunehmen und alles das zu lernen, was sie mir über ihr Leben berichten konnten. Für mich war die Tatsache ihrer Existenz zur realen Erfahrung geworden, die jedoch begreifbar gemacht und auf eine Weise dargestellt werden mußte, daß ihre Realität mit der allgemein akzeptierten wissenschaftlichen Wirklichkeit in Übereinstimmung gebracht werden konnte.

Ich setzte mir zum Ziel, die unbestimmte Hoffnung an ein mögliches Überleben nach dem Tode durch die logisch fundierte Wahrscheinlichkeit abzulösen, basierend auf der Natur der Lebenserscheinungen selbst. Ich wollte die Grenzen bloßen Glaubens wenigstens ein kleines Stückchen zurückschieben, um das Feld konkreten Wissens erweitern zu helfen.

Um das zu erreichen, mußte ich unsere bis heute anerkannten naturwissenschaftlichen Fakten bis zu dem Punkt verfolgen, wo sie sich in einer dichten Wolke wilder Mutmaßungen verloren, um schließlich von der anderen Seite dieser Wolke her alles das zusammenzutragen, was meine Freunde mich über die Natur des Lebens aus ihrer Sicht lehren konnten. Irdisches Wissen verschwimmt auf unserer Seite in einem Nebel von Ungewißheiten, drüben jedoch kommt dieses andere, weitere Wissen zum Vorschein. Dies wird allerdings von den Menschen nicht eher akzeptiert werden, bis seine Verbindungslinien zu dem, was auf der Erde nach irdischen Maßstäben als anerkannt und gesichert gilt, durch die Nebelwand hindurch aufgespürt worden sind.

Das zeitgenössische Denken, so meinen meine Freunde, bewegt sich heute in eine Richtung, die diesem Zweck dienlich sein kann. Einst hielt man das Atom für die kleinste Einheit der Materie; schließlich spaltete man es in noch winzigere Einheiten. In der Vorstellung der Menschen wurde diese unendlich kleine Welt der Atome zunächst mit einer Menge winziger, harter Kügelchen in Verbindung gebracht, durch ein Gesetz gegenseitiger Anziehung zusammengehalten und mit ungeheurer Geschwindigkeit innerhalb winziger Sonnensysteme rotierend. Diese vergleichsweise primitive Auffassung von der Beschaffenheit materieller Erscheinungen ist jedoch inzwischen bereits überholt. Heute sind Materie, harte Kügelchen und alles übrige vergessen, und an ihre Stelle trat Energie – elektromagnetische Kraftfelder, die sich in einem bestimmten Teil des Raumes rapide verdichten, in einem anderen dagegen an Dichte abnehmen können. Bereiche, die aus dichten Energiestrukturen bestehen, werden von unseren Sinnen als feste Materie interpretiert, in Wahrheit jedoch sind sie Formen intensivster Aktivität, und ihre scheinbare Dichte ist ausschließlich das Ergebnis der Drehzahl ihrer Schwingungen.

Steht ein Rad still, kann man einen Stock durch die Zwischenräume seiner Speichen stecken; bringt man es jedoch dazu, sich schnell genug zu drehen, scheint der Raum zwischen den Speichen von undurchdringlicher Dichte zu sein. Das gleiche gilt für die rasch vibrierenden Energiepakete, die ein Atom ausmachen. Sie erscheinen als dichtes Material lediglich durch die Stärke ihrer Aktivität.

Das alles kann uns zuversichtlich in die Zukunft blicken lassen. Wenn nämlich erst einmal Materie als eine in Bewegung befindliche Substanz verstanden ist, wird die unterschiedliche Betrachtungsweise von Materie und Energie auf der Erde und dem Material, aus dem die unsichtbaren Körper meiner Freunde bestehen, lediglich zu einer Frage verschiedener Stufen natürlichen Lebens werden. Vielleicht darf man hoffen, diese bisher unbekannten Materie- und Energieformen mit den unseren in einen logischen Gesamtzusammenhang stellen zu können.

So gelangen wir zum größten aller Rätsel: dem Organismus, dem lebendigen Geschöpf. Was unterscheidet die Energiefelder lebender Körper von denen toter Materie? Von der chemischen Zusammensetzung her erscheinen sie gleichartig. Erst im Tode jedoch gehorcht der Organismus voll und ganz den chemischen Gesetzmäßigkeiten. Dann allerdings hat er Eile, in Zersetzung überzugehen und wieder zu einem Bestandteil der unbelebten Materie zu werden. Lebende und tote Materie – beides sind Zonen physikalischer Energien. Dabei schaffen die Lebenskräfte dieser Energien wiederum eine Vielzahl weiterer dynamischer Prozesse, angefangen bei der Befähigung zu unabhängigen Bewegungsabläufen, Nahrungsaufnahme und -verwertung, die Fortpflanzung der Arten und so fort, bis hin zu höchsten Gefühls- und Gedankenkräften im Menschen. Diese Skala zusätzlicher Kräfte müßte man eigentlich als einen Beweis für die grundlegende Verschiedenartigkeit der beiden Energieformen werten. Alle diese außergewöhnlichen Fähigkeiten eines lebenden Körpers können jedoch von einem Augenblick zum anderen ausgelöscht werden; das letzte Stündlein schlägt, und aus der Prinzessin wird ein Bettelkind. Diese Zone komplexer Energien, der Körper, verliert ganz plötzlich alle seine spezifischen Ausdrucksmöglichkeiten – er kehrt zu den rein chemischen Prozessen des Lebens zurück und verwandelt sich rasch zu Staub. Dieser Moment des Sterbens, wenn sich in kürzester Zeit alles so grundlegend verändert, birgt in sich den Schlüssel zu dem, was wir «Leben» nennen. Was geschieht mit diesem ganz besonderen Stück Materie, das so plötzlich nichts weiter mehr ist als Materie?

In der Welt physikalischer Gesetzmäßigkeiten geht nichts verloren. Verschwindet ein bestimmter Energieträger, wird er in einer neuen Erscheinungsform wieder auftauchen. Diese Rechnung geht immer auf, kein Partikelchen am Ganzen fehlt.

Wir sollten heute in der Lage sein, diesen Prozeß auch für den Energieträger, den der Körper des Menschen darstellt, gelten zu lassen, wenn es auch Wissenschaftler gibt, die glauben, lebende Organismen seien lediglich komplizierte Maschinen, zusammengesetzt aus gewöhnlichen chemischen Bestandteilen. Konfrontieren wir einmal einen solchen Forscher mit einem Menschen an der Schwelle des Todes. Der Mensch bewegt sich, spricht mit denen, die um ihn sind, erteilt Anweisungen bezüglich seines letzten Willens, reagiert auf Zuwendung und Leid seiner Freunde. Dann ist die Uhr schließlich abgelaufen, und auf dem Sterbebett liegt exakt dieselbe Anhäufung von Atomen, in der gleichen Weise zusammengesetzt wie zuvor.

Wie stellt sich nun der Mann der Wissenschaft zu allen jenen Energien und Fähigkeiten des Menschen, die offensichtlich verlorengegangen sind? Er ist ja fest davon überzeugt, daß Energie unzerstörbar sei. Von daher ist eigentlich nicht zu erwarten, auf die Unfähigkeit zu einer plausiblen Erklärung zu stoßen, wo denn nun alles das geblieben sei, was aus dem Ding dort auf dem Bett vordem einen Menschen gemacht hatte. Wenn er nämlich sagt: ‹Der Tod ist das Ende›, kann das für die Wissenschaft nicht befriedigend sein. Sie beruht ja auf dem Glauben daran, daß nichts jemals enden kann, sondern alles sich wandelt und in neuen Formen fortbesteht. Keine einzige wissenschaftliche Gleichung kann aufgestellt werden, ohne die Annahme zugrundezulegen, daß nichts verlorengeht. Der materialistisch eingestellte Forscher wird sich schließlich doch auf die Suche nach den Wirkweisen und Energien machen müssen, die eine lebendige Persönlichkeit erst ausmachen. Dieses

Problem beschäftigte mich sehr häufig, und ich fragte mich, ob es jemanden gäbe, der mir bei der Lösung behilflich sein konnte.

Scott arbeitete beharrlich mit mir an dem Versuch, sein überlebendes Selbst mit dem Körper in Verbindung zu bringen, den er zurückgelassen hatte. Ich wurde mir seiner Gegenwart bewußt, und nun tauchte an Stelle meiner Handschrift die seine auf dem Blatt Papier vor mir auf.

«Blicken wir den Tatsachen ins Gesicht, und finden wir heraus, was wir aus ihnen lernen können. Einst bewohnte ich einen Körper, der beinahe fünfzig Jahre hindurch eine Vielzahl von Unternehmungen durchgeführt hat. Er studierte, experimentierte, streckte sich in alle Himmelsrichtungen, um Wissen anzuhäufen. Er betrieb Ausgrabungen im Osten, forschte und abenteuerte in vielen Teilen der Welt, spielte eine riskante, aufregende Rolle im Krieg und war, trotz Verwundungen und Unfällen, noch ganz intakt und überaus nützlich für mich.

Auf irgendeine Weise abhängig von diesem Körper und auf Leben und Tod an ihn gebunden, so dachte ich, waren ein Verstand, eine Persönlichkeit, Emotionen und Gedanken. Aber was geschah? Ein kleines Geplänkel mit den Gesetzen der Schwerkraft führte dazu, daß dem gesamten Organismus ein fürchterlicher Stoß versetzt wurde. Das Ergebnis: Auf einer ganz bestimmten steinigen Landstraße lagen die Wrackteile zweier Maschinen verstreut – die eine ein Ding aus Metallröhren und Zylindern, die andere, nämlich ich selbst, aus chemischen Substanzen in organischer Gestalt. Alle Energien und Aktivitäten jedoch, die mit diesem meinem zerschmetterten Körper in Verbindung gebracht wurden, waren verschwunden, zumindest für einen irdischen Beobachter. Also war *ich* verschwunden. Aber ich bin *hier*, wohlauf und tätig, und diese verbrauchte Maschine, die mein Körper war, wird jetzt wohl dabei sein, zu Staub zu zerfallen. Ich wünsche der Wissenschaft viel Glück, falls sie den Versuch wagen sollte, dasjenige, was

ich einmal war, aufspüren zu wollen. Ich werde mich weiterhin nach Kräften bemühen, ihr Beweise für meine fortdau-
ernde Existenz zu liefern.»

«Warum nur setzen die Menschen so eifrig alles daran, beweisen zu wollen, daß der Tod das Ende ist?» fragte ich. «Sie
gehen bis zum äußersten, nur um zu zeigen, daß ein Weiterle-
ben gänzlich unmöglich und der Glaube daran reines Wunsch-
denken ist.»

«Vergiß bitte nicht, auch ich habe in dieser Weise gesündigt», warf Scott ein. «Vielleicht kann uns die Psychologie dabei helfen, diese Tendenz zu verstehen. Sicher handelt es sich
um eine Art von Masochismus; ein stoischer Zweifel, um sich
selbst für die Hoffnung zu bestrafen, die man hinter jedem
Glauben an Unsterblichkeit wittert. Es zeugt ja auch von großer Stärke und Überlegenheit, die Dinge zu verpönen, nach
denen man sich heimlich sehnt, und so aller Welt zu beweisen,
daß man ganz gut ohne sie auskommen kann. Leicht sind die
passenden Argumente zur Hand, um diese Haltung zu bekräf-
tigen.

Aber laß uns in der Untersuchung der Fakten fortfahren,
wie sie sich uns darstellen. Ich habe hier alle die Dinge, die aus
meinem physischen Körper verschwunden sind. Um das einfachste zuerst zu nennen – da ist das Leben an sich, die reine
Fähigkeit, etwas zu spüren, sich zu bewegen und einen pulsie-
renden Körper zu haben; dann sind da die Emotionen, Wünsche und Ziele, um diesen Körper in die entsprechenden Richtungen hin zu dirigieren. Dann das Denken: die Fähigkeit, zu
verstehen, zu reflektieren, zu planen und zu urteilen; und
schließlich gibt es da noch eine rätselhafte Instanz, die alle diese
Abläufe koordiniert – ich selber –, eine Über-Persönlichkeit,
die alle meine Aktivitäten begutachtet, sie gutheißt oder tadelt.

Ich kann dir ganz getrost meinen jämmerlichen, abgelegten
Körper überlassen; alles, was ich brauche, habe ich hier, obgleich noch in körperlicher Form. Alles war in der Essenz enthalten, die sich von meinem verletzten physischen Körper los-

gelöst hat. Es war dort in ihm und ist jetzt hier. Doch die chemischen Elemente sind noch alle in ihm enthalten, nur verhalten sie sich nun völlig anders. Die einzig mögliche Schlußfolgerung ist die, daß jedem Atom, das meinen einstigen Körper
gebildet hat, etwas entzogen worden sein muß.»

«Warte mal. Weißt du, daß Professor Whitehead erklärt hat,
ein organisches Atom sei anders aufgebaut als ein anorgani-
sches, und ein Elektron im Körper eines lebendigen Menschen
sei anders strukturiert als eines außerhalb des lebenden Körpers?»

«Er sollte inzwischen eigentlich schon bemerkt haben», erwiderte Scott, «daß ein Atom oder Elektron beim Tode des
Organismus seine Struktur *verändern muß* und daß ihm in
einem einzigen Augenblick etwas absolut Drastisches zustößt,
das es zwingt, anderen Gesetzen zu gehorchen. Das ist der
hochbedeutsame Moment, und an diesem Punkt müssen wir
den Grund für die Veränderung suchen, die ganz ohne Zweifel
stattfindet. Willst du das Leben verstehen, studiere den Tod.

Meiner Ansicht nach geschieht folgendes: Das organische
Atom ist keineswegs so einfach strukturiert wie das anorganische. Durch seine größere Komplexität bringt es höhere Arten
von Energien hervor, die dem normalen Schwingungsumfang
eines Atoms beigefügt werden. Das neue Schwingungsaus-
maß, auf das es angewachsen ist, ermöglicht ihm eine unabhängige Existenz. Dieses neue atomare System ist wegen seiner erhöhten Schwingungsfrequenz nicht sinnlich oder mit
Instrumenten wahrzunehmen. Stirbt der Körper, wird diese
neue Zusammensetzung von Energien von der Physis ausgestoßen und formt eine neue Gestalt, so eine, wie beispielsweise
ich sie jetzt trage.»

«Dann wäre es also richtig, zu sagen, daß diese andere Energieform, verbunden mit einem physischen Atom, diejenige
ist, die den Unterschied ausmacht zwischen den beiden Arten
von Materie, der toten und der belebten?»

«Ja. Und sobald diese höhere Lebensenergie entfernt ist, fällt der physische Anteil natürlicherweise zurück in eine anorganische Seinsform, und an die Stelle von Erneuerung und Wachstum treten Fäulnis und Zersetzung.»

«Und du gehst in einem ähnlichen Körper weiter, der für uns bis jetzt noch unsichtbar ist?» fragte ich.

«Dem äußeren Erscheinungsbild nach ein exakt gleichgearteter Körper, jedoch mit auffallenden Unterschieden, was seine Fähigkeiten und Ausstattung betrifft. Hier brauchen wir Andrews Hilfe, um eingehender darüber zu diskutieren. Ich möchte, daß du begreifst, daß der Körper, den ich jetzt benutze, während meines Erdenlebens geformt wurde und meinen irdischen Körper kontinuierlich durchdrang. Er war der Teil von mir, der fühlte, begehrte, urteilte und dachte, und da er sich auf den physischen Leib stützte, modifizierten seine Strömungen und Impulse den irdischen Körper. Das führte mich und viele andere zu der Annahme, diese Funktionen, nämlich Fühlen, Wollen und Denken, hätten ihre *Ursache* in der Physis. Heute weiß ich, daß die Gefühle meinem gegenwärtigen Körper entsprangen und der physische Körper sie nur reflektierte; andernfalls würde mein heutiger Körper zu keinerlei Emotionen mehr fähig sein. Ganz sicher verhält es sich so. Mir wird ganz heiß bei diesem Thema, was du wahrscheinlich fühlen kannst; seit diese Zusammenhänge Gewißheit für mich geworden sind, möchte ich am liebsten vergessen, daß ich alles das vor kurzer Zeit selber geleugnet habe.»

«Dann laß uns hier aufhören», sagte ich. «Ich hätte dir noch viele Fragen zu stellen, aber deine Aufregung erstickt mich beinahe.»

«Entschuldige. Es ist jetzt soviel schwieriger, Emotionen zu kontrollieren, als es in der guten alten Haut war. Ich vermute, sie wurden durch den Hemmschuh der Physis hinuntergedämmt, und hier geraten sie sehr leicht aus den Fugen. Ich gehe. Es ist scheußlich, daß du dich meinetwegen unbehaglich fühlen mußt.»

Das «Scott»-Bewußtsein mit seiner kühnen Vorstellungs-

kraft, seinem kritischen Verstand und seinen machtvollen
Emotionen blendete sich aus, und ich wandte mich anderen
Dingen zu. Der Kontrast zwischen meiner gewohnten Persönlichkeit und meiner Persönlichkeit, wenn sie durch Scott ver-
stärkt wurde, war bemerkenswert. Wenn er kam, war es, als
ob aus einem schmalen, kraftlosen kleinen Lebensbächlein
plötzlich ein breiter, rasch dahinfließender Strom geworden
wäre, der seine Wasser mit einer stärkeren Strömung fortbe-
wegt. War seine Gegenwart verschwunden, hatte ich jedesmal
einige Schwierigkeiten, zu der Geschwindigkeit meiner gewohnten Denkweise zurückzufinden. Heute nun saß ich noch
eine Weile still da, dachte über das Gesprochene nach und versuchte, es auf einen Nenner zu bringen.

Im lebendigen Organismus mußte also jedes materielle
Atom durchdrungen und eingehüllt sein vom Stoff einer anderen Lebensqualität, einer höheren Schwingung, die nicht im
Bereich des Sicht- und Fühlbaren liegt. Möglicherweise existierte diese unsichtbare Form von Materie in etlichen Abstufungen. So lag es nahe, sich die Anordnung belebter Materie
als eine aufsteigende Tonleiter vorzustellen, von der lediglich
die tieferen, gröberen Noten in Reichweite unserer Sinne oder
empfindlichsten Instrumente liegen. Alle höheren Töne waren
Ausdruck einer Musik, die wegen ihrer feineren Schwingungen von unseren physischen Ohren niemals wahrgenommen
werden kann.

Leben scheint auf bemerkenswerte Weise das Ergebnis materieller Aufwärtsentwicklung zu sein. Falls sich belebte Materie tatsächlich aus unbelebter entwickelt, ist es verständlich,
daß sie an diese gebunden bleibt und sich nur dadurch bemerkbar macht, daß sie das Unbelebte in Bewegung setzt und wandelt. Weder unsere Sinne noch die empfindlichsten Apparatu-
ren sind bislang in der Lage, den verschwundenen Energien
nachzuspüren, und doch wirkt in jedem von uns dieser feinere
Körper, der unser wahres Sein ausmacht.

So erneuert sich verletztes Körpergewebe von allein, weil

der unsichtbare Körper unversehrt bleibt – es wird wieder ersetzt in Übereinstimmung mit ihm. Also muß Wachstum den Aufbau des Sichtbaren in Korrespondenz mit dem Unsichtbaren bedeuten, und der Verfall des Körpers im Alter ist nichts anderes als das allmähliche Sichzurückziehen des unsichtbaren Körpers, wenn er seine Verbindungen zur physischen Ordnung löst.

Bis hierhin waren meine Überlegungen gediehen, als E. K. mich seine Anwesenheit spüren ließ, und mein Federhalter begann, seine spitzigen, schrägen Schriftzüge aufzuzeichnen.

«Es ist durchaus wahrscheinlich», schrieb er, «daß Leben keine mysteriöse, übernatürliche Angelegenheit, sondern *der dauerhafteste Aspekt von Materie* ist. Man kann die physische Form verletzen oder zerstören, nicht aber den unsichtbaren Körper, der sie durchdringt. Wie jede andere Art von Energie wechselt Leben seine Form und entzieht sich so unseren Nachforschungen; keine Gewalt der Erde oder des Himmels jedoch kann es vernichten, noch sein Fortbestehen von Gestalt zu Gestalt verhindern.

Hat Materie diese höhere Schwingungsebene einmal erreicht, ist etwas Neues entstanden, dem Anfeindungen aus dem Dunstkreis eurer Ebene nichts mehr anhaben können. Es ist in den Bereich ewiger Veränderung und Transformation eingetreten und unterliegt damit den Gesetzen der Wiederkehr und Höherentwicklung bis ans Ende aller Zeiten. So ist Leben – dieses empfindliche, verwundbare Etwas, das so völlig sinnlosen Zufällen oder rüder Gewalt ausgeliefert zu sein scheint, dieses zarte Gebilde. Doch sobald man es in seinem wahren Wesen begreift, ist es dauerhafter als Fels, unangreifbarer und unbegrenzter als das Meer. Es hat Unsterblichkeit erlangt und sich selbst in einen Zustand unerbittlichen Dauerns erhoben.»

Ich dachte: welch schreckliche, Ehrfurcht einflößende Redensart! Keine Möglichkeit, dem Leben zu entkommen, wenn man es einmal besitzt. Wir sehnen uns nach Unsterblichkeit und realisieren nicht, daß man ihr unter gar keinen Umständen entfliehen kann! So läßt sich der Vorgang der Transformation von Energie, die Leben hervorbringt, nicht mehr umkehren. Wir befinden uns in einer Einbahnstraße.

Dies erinnerte mich an etwas, das ich über Entropie, in der Physik die Entwicklung der Ordnung zum Chaos, gelesen hatte. Allen unbelebten Energiesystemen ist die Tendenz zu eigen, sich in einem Zustand des Gleichgewichtes einzupendeln, in dem kein weiterer Energieaustausch mehr möglich ist, so wie Objekte mit verschiedenen Temperaturgraden Wärme abgeben bzw. aufnehmen, bis sie einen Temperaturgleichstand erreicht haben. Daraus schließt man, daß das gesamte Universum einer riesenhaften Uhr gleicht, die aufgezogen wurde, um nur eine ganz bestimmte Spanne Zeit zu laufen. Sobald der Zustand des Gleichgewichtes oder die Entropie erreicht ist, werden auf der Erde Stille und Tod herrschen. Auch hier haben wir es wieder mit einem Einbahnstraßen-System zu tun.

Dem gegenüber steht der Prozeß, den unser Freund so treffend als «unerbittliches Dauern» bezeichnete. Ist erst einmal Leben aus Materie geboren, muß es der vorgegebenen Richtung aufwärts hin zu höheren Energieformen folgen, während leblose Materie ihren hoffnungslosen Weg abwärts in die Stagnation, in den Zustand der Entropie, nimmt. Beide gegensätzlichen Prozesse sind in einer lebenden Wesenheit am Werke. Der Organismus erzählt die Geschichte ihres zweifachen Wirkens. Er ‹stirbt›, sobald das lebentragende System in den Bereich ewiger Existenz abgezogen wird und die leblosen materiellen Anteile der Auflösung anheimfallen.

Hier unterbrach E. K. meine Grübeleien. «Du hast meinen Gedanken ganz richtig umgesetzt. Zwei Energiesysteme sind in dem Organismus, wie du ihn kennst, miteinander verquickt. Sie kooperieren und modifizieren einander; die Geschichte der Organismen ist die Geschichte der allmählichen Trennung dieser beiden Systeme. Im Tode schließlich lösen sie sich voneinander. Die materiellen Anteile des Körpers nehmen

ihren Weg abwärts in den starren Zustand absoluter Inaktivi-
tät, der unsichtbare Träger des Lebens jedoch erhebt sich frei
und ungehindert, um sich weiterzuentwickeln. Notwendigerweise wird er immer höhere Schwingungsgrade ausbilden
müssen. Stelle dir bitte diesen Körper, der für dich ja nur nicht
sichtbar ist, auf seiner spezifischen Seinsebene als vollkommen
materiell vor. Leben ist schlicht und einfach Materie, die in
einen höheren Zustand von Aktivität erhoben wurde und so
die Fähigkeit erlangt hat, auf einer anderen Seinsstufe zu existieren und fortzubestehen.»

«Dann brauchen wir also nicht bei dem Gedanken daran zu
verzweifeln, daß das Universum und seine Ordnung unaus-
weichlich dazu verdammt ist, im Schweigen eines allumfassenden Todes zu enden?» meinte ich.

«Nicht, wenn du voraussetzt, daß alles Lebendige von der
Erde entfernt und in der Lage sein wird, ohne physische Gestalt weiter zu existieren, bevor dieser ferne Tag anbricht»,
sagte E. K. «Man muß hierzu jedoch noch einige schwerwie-
gende und einigermaßen beunruhigende Gedanken in Betracht ziehen. Wir werden dies eingehender diskutieren, sobald du die Notwendigkeit der Wiedergeburt begriffen hast.»

4. Kapitel

Das Leben und die Wahrnehmung auf den höheren Ebenen

Es war zweifellos interessant, über den Wechsel vom Leben zum Tode zu theoretisieren, aber man möchte doch gerne mehr darüber wissen. Was für ein Gefühl ist es, den gewohnten Körper und die Verstandeswelt hinter sich zu lassen und sich ins Unbekannte hinauszuwagen? Was bedeutet dieses gewaltige Abenteuer in der realen Erfahrung?

Ich hatte Berichte zu diesem Thema gelesen, die Medien übermittelt wurden, und die im wesentlichen miteinander übereinstimmten, doch Scott äußerte Bedenken:

«Ich glaube, die Todeserfahrung wird von Fall zu Fall beträchtlich variieren, weil sie abhängig ist von der Gemütsverfassung, in welcher man hinübergeht. Auch ist der Unterschied zwischen einem plötzlichen Übergang und einem friedlichen, auf den man vorbereitet ist, gewaltig. Der Schock eines gewaltsamen Todes versetzt die unsichtbare Wesenheit in einen tollen Aufruhr und macht eine Anpassung an die neue Umgebung für eine Weile unmöglich. Man findet sich wieder in einer phantastischen Traumwelt ohne Kontinuität des Erlebens. Blitze lebhaften Bewußtseins finden sich unvermittelt neben Bewußtlosigkeit, und das Chaos zusammenhangloser Gemütszustände besitzt keinen rechten Bezugsrahmen von Raum und Zeit.

Dem Schlaf des Todes entringt sich zuerst nur ein vages Gefühl von Identität, ein Fünkchen Selbst-Bewußtsein, das dem Nichts entsteigt. Darauf erwacht man zu einem Tumult von Emotionen und fliegenden, angstvollen Gedankenfetzen. Irgendwann in diesem Teil des Dramas rollen die Erinnerungen an das vergangene Erdendasein ab. Dein Verstand hilft mir, einen Vergleich dafür zu finden: Es ist, als spule man einen Film im Rückdurchlauf ab – eine rasch dahineilende Lebensschau vom Ende hin zum Beginn, die geschwind über das geistige Auge huscht, bis sie sich schließlich im unbewußten Dämmer des Anfangs verliert.

Es folgt erneute Bewußtlosigkeit, und in meinem Fall erlebte ich eine Phantasmagorie: flüchtige Eindrücke irgendeiner Umwelt, nach denen man verzweifelt greift und die verlöschen, traumhaftes Gewahrsein von Menschen und Geschehnissen auf der Erde, denen man zustrebt, weil sie so wundervoll vertraut anmuten, ohne seine Anwesenheit kundtun zu können. Während man sich noch darum bemüht, wechselt die Szenerie und verschmilzt mit einer anderen.

Dann letztendlich schwindet die Erde, es folgt ein langer Aufenthalt an einem Platz, von dem ich annahm, er sei der Hades, der Ort der Schatten, eine trübe, formlose Welt, die meiner Meinung nach ausschließlich von den giftigen Ausdünstungen irdischer Emotionen und den unbewußten Projektionen der Erdbewohner bevölkert ist.

Schließlich jedoch stabilisiert sich der neue Körper, und das Gewahrwerden eines realen Umfeldes wächst. Endlich wieder Licht und feste, klare Umrisse, leibhaftige Menschen, die sich innerhalb einer wunderschönen Welt bewegen!

Vieles von diesem frühen Alptraum wäre zu vermeiden gewesen, hätte ich es nur verstanden, mich der Hilfe zu bedienen, die mir so großmütig angeboten wurde. Mein halsstarriger Unglaube und Stolz waren wohl hauptverantwortlich für meinen Zustand. Aber ich vermute, daß die Eingewöhnung in keinem Falle für mich einfach gewesen wäre, selbst wenn ich vorher gewußt hätte, was mich erwartete. Ich brachte einen äußerst schwierigen Charakter mit hinüber, mächtig wirkende Hemmungen und verwickelte Komplexe, die mir allesamt arg zusetzten, bevor sie entwirrt werden konnten. Das war das Fegefeuer, wenn du so willst; aber es war nicht zu vermeiden, wenn man die Sache nicht schon vorher aus der Welt geschafft hatte.

Ich glaube, ich hatte wirklich das Maximum an Schwierigkeiten zu bestehen. Es handelte sich bei mir also nicht um ein normales Hinübergehen, sondern um eine schwierige, leidvolle Erfahrung. Ich weiß heute, daß sie notwendig war und ich selbst sie unvermeidlich gemacht habe.»

Ich wußte Bescheid. Ich hatte die Freisetzung lange unterdrückten Kummers am eigenen Leibe erfahren müssen. Daher wußte ich einiges über die schreckliche Macht solcher Gefühle. Auch der entschlossene Mut war mir bekannt, mit welchem er sich seinen Weg aus diesem Alptraum heraus erkämpft hatte.

«Was hältst du von deinen schweren Erfahrungen im Hinblick auf unsere Theorie?» fragte ich ihn.

«Ich denke», sagte Scott, «daß physischer Stoff die neuen Körperrhythmen blockiert. Kommt es zu einem plötzlichen, gewaltsamen Tod, ist die neue Körpersubstanz zuerst einmal nicht in der Lage, sich aus dem alten physischen Zustand zu befreien. Sie irrt zwischen zwei Welten umher, und die Einstimmung auf das neue Umfeld braucht Zeit. Sehr wahrscheinlich sind es die Perioden der Bewußtlosigkeit, welche die Umgewöhnung schließlich bewirken. In meinem Fall mußte ich jedes Bewußtseinspartikelchen einzeln erfahren und in den neuen Rahmen integrieren. Du kannst dir sicher vorstellen, welch ermüdendes Durcheinander das produzierte. Die meiste Zeit über funktionierten meine Sinne nicht richtig. Oft muß es mich in den Dunstkreis der irdischen Schwingungssphäre zurückgezogen haben, denn zeitweise konnte ich meine Freunde wahrnehmen, und ich versuchte verzweifelt, sie auf mich aufmerksam zu machen.

Wollte ich mich zwingen nachzudenken, rauschte eine wild-
bewegte Flut von Bildern und Eindrücken durch meinen Geist,
doch ihre Inhalte waren unzusammenhängend und wider-
sprüchlich. Ich brachte es nicht fertig, meine Emotionen unter
Kontrolle zu halten, die einem ungebärdigen Heerhaufen gli-
chen, der plötzlich alle Disziplin vermissen läßt. Ganz allmählich jedoch endete diese wahnwitzige Konfusion, und mein
neuer Körper glich sich seinen Umweltbedingungen an. Meine
Sinne begannen, mir eine reale Vorstellung von der Welt zu
vermitteln, in welcher ich zukünftig zu leben hatte. Erinnere
dich, mir wurde Hilfe zuteil; aber wären mein intellektueller
Hochmut und meine Vorurteile nicht gewesen – ich hätte nicht
so oft wieder in dieses Durcheinander zurückfallen müssen.»

Scotts Todeserfahrung war in der Tat stürmisch und chaotisch, doch glücklicherweise konnte E. K. eine andere und sicherlich beruhigendere Schilderung von der Art des Übergan-
ges geben.

Er sagte: «Die Todeserfahrung ist für gewöhnlich weder
unangenehm noch schwierig. Im Verlauf des Alterns beginnen
die beiden Wesensformen im Körper sich voneinander zu lösen. Die Symptome für den Rückzug der Lebenskräfte sind
schwächer werdende Gesundheit und allmähliches Versagen
der Wahrnehmungsfähigkeit. Oft sieht es so aus, als lösten sich
als erstes die Hirnfunktionen aus der Verbindung, lange bevor
die übrigen Organe des Körpers dazu bereit sind. Damit findet
die Senilität ihre Erklärung. Wurde der letzte Atemzug getan,
ist der Loslösungsprozeß praktisch als abgeschlossen zu betrachten, und ein Zustand der Bewußtlosigkeit tritt ein.

Geschieht das Sterben so allmählich und auf natürliche
Weise, kommt es nach einem Zeitraum von einigen wenigen
Tagen zu einem friedlichen Erwachen in den neuen Lebensbedingungen. Man ist ‹voll und ganz durch›, wie wir es ausdrük-
ken.

Zwar müssen wir auf den Neuankömmling noch ein wenig
achtgeben und beruhigend auf ihn einwirken, bis die neuen

Körperfunktionen völlig hergestellt sind, doch bald schon zeigen sich Kraft und Vitalität, und er ist bereit, sein neues Leben zu beginnen. Wie alle natürlichen Prozesse sollte der Übergang nicht gestört werden durch Ungestüm oder Hast. Der Tod ist eine Art Geburt, und er sollte im Bewußtsein ruhiger, sicherer Unvermeidlichkeit verlaufen, ohne Schmerzen oder Qualen irgendwelcher Art.

Viele der offensichtlichen Nöte auf dem Sterbebett werden vom Sterbenden gar nicht bewußt erlebt. Seine wahren Lebenskräfte haben sich bereits zu einem großen Teil aus der sterblichen Hülle zurückgezogen; sie nehmen deren Qualen weder wahr noch reagieren sie darauf. Shakespeare kommt diesen Tatsachen sehr nahe, wenn er vom ‹Abstreifen jener sterblichen Schlangenhaut› spricht.

Ein Vergleich der verschiedensten Schilderungen des Todesvorganges zeigt, daß er aus mindestens zwei Phasen besteht, zwischen denen Perioden der Bewußtlosigkeit liegen. Dem Sterben des physischen Körpers folgt ein Koma, das einige Zeit andauert; daraus erwächst schließlich eine Art Selbst-Gewahrwerden, jedoch ohne bewußte Realisation der Umgebung, in welcher man sich befindet. Die neuen Sinnesorgane funktionieren noch nicht, man schwimmt im Nichts, nimmt bestenfalls eine verschwommen-neblige, unwirklich anmutende Umgebung wahr, von phantastischer, traumhafter Qualität. Während dieses Intervalls werden offenbar die Rückerinnerungen an das irdische Dasein geweckt, und bei der eigenen Lebensschau zieht man Bilanz über Erfolg und Mißerfolg. Darauf sinkt man erneut zurück in einen Zustand der Bewußtlosigkeit, der im vollständigen Erwachen in der neuen Welt mündet.

Wir können mit einiger Berechtigung von einem ersten und einem zweiten Tode sprechen, da nicht nur der physische, sondern auch der nächste Körper abgelegt werden muß. Stelle dir den ganzen Menschen als zusammengesetzt aus vier einander durchdringenden Gestalten vor. Der zweite dieser vier Körper

ist in seiner Struktur dem physischen sehr ähnlich und eng-
stens mit ihm verknüpft. Er ist der Äther- oder auch Lebenskörper und verleiht die Fähigkeit sinnlicher Wahrnehmung.
Er trennt sich niemals vom physischen Leib, selbst im Schlaf
nicht. Beim Tode jedoch verläßt er die Physis gemeinsam mit
dem Astralkörper und dem Ego.* Die ätherische Gestalt aber
ist allzu eng mit dem physischen Körper verwandt und steht
durch diese Verwandtschaft dem höheren Selbst im Wege, das
sich in die ihm gemäßen Sphären aufschwingen möchte.
Darum muß auch dieser Körper zurückgelassen werden, ein
Vorgang, den man den zweiten Tod nennt. Für gewöhnlich
dauert es drei Tage, ehe die Trennung von den übrigen Wesensanteilen vollzogen ist; bei dem, was wir bisher besprochen
haben, handelte es sich um diese Übergangsphase.

Zeitangaben können dabei nur ungefähr gemacht werden.
Wie du aus Scotts Erzählung schließen kannst, bestehen große
Unterschiede zwischen den einzelnen Erfahrungsqualitäten,
sowohl bezüglich ihrer Natur als auch ihrer Dauer. Ich nehme
an, daß im Normalfall die meiste Zeit im Schlafzustand zugebracht wird, unterstelle aber, daß man gleichzeitig in rasender
Geschwindigkeit einen Überblick über das verflossene Erdenleben erhält. Die Äthersubstanz gilt als der Hauptträger des irdischen Erinnerungsvermögens, und so mag diese rasche
Erinnerungsabfolge verantwortlich sein für den Rückzug und
letztendlichen Verlust des Ätherkörpers. Es muß hier jedoch
betont werden, daß man vor diesen Geschehnissen auf gar keinen Fall Angst haben muß, so lange sie ruhig und vertrauensvoll akzeptiert werden.»

Hier endeten E. K.s hilfreiche Mitteilungen.

Alle Dinge, die mir über das große Ereignis Tod bisher zu

---

* Der Begriff des Ego, lat. ‹Ich›, wird hier in einem umfassenderen Sinne
verwendet als gewöhnlich. Er bezeichnet nicht so sehr die «egoistischen»
Elemente des Ich, sondern das Selbst, also jene Instanz in mir, die über
mich selbst reflektiert und die «Ich bin ich» sagen kann. D. Lekt.

Ohren gekommen waren, ermutigten mich, die Furcht vor ihm durch ein vitales Interesse und ein beträchtliches Maß Neugierde zu ersetzen. Selbst wenn man die hier niedergelegten Informationen nicht voll und ganz zu akzeptieren vermag, ist es doch sehr wichtig, erst einmal einen gewissen Eindruck erhalten zu haben, um das Geschehen dann später in Ruhe und freudig hinnehmen zu können, ganz gleich, wie seltsam das Abenteuer sich auch letztendlich gestalten mag. Viele Hände sind zu unserer Hilfe ausgestreckt, um sicherzustellen, daß unsere Reise nach drüben leicht und natürlich verläuft. Unser Anteil an der Sache ist der, uns willig helfen zu lassen und ihren Ausgang voller Vertrauen und Gelassenheit abzuwarten.

«Es wäre unter Umständen ganz hilfreich, wenn du mir deine eigenen Erfahrungen damit kurz einmal schildern würdest», bat ich.

«Das will ich gern tun», antwortete E. K. «Ich erwachte in eben jener Übergangsphase, von der wir gesprochen haben. Ich hielt mich immer noch für schwach und krank, erhob mich aber aus meinem Schlaf mit einem wundervoll erfrischten, glücklichen Gefühl und wanderte eine Zeitlang in dem vagen, schemenhaften Dämmer dieser seltsamen Welt umher, unfähig, aus meiner Situation klug zu werden. Das lastende Schweigen betäubte mich, und für längere Zeit sank ich in Bewußtlosigkeit. Als ich danach schließlich wieder erwachte, fühlte ich deutlich, daß mein Körper sich wesentlich verändert hatte. Er war nicht länger mehr gebrechlich und hinfällig, sondern gekräftigt, vital und zu allem bereit, ganz so, als sei ich plötzlich in meine Jugendzeit zurückversetzt worden. Gespannte Erwartung hielt mich gepackt, es war, als müsse jeden Moment etwas geschehen. Ich war hellwach, fähig, meinen Zustand voll und ganz zu begreifen, und war es zufrieden, tief in mich selbst hinabzutauchen. Die Gedanken kehrten sich nach innen und bewegten sich mit verblüffender Schnelligkeit. Sie durchjagten das Protokoll einer langen Lebensspanne. Es geschah im blendenden Lichtkegel eines Scheinwerfers, der gnadenlos jede Verfehlung, jede kleine Sünde und Schwäche ausleuchtete, alles vollkommen unparteiisch erhellend, so als hielte jemand ein altes, abgetragenes Kleid ins Licht, an welchem er nun zu seiner großen Bestürzung die Risse und Flekken bemerken muß. Diese durchdringende, klare Flamme der Erinnerung zeigte mir die wahre Natur der Dinge und bewirkte gleichzeitig die Loslösung von ihnen. Ich blickte auf die Angelegenheiten meines Lebens zurück, als trüge ich nicht länger mehr irgendeine besondere Verantwortung für sie. Ich begriff: Es war nur wichtig, klar zu erkennen, wo ich gefehlt und wo ich richtig gehandelt hatte. Was ich zu sehen bekam, stimmte mich traurig und kleinmütig genug, bis ich endlich mit einem tiefen Seufzer der Ergebenheit und Akzeptanz meine Gedanken anderen Dingen zuwenden konnte.

Die Gesamtheit meiner religiösen Weltanschauung mußte angesichts dieser unerwarteten Erfahrungen überdacht werden. Selbstverständlich hatte man über den Sinn des Todes nachgedacht. Wie alle vernünftigen Menschen konnte auch ich die Vorstellung nicht akzeptieren, daß das Leben, sobald es den Körper verläßt, so ganz einfach aus dem Universum verschwinden sollte. Nunmehr stand fest, daß ich noch als intakte Persönlichkeit weiterexistierte, wenn auch mein gegenwärtiger Zustand recht zweideutig zu sein schien. Sollte ich wohl einfach still von diesem ‹Ort der Schatten› fortgehen, oder war er nur der Auftakt zu einer Art zauberhaften Lebens ‹danach›? Schließlich schlief ich wieder ein und verabschiedete mich damit von dieser traurigen Örtlichkeit, denn bald darauf erwachte ich in der lieblichen, klaren Luft eines sonnigen Berghanges. Das Zwischenspiel wurde zu einem verschwommenen Trugbild; wären die gedanklichen Prozesse nicht gewesen – es hätte sicherlich nicht mehr Realität gehabt als ein Traum. Wie es zu dieser Veränderung gekommen war, wußte ich nicht, noch war ich mir des Umstandes bewußt, daß ich einen weiteren, verbrauchten Körper abgelegt und hinter mir gelassen hatte. Ich konnte zunächst keinen anderen Gedanken fas-

sen als den, endlich wieder in die Welt zurückgekehrt zu sein,
so beglückend vertraut erschien alles meinen Augen, die begierig das Licht und die Schönheit tranken. Schließlich jedoch
forderte mein Geist sein Recht und bestand hartnäckig darauf,
die Situation zu verstehen und zu kontrollieren. Jetzt war ich
wieder in der Lage zu denken; bevor jedoch in mir der Wunsch
Form annehmen konnte, mich zu bewegen und meine Umgebung genauer zu erforschen, mußte ich versuchen, etwas
Ordnung in die Unzahl von Eindrücken und Erinnerungsbil-
dern zu bringen, die mit mir hierhergekommen waren. Ich
war niemals ein methodischer Denker gewesen und fühlte daher auch keinen besonderen Drang, alle diese Dinge in einen
logischen Zusammenhang von Ursachen und Wirkungen zu
bringen. So wartete ich, darauf vertrauend, daß sie sich von
allein ins rechte Lot brächten.

Aber was das Wichtigste war – ich war glücklich. Des Lebens Melodien, dieser große, herrliche Sinn unserer Reise von
der Wiege zum Grab, durch das Tal der Schatten hindurch bis
zur Ankunft hier in diesem größeren Leben, in das hinein wir
nackt und bloß wiedergeboren werden, ertönten in frohlok-
kenden Klängen, bis ich in eine Ekstase der Liebe und Anbetung angesichts dieses großen Ganzen versank, von welchem
ich nun ein seliger Teil sein durfte. ‹Den Abend lang währet
das Weinen; aber des Morgens die Freude›, jubilierte es durch
meine Seele. Es war unmöglich, diesen Satz auf die Erde zu be-
ziehen – er stand für den Morgen in dieser neuen Welt.

Mir schien es schon eine ganze Weile her zu sein, daß in meinem Leben Menschen irgendeine Rolle gespielt hatten. Das
Gefühl für ihre Gegenwart war im Laufe meiner langen
Krankheit aus meinem Bewußtsein gewichen, und seit meiner
Genesung lebte ich als Einzelgänger. Mich verlangte nicht
nach Gesellschaft; meine Augen badeten in Schönheit, und ich
konnte an nichts anderes denken als an diesen überirdischen,
strahlenden Jubel, der mich hier umgab. Während ich dort auf
dem Berghang lag, fühlte ich, wie alles leidvolle Grübeln von

mir abfiel. Ich gab mich ganz dem reinen Entzücken hin, das ein Mensch empfindet, dessen Sinne Nahrung im Überfluß erhalten. Diese Schönheit war nicht irdischer Natur. Licht lag auf allen Dingen und strahlte gleichzeitig aus ihnen heraus, so daß allem um mich herum intensives Leben entströmte. Die Schönheit, die dem Gras, den Bäumen und Blumen zu eigen war, erhellte sie gleichsam von innen heraus, so daß die Seele atemlos verharrte vor diesem Wunder an Vollkommenheit. Mir war rundherum wohl, und ich fühlte mich glücklich. Allen diesen herrlichen Dingen entströmte ein ihnen eigenes Licht. Farbe und Wohlgeruch bildeten hier nicht den Anstrich ihrer äußeren Struktur wie auf der Erde, sondern waren vielmehr das Leben selber, das sie fortwährend verströmten in die wundervoll würzige Luft. Diese Luft selbst war Licht; etwas wie das Lebenselement selbst war in ihr spürbar, und atmete man sie ein, verbannte sie die letzten erstickenden Dünste der Erde aus dem Gedächtnis des Körpers. Die Luft war Wein, das Licht war Leben. Der Schimmer und die innerste Bedeutung, die stoffliche Dinge auf der Erde reflektieren, werden hier zum tatsächlichen, wesenhaften Sein. Man nimmt sie als die Träger einer bestimmten Bedeutung wahr und betrachtet sie weniger durch den Augenschein als durch unmittelbares Verstehen.

Es ist mir beinahe unmöglich, die wahrhaft himmlischen Eindrücke zu schildern, wie sie sich mir auf meinem Berghang boten. Das Licht strahlte nicht aus einer bestimmten Richtung, es durchglühte alles, allumfassend, badete alle Dinge in seinem sanften Glanz und ließ die harten Schatten und dunklen Kanten vermissen, durch die Objekte auf der Erde bestimmt werden. Jeder Gegenstand glühte oder leuchtete in seinem eigenen Licht und wurde zugleich durchstrahlt von der Pracht und Herrlichkeit um ihn herum. Ich blickte auf; der Himmel lag über mir wie eine riesige Perle und strahlte in opalisierenden Farben. Der Eindruck unergründlicher Tiefen im Raum drängte sich auf, als die schimmernden, transparenten Farben sich teilten und den Blick in die unendlichen Weiten dahinter freigaben.

Der Klang von Stimmen weckte mich aus meiner Versunkenheit. Hatte mich schon die Schönheit der Bäume und Blumen in Bann geschlagen, so gab mir der erste Anblick menschlicher Wesen noch mehr Grund zu reinem Entzücken. Hier vor mir sah ich eine völlig andere, um so vieles komplexere Art von Leben, das seine spezifischen, wundervollen Eigenschaften ebenfalls in sichtbaren Strahlen aussandte. Diese Menschen waren weit mehr als nur lebendig; Leben entströmte ihnen im Rhythmus ihres Herzschlages, der Anzeiger war für das, was sie fühlten. Das Leben bestand aus leuchtenden, prachtvollen Strahlen der Wonne. Auch hier warfen die Körper keine Schatten. Ihre sanften Umrisse schimmerten herrlich in dem fließenden Gewebe ihrer Lebensemanationen.

Bei ihrem Näherkommen begann ich zu zittern und fühlte mich wie ein Eindringling aus niederen Lebensbereichen. Sie kamen zu mir, hießen mich willkommen und beruhigten mich mit freundlichen Worten. Bevor sie auftauchten, war ich mir vorgekommen wie ein Sterblicher, der sich versehentlich in die Himmelswelten verirrt hatte; jetzt aber wurde mir klar, daß ich einer von ihnen war. Dankbar schloß ich mich ihnen an, um von ihnen etwas über die Bedingungen meines neuen Lebens zu lernen.

Rasch gewöhnte ich mich an meine neue Gestalt. Mein Körper besitzt eine wunderbare Leichtigkeit und Spannkraft; es ist, als setzten ihn die Gedanken und der Wunsch nach Bewegung in Gang ohne die schwerfällige Maschinerie der Muskeltätigkeit. Dieser um so vieles vitalere, von Lebenskraft durchströmte Körper reagiert äußerst schnell auf Gedanken und Gefühle. Jeder Gefühlszustand durchglüht und durchpulst ihn weithin sichtbar und läßt ihn aufstrahlen in tausend charakteristischen Farbenspielen. Du hast schon von der Aura gehört, ihr Vorhandensein jedoch mit deinem gewohnten Mißtrauen allem Phantastischen gegenüber angezweifelt. Was ich dir gerade erzählt habe, war nichts anderes als die Beschreibung eben dieser Aura. Sie ist ganz einfach ausströmendes Leben, der Ausfluß von Leben in Form von Gefühlen, die niemals anders als wahr und echt sein können, da sie ihren Ursprung im innersten Wesen haben. Diese Selbstenthüllung ist unvermeidlich, sie geschieht automatisch. Kannst du dich nun mit dem Gedanken an die Aura ein bißchen näher anfreunden?»

Ich gewöhnte mich langsam an diese Art gutmütiger Hänselei. «Als einem isolierten Phänomen stand ich ihr distanziert gegenüber, das gebe ich zu», antwortete ich. «Nachdem du mir aber nun erklärt hast, daß alle beseelten Dinge das Leben, das ihnen innewohnt, ausatmen, erscheint mir das alles plausibler. Jetzt kann ich auch einen Bezug herstellen zu einigen flüchtigen Eindrücken, die ich manchmal von Lebewesen hatte und deren Schönheit mich überraschte.»

«Ja, alle lebendigen Dinge haben eine Aura, auf der Erde ebenso wie hier. Ich könnte lange Zeit damit zubringen, dir von den rhythmischen Mustern aus Lichtschwingungen und Farben zu erzählen, wie man sie hier bei uns sehen kann; ich weiß aber, wie es dich treibt, mit beiden Beinen fest auf dem Boden zu bleiben, und darum lasse ich es sein. Ich glaube, wenn es mir gelänge, alles das mit einer Theorie über die Emission von energetischen Photonen in Form von Licht in Verbindung zu bringen, könntest du es akzeptieren, aber das liegt mir gar nicht.»

Ein erweitertes Bewußtsein, eine neue Lebensqualität drücken sich auch notwendigerweise in einer besseren Anpassungsfähigkeit der Individuen untereinander aus. Das muß die Veränderung sämtlicher sozialer Werte nach sich ziehen. Die Länder Utopia mit ihren Ansprüchen sind immer sehr zweifelhaft, denn das Wissen um die Unzulänglichkeiten der menschlichen Natur beeinträchtigt stets den Glauben an das Ideal der neuen Ordnung. Das Vertrauen in eine neue Ordnung ließe sich leichter herstellen, läge ihr ein fundamentaler Bewußtseinswandel zugrunde, und die Berichte, die mir meine Freunde über solche Veränderungen gegeben hatten, berechtigten durchaus zu dem Glauben daran.

Mein anfänglicher Argwohn gegenüber einem zu leicht zu gewinnenden Himmel war durch die Schilderungen zerstreut worden, die Scott und Andrew mir von dem stufenweisen Prozeß geliefert hatten, der notwendig ist, um die Verwirrungen irdisch belasteter Gemüter wieder in Ordnung zu bringen. Obgleich es seltsam anmutete, daß ein Mensch Schmerzen mit in dieses so weit weniger körperhafte Dasein hinüberbringen sollte, ließ der seelische Kummer, der auf der Erde erlitten werden muß, diese Vorstellung durchaus zu.

Wie nun sah es drüben aus mit dem Menschen als Herdentier? Gründete er immer noch religiöse Vereinigungen oder nationale Gruppierungen? Darüber besaß ich keinerlei Vorstellungen, und so notierte ich die folgenden Mitteilungen unseres Freundes mit besonderem Interesse.

«Um die sozialen Aspekte unseres Lebens begreifen zu können, mußt du bestimmte Faktoren in Betracht ziehen, von denen du bisher noch nichts wissen konntest. Bedenke, daß diese Daseinsebenen hier bereits so lange existieren, wie es den Menschen gibt und von daher eine lange Geschichte haben. Auch wir hier haben ein historisches Vermächtnis, genau wie ihr, wobei natürlich die beiden Lebensordnungen immer aufeinander bezogen waren. Irdische Zustände werden hier reflektiert, sobald die Protagonisten großer Bewegungen hier eintreffen. Dabei muß man sich daran erinnern, daß ihre großen, umwälzenden Ideen ihren Ursprung ausnahmslos in mächtigen Gedankenströmen aus diesen Sphären haben. So wird dieses wechselseitige Gewebe zwischen uns gesponnen. Ihr auf eurer Seite schreibt eure Geschichte, die allerdings nur die eine Seite der Dinge wiedergibt, während wir hier im Besitz vollständigerer Aufzeichnungen sind.

Menschliche Seelen haben zu allen Zeiten weit längere Zeiträume auf unseren Ebenen zugebracht als auf der Erde; der

Aufenthalt auf jeder Ebene hat keine festgesetzte Dauer. Diejenigen, die rasche Fortschritte machen, mögen sie innerhalb weniger Jahre durchlaufen; andere, die langsam heranreifen, können unter Umständen Jahrhunderte hier zubringen. So muß man diese Lebensebenen tatsächlich als die wahre Heimat der menschlichen Art betrachten. Trotz ihrer Bedeutung als vorbereitendes Trainingsfeld für einen weiteren Lebenszyklus ist die Erde eine Art Exil. Der Löwenanteil aller Lebenserfahrung, zahlenmäßig und zeitlich betrachtet, liegt hier bei uns. Auf der nächsthöheren Ebene sind die Menschen bereits weniger zahlreich, und steigt man noch höher hinauf, so glaube ich, daß die Zahl der Menschen immer weiter abnimmt. Von jeder Stufe aus kehrt eine bestimmte Anzahl wieder zur Erde zurück, sobald sie das vorläufige Endstadium ihrer Entwicklung erreicht hat und nicht mehr weiter aufsteigen kann.

Es wäre sicher faszinierend, den historischen Entwicklungen hier und auf der Erde nachzuspüren. Ein solcher Vergleich könnte vieles richtigstellen, denn die neuen Erfahrungsmaßstäbe erklären unter Umständen die Größe berühmter Leute für null und nichtig und sprechen sie ganz anderen Menschen zu. Alle eure historischen Persönlichkeiten müssen die Ebenen durchlaufen und steuern dabei ihren ganz charakteristischen Anteil zu unserer Geschichte bei, wie sie es zu der euren getan haben. Wo wahre Größe der Gefühlsnatur vorlag, wird sie auch hier wieder spürbar werden, das ist immer so, ganz gleich, ob es sich um gute oder negative Kräfte handelt. Machtansprüche jedoch zerstören sich hier selbst, ebenso wie alles Böse. Die Praxis der Macht ist für den Ausübenden ebenso unerträglich wie für seine Umwelt. Der Moralkodex ist nunmehr zur physischen Gesetzmäßigkeit geworden. Dieser Umstand ist es, der die frühen Jahre auf dieser Ebene zu einer ähnlich turbulenten Geschichte werden läßt wie auf der Erde, wenn auch die gröberen Formen der Gewalt hier nicht mehr vorkommen. Besitzt ein Mensch Kräfte, die einem schlechten Charakter entspringen, verbreitet er um sich herum

Kummer und Leid und wird sich selbst solche Qualen bereiten, daß ihm das Leben unerträglich wird. Andere Menschen
werden ihn meiden wie die Pest, er steht da als isoliertes Übel,
und das so lange, bis er endlich zur Besinnung kommt. Dann
steht er vor der Aufgabe, sich mit den inneren Konflikten auseinanderzusetzen, die die Wurzeln seiner antisozialen Tenden-
zen sind. Hat er es geschafft, sie aufzuspüren und zu lösen,
wird er wieder gesund und glücklich sein. Dieses Gesetz, daß
emotionale Erkrankungen Leid hervorrufen, ist ein bedeuten-
des Regulativ innerhalb unserer Gesellschaft. Du weißt, daß
du dich am Feuer verbrennst, und daher vermeidest du es natürlich, deine Hand hineinzulegen. Genauso sind wir darauf
bedacht, Gefühlen von Ärger auszuweichen, denn wir wissen
genau, daß sie uns buchstäblich verbrennen und verletzen können. Das ist die negative Seite der Dinge; andererseits ist der
Mensch innerhalb unserer Gemeinschaft begütert und reich,
der das meiste Glück und die größte Fähigkeit zur Liebe in sich
vereinigt.

Du denkst gerade an einige jener gräßlichen menschlichen
Wracks, die hier heraufkommen mußten, beladen mit den ungeheuerlichen Schandtaten ihrer Vergangenheit. Bedenke, daß
wir hier das Leben selbst auf unserer Seite haben. Hier gibt es
keinen aussichtslosen Kampf mehr gegen seine körperlichen
Manifestationen. Das Leben ist von Natur aus gut und schön.
Je reichlicher es fließt, desto mehr hilft es dem Leidenden. Aus
seiner Umgebung zieht er die Heilkraft, die er braucht. Er
wird von seinen Qualen erlöst, nimmt er erst die Strahlen der
Liebe und Gesundheit derer in sich auf, die sich um ihn bemühen. Das Leben selbst setzt sich in ihm zur Wehr gegen die tödlichen Elemente, die ihm soviel Schaden zufügen, und die Güte
und Allmacht des Lebens befreien ihn nach und nach von dem
Fieber und der Qual falscher Lebensführung.

Nun aber zur nächsten Szenerie unseres Lebens hier, die dir
vielleicht nicht so sehr gefallen wird, da sie weniger irdisch geprägt ist und mehr von dem aufweist, was man mit ‹himm-

lisch› bezeichnen könnte. Nationen bewahren hier ihre eigenen
Sprachen und Traditionen, doch sind sie nicht mehr so deutlich
voneinander geschieden, da die Art der Fortbewegung hier wesentlich einfacher ist – im Hinblick auf ihre Effektivität. Unter
uns herrscht ein reges Kommen und Gehen, unsere Sympathien
sind weiter gespannt und die Kenntnisse voneinander tiefer und
weitreichender. Die Sprachbarrieren besitzen nur geringe Bedeutung, denn es ist so viel leichter, sich mittels Gedankenkraft
zu verständigen. Gruppen bilden sich mehr in Form von Ar-
beitsgemeinschaften mit bestimmten Interessengebieten oder
aus Freude an bestimmten Betätigungen als zum Zwecke na-
tionaler Bestrebungen. Von daher haben wir hier eine ganze
Reihe großer Begabungen mit Fähigkeiten der allerhöchsten
Güte, die über alle willkürlich gesetzten Begrenzungen na-
tionaler und klassenmäßiger Art hinausreichen. Hier gibt es
Bruderschaften mit gemeinsamen Interessen und Zielen, die ein
ausgefülltes, zufriedenes Gemeinschaftsleben führen. Frucht-
bare Zusammenarbeit und enge freundschaftliche menschliche
Beziehungen verwirklichen hier viele der Ideale, nach denen
sich die Träumer der Welt sehnen. Daraus entsteht eine soziale
Ordnung, die allen ihren Mitgliedern gerecht wird und jedem
von ihnen die Möglichkeit gibt, sich auf seine ganz spezifische
Weise zu entwickeln und zu vervollkommnen.

Wir können hier noch unabhängiger sein von den kunstvol-
len, um nicht zu sagen ‹künstlichen› Details des Lebens, wenn
wir es wollen, aber was du die ‹üppige› Seite des Daseins nennst,
hat seine Vertreter selbst hier. Es gibt leuchtende Paläste und
Tempel, herrliche Städte, kunstvoll errichtet und eingebettet in
Landschaften von atemberaubender Lieblichkeit. Sie sind Nek-
tar für diejenigen unter uns, die künstlerische oder sonstwie
schöpferische Neigungen haben, und aus diesem Grunde haben
diese Dinge ihren durchaus legitimen Stellenwert in unserem
Leben. Sie können gar nichts anderes sein als wunderschön, so
erfüllt sind sie von tiefster, weittragender Bedeutung und hohem Sinngehalt. Eines Tages wird dir deine Spöttelei über diese

Art des Lebensreichtums leid tun. Vieles von dieser Pracht ist uns aus der Vergangenheit erhalten geblieben, vervollkommnet durch viele Generationen und Gesellschaftsformen. Ich würde dir diese Dinge sehr gern näherbringen, denn trotz der Tatsache, daß ich die einfacheren Freuden des Lebens vorziehe, berührt mich ihre Schönheit doch zutiefst. Aber dürre Worte und unzulängliche Beschreibungen helfen hier nicht weiter.

Die Menschen machen ihren prächtigen Wohnungen alle Ehre. Sie besitzen Adel und Würde, sie sind glücklich und genießen ihr erfülltes Dasein. Sie sind glutvoll, prachtvoll anzuschauen, und sie tragen den Stempel einer wundervollen Reife. Alle emotionalen Störungen, alle Disharmonien der unteren Ebenen sind ausgeheilt, so daß die vollständige Entwicklung hin zum Idealzustand hier sehr schnell vollzogen wird. Eine Spezialisierung innerhalb menschlicher Beziehungen ist seltener, und Besitzansprüche gibt es selbst in den vertrauteren und intimeren Verbindungen nicht mehr. Liebevoll zu sein und zu lieben bedeutet, daß man im höchsten Maße lebendig und gesund ist; die Liebe muß frei strömen und fließen können, um sich mit jener Liebe zu vermischen, die sie in anderen sucht und findet. Hier endlich wird die Liebe frei, die Sperren, die wir auf der Erde errichten, um unsere besonderen Besitzrechte zu verteidigen, sind hier nicht länger mehr notwendig. Siehst du, das Leben kommt aus dem Fluß der Zeit, und mit der Zeit kommt auch die Liebe.

Wir sprachen zuvor schon über die Ausdehnung des Bewußtseins und über die erweiterte Sicht des Jetzt. Diese Entwicklung geht hier noch ein wenig weiter. Die einzelnen Sequenzen der Bewußtseinszustände fließen ruhig und stetig dahin und tragen immer mehr Zukünftiges in die Gegenwart hinein. Dieser leuchtende Lebensstrom verändert das Gefühl für die Dauer der Zeit, bereichert den reinen Zeitablauf um zukünftige Herrlichkeiten und führt ihn zurück in die immer noch großartige Vergangenheit.»

«Wie sehr müssen wir dann den ruhigen Strom eurer Gedanken hemmen und stören, wenn ihr unseren stockenden, unbedeutenden und mühevollen Gedankengängen zu folgen habt», bemerkte ich.

«So ist es. Du bremst mich ständig, indem du fragst, was hier gerade geschieht, während ich schon bei einer später stattfindenden Entwicklung der Ereignisse angelangt bin. Wärest du nicht so widerspenstig und versuchtest nicht immer, alles das, was du niederschreibst, Wort für Wort zu kritisieren und zu bewerten, könnte ich meine Gedanken auf weit charakteristischere Weise durchbringen.»

«Die Schwierigkeiten, die ich dir bereiten muß, machen mich traurig, um so mehr, als ich sie durch meine Verständnislosigkeit noch vermehrt habe», sagte ich. «Bitte, mache weiter, und ich will auch ganz fügsam und gelehrig sein.»

Geduldig kam E. K. diesem Wunsche nach. «Noch ein paar Worte zu den Menschen hier. Alle materiellen Formen sind durchlässiger und feinstofflicher geworden; sie bestehen mehr aus Licht und Farben und weniger aus einem formhaften Entwurf. Die äußere Erscheinung hat sich noch mehr dem reinen Sinngehalt angenähert. Auf der Erde weichen diese beiden Aspekte sehr oft weit voneinander ab, doch in jedem neuen Lebenszyklus erobert das Leben sich ein neues Körperkleid und zwingt es näher heran an seine naturgemäße, wesenhafte Bestimmung. Hier sind Farbe und Gestalt einer Blume der vollkommene Ausdruck ihres innersten Wesens. Sie strahlt als ein helles Licht, so daß ein fortwährendes, schimmerndes Leuchten die Felder und Waldgebiete überzieht. Hat dieser Wandel sich nun ausschließlich in unserer Umgebung vollzogen, oder haben auch wir selber uns zum Teil verändert? Ist diese Herrlichkeit im objektiven Sinne real vorhanden, sehen unsere Augen hier erst wirklich klar? Alles, was lebt, besitzt von sich aus eine individuelle Wesensform und ist nicht einfach nur eine zufällige Ansammlung sinnlich erfahrbarer Daten. Im Verlauf unserer Fortentwicklung lernen wir, die Dinge mehr im Sinne ihres essentiellen Seins und weniger in Form zusammenhän-

genden Stückwerks aus Farben und Umrissen zu sehen. Du
besitzt bereits ein instinktives Wissen davon. Wann immer ich
glücklich darüber bin, dir ein besonders echtes, treffendes Bild
eingegeben zu haben, spüre ich etwas wie ein spontanes, liebevolles Erkennen. Es ist die versunkene Erinnerung, die als
Hunger nach dem Schönen und Wahren wieder ins Bewußtsein tritt.»

Ich wußte von meinen Freunden, daß wir, während wir uns
auf unserer vertrauten Erde bewegen, die Dimensionen dieser
anderen Welt buchstäblich durchlaufen; wir durchqueren ihre
Landschaften, stoßen mit ihren Bewohnern zusammen. Ihr
Vorhandensein bleibt uns dabei völlig unbewußt; sie, von einigen wenigen Ausnahmen abgesehen, sind ebenfalls nicht in
der Lage, uns wahrzunehmen. Jedoch haben sie wie wir auch
festen Boden unter den Füßen; ihre Welt ist abwechslungs-
reich und bunt ausgestattet mit Hügeln, Tälern, Flüssen und
Meeren, ihre Erde bedeckt mit Bäumen und Pflanzen von
üppigem Wuchs und großer Schönheit.

Kann es sein, daß unsere materiellen Formen «drüben»
Gegenstücke besitzen und dort in ihrem über-materiellen
Aspekt existieren? Falls dem so ist, müssen örtliche Gegebenheiten hüben und drüben miteinander korrespondieren: jede
Stadt, jede Anhöhe, jeder Baum mit einem verzauberten
wesenhaften Abbild direkt hinter der Grenze sinnlicher Wahrnehmung. Eine wahrhaft romantische Vorstellung! Sie erinnerte mich an die magische Reise ins Feenland, der ‹Wande-
rung durch das Farnkrautfeld› in der irischen Folklore.

In der Praxis erschien mir diese Idee jedoch reichlich abstrus
und mit Schwierigkeiten gespickt. Sie machte die nächste Welt
vollkommen abhängig von dem, was wir mit dieser hier taten.
Rissen wir ein Haus nieder, würde es in beiden Welten gleichermaßen dieses Schicksal erdulden müssen; vernichteten
wir einen Wald und bauten statt dessen eine Stadt, müßte der
Wald wie durch Zauberhand auch in der anderen Welt verschwinden und die Stadt erstehen. Ganz offensichtlich war

meine Hypothese unhaltbar, und ich hatte kaum aufgehört, mich über die albernen Situationen zu amüsieren, in die wir unsere Freunde dort bringen würden, als E. K. mir zu Hilfe kam.

Er sagte: «Es ist recht schwierig zu begreifen, in welchem Zusammenhang die Materie dieser Ebene mit der euren steht. Du erinnerst dich, wie oft wir versucht haben, auch nur deinen Standort in unserer Dimension zu bestimmen, und wie es uns mißlang. Wir glaubten, du seiest hier an diesem Ort – doch nein, du warst längst nicht mehr da, und wir fanden dich erst weit entfernt wieder auf. Oder – wenn du in deiner Welt eine weite Reise unternimmst, bewegst du dich in Begriffen unseres Raumverständnisses nicht unbedingt sehr weit fort. Aus unserer Sicht würden Versuche, dir zu folgen und entsprechend deiner Vorstellung mit dir zu reisen, höchst alberne, unsinnige Resultate bringen. Erinnerst du dich, wie wir dich einmal verschiedene Winkel einer Figur abschreiten ließen mit einer bestimmten Anzahl von Schritten für jede ihrer Seiten? Damals warst du sehr verwirrt darüber und sogar ein wenig ärgerlich, daß wir solche sinnlosen Dinge von dir verlangten. Wir machten bei dieser Gelegenheit den gezielten Versuch, eine Verbindung herzustellen zwischen Bewegungsabläufen eurer räumlichen Ebene und der unseren, jedoch schafften wir es letztendlich nicht, die Ergebnisse richtig auszuwerten. Von daher wirst du sicher begreifen, wie schwierig es ist, brauchbare Vergleiche anzustellen.

Es scheint eine gewisse Ähnlichkeit in der Beschaffenheit der Landschaftsformen zu bestehen, jedoch nicht genug, um die Vorstellung einer tatsächlichen Überlagerung zu rechtfertigen. Manchmal weisen bestimmte Naturerscheinungen verwandte Züge auf, zwei Berge zum Beispiel oder zwei Wälder, aber schon der Begriff von Wasser in unserer Sphäre hat mit dem der euren kaum mehr etwas gemeinsam. Während du gerade so friedlich dasitzt, ist deine Position hier bei uns für diesmal ebenfalls ruhig und feststehend. Das Haus, in dem du gegenwärtig wohnst, ist in unserer Welt ein bewaldeter Abhang, mit einem großen Baum ganz nah bei deinem Stuhl. Diese Szenerie ist derjenigen nicht unähnlich, die sich einmal vor der Errichtung eurer heutigen Stadt an diesem Ort präsentiert haben muß, aber es ist schon wirklich ein merkwürdiger Gedanke, daß auf unserer Ebene ein hoher Baum direkt mitten durch dein großes, festes Haus hindurchwächst und du davon nicht die geringste Ahnung hast.

Ein vielleicht bemerkenswerter Aspekt ist auch, daß unsere Städte mit verlassenen, einsamen Orten auf der Erde korrespondieren und Gebiete in der Nähe eurer hektischen Großstädte von uns gemieden werden und darum öde, verlassene Landstriche in unserer Welt sind. Deine Spekulation über die dualistische Natur von Materie ist also so nicht haltbar. Wir würden uns gegenseitig ja ständig beeinträchtigen. Wenn das auch unmöglich ist, muß ich aber doch ausdrücklich betonen, daß unsere Seinsebenen die irdische Ebene durchdringen, wie sie es auch untereinander tun. Das Problem, daß voneinander unabhängige materielle Substanzen auf Ebenen bestehen, die sich gegenseitig durchdringen, ist also noch ungelöst. Was für herrliche Aussichten für eure Mathematiker!»

«Aber nach alledem ist unser Bild der Wirklichkeit doch eine ziemlich willkürliche Angelegenheit, weil es nichts weiter ist als die Art, wie unser Verstand unsere sinnlichen Eindrücke interpretiert», warf ich ein. «Sicher haben Lebewesen mit andersartiger sensorischer Ausstattung und anderem mentalen Rüstzeug ein völlig anderes Bild der Realität. Wenn Materie lediglich eine Energiezone größerer Dichte innerhalb des elektromagnetischen Kraftfeldes ist, muß es viele mögliche Arten ihrer Interpretation geben. Ist es nicht denkbar, daß das Anderssein eurer Welt einzig und allein mit eurer andersartigen Wahrnehmungsfähigkeit zu erklären ist?»

«Du meinst, daß die Stellen größerer Energiedichte, die du mit Materie bezeichnest, für uns ebenfalls in diesem Sinne gültig sind, wir sie jedoch nur anders auffassen und uns so eine

anders geartete Welt schaffen?» erwiderte E. K. «Nein, so ist es
nicht. Zwar hat deine Anregung eine faszinierende Variante,
aber sie trifft nicht zu. Zuerst einmal stimmen wir darin überein,
daß eure dichteren Energiefelder, eure Materie, für uns faktisch
nicht existieren, weil die Stärke ihrer Vibrationen unterhalb der
Frequenzebenen liegt, die wir mit unseren Sinnen wahrnehmen
können. Unsere Materie muß also zwangsläufig auf Schwingungssystemen basieren, die innerhalb unseres Energiefeldes
liegen. Darum ist sie für euch wiederum nicht sichtbar. Nein,
lediglich zu eurer organischen Materie können wir einen realistischen Bezug herstellen. Ätherischer Stoff, der in euren Körpern und auch in denen von Pflanzen und Tieren wirkt, ähnelt
der physikalischen Materie unserer niedrigeren Seinsebenen.
Es gibt viele verschiedene Stufen ätherischer Substanzen und
die menschliche unterscheidet sich von der einer Pflanze. Abgesehen von allen lebenden Organismen auf der Erde existiert eine
riesige Ansammlung freier ätherischer Materie rund um die
Erdkugel selbst, die die Erdmasse umhüllt.

Alle diese Formen ätherischer Substanzen können wir als
Materie zweiten Grades klassifizieren, die auf der Entwick-
lungsskala nur um eine Stufe höher liegt als die Erscheinungsformen des Mineralreiches. Unsere lebendige, wunderschöne
Welt ist aus eben dieser Materie zweiten Grades aufgebaut, und
doch ist es äußerst schwierig, strukturelle Gemeinsamkeiten
mit eurer Welt zu erkennen.»

«Dann ist die ganze Skala unserer Art von Materie für euch
also einfach nicht vorhanden. Nehmt ihr denn nicht einmal unsere Lichtwellen wahr, die hier bei uns ja höchste Frequenzstufen erreichen?»

«Nicht als sichtbare Phänomene», war die Antwort. «Für uns
steht fest, daß euer Licht unsere atmosphärische Druckver-
hältnisse beeinflußt, aber unsere Sinne können es nicht registrieren. Weder Sonne, Mond oder Sterne leuchten an unseren Him-
meln. Licht strömt einheitlich aus allen Teilen des Firmamentes
herunter, und für uns steht Licht in einem engen Zusammen-

hang mit Leben überhaupt. Denn allen lebendigen Dingen entströmt hier ihr eigenes Licht, und steigt man höher hinauf, drückt sich Leben immer stärker nur als Licht und weniger in festen Formen aus. Beinahe unbewußt nehmen wir es als gegeben hin, daß das Licht, das auf unsere Welt herniederstrahlt, eine Art Lebensquelle ist. Es erneuert unsere Lebenskräfte, versorgt uns mit allem Lebensnotwendigem und nährt uns. Tatsächlich brauchen wir keine andere Speise. Dieses Licht scheint immerwährend und schenkt unserem Dasein Vitalität und Fülle.»

«Wenn es keine Nacht bei euch gibt, dann habt ihr wohl niemals den Wunsch zu schlafen?» fragte ich.

«Nein. Den Wunsch auszuruhen vielleicht, aber nicht zu schlafen. Ihr sehnt euch nur darum nach Schlaf, damit sich euer Astralkörper und der Träger eures Ich-Bewußtseins in unserer Lebensluft frei und ungehindert regenerieren können. Sie erschöpfen sich im täglichen Zusammenwirken mit der schwerfälligen Materie eurer physischen Körper und müssen darum regelmäßig in den Lebensbereich entlassen werden, der ihre wahre Heimat ist.»

«Dann entfernen sich also während des Schlafes die übermateriellen Körperanteile von dem lebendigen, atmenden Ding auf dem Bett?»

«Sich entfernen impliziert ein Weggehen auf eurer Ebene, die aber nicht die unsere ist. Nein: Astral- und Ego-Körper verlieren zeitweilig ihre Gebundenheit an den physischen Leib und erheben sich in die Harmonie unserer Sphären, ohne sich nach den Begriffen eurer Ebene direkt von der Stelle zu bewegen. Es handelt sich dabei um ein Freiwerden aus der Abhängigkeit von den irdischen Rhythmen. Während du schläfst, können die höheren Wesensanteile, die genauso Bestandteile deines Körpers sind wie das, was du so höflich mit ‹dem Ding auf dem Bett› bezeichnet hast, völlig ungehindert in ihren eigenen, ihnen gemäßen Rhythmen schwingen und auf diese Weise die Erholung finden, die sie brauchen.»

«Aber sie besitzen doch wohl kein wirkliches Bewußtsein außerhalb des Körpers?» wandte ich ein.

«Irdisches Bewußtsein ist das Ergebnis einer engen Kooperation zwischen allen Wesensanteilen, die in einem Menschen am Werke sind. Bevor die Astral- und Ego-Körper volles Bewußtsein erlangen können, müssen sie sich den neuen Bedingungen anpassen, die wir schon in Verbindung mit dem Todeserlebnis besprochen haben.

Doch wir geraten vom eigentlichen Thema ab. Wir haben versucht, zwischen unserer und eurer materiellen Welt Gemeinsamkeiten zu finden. Ich habe festgestellt, daß es die Sinne, die Wahrnehmungsorgane, sind, die als Instrumente dienen können, um einige fundamentale Unterschiede einer Realität zu registrieren und auszulegen, die von einem Licht beherrscht wird, das die Quelle unseres Lebens darstellt. Hierzu ein paar Erklärungen: Unser lebenspendendes Licht besitzt seine eigene Frequenzskala, seine Frequenzen differieren von Ebene zu Ebene. Das bedeutet, daß die Wahrnehmungsorgane der Bewohner der verschiedenen Ebenen in der Lage sind, die jeweiligen, besonderen Frequenzstärken als Licht zu realisieren. Jetzt möchte ich deine Glaubensbereitschaft und dein Vorstellungsvermögen ein wenig strapazieren, indem ich sage, daß dieses lebendige Licht die sichtbar gewordenen Gedanken und die geoffenbarte Liebe Gottes selbst ist. Ich glaube, es strahlt gleichermaßen durch alle bestehenden Ebenen hindurch, ob man es nun bemerkt oder nicht. Ich bin sicher, daß wir mit diesem Phänomen die große, schöpferische Kraft vor uns haben, die mit ihrem Licht die Welten nicht nur erhellt. Sie kristallisiert auch ihre speziellen Absichten auf den verschiedenen Stufen des Universums in dem, was wir als Materieteilchen erfahren und erklären. Diese materiellen Gebilde haben für uns konsequenterweise etwas mit dem besonderen Sinn der Schöpfung zu tun und mit der Zielvorstellung Gottes, der sie ihre Existenz verdanken. Das Licht ist eine Form von Aktivität – einer äußerst intensiven Aktivität, der höchsten, die für alle bestehenden Seinsebenen nur denkbar ist. Von daher kann es durchaus die Macht haben, Energien zu beeinflussen oder gar zu erzeugen.

Sollte es sich hierbei tatsächlich um die Schöpferkraft selbst handeln, tragen wir gleichermaßen in uns einen wesenhaften Teil von ihr, da wir auf unsere bescheidene Weise ebenfalls das Licht des Lebens, das in uns lebt, ausstrahlen. Es befähigt uns, materiellen Erscheinungen einen Sinn zugrundezulegen und den Willen Gottes in Seiner Schöpfung zu vernehmen – zweifellos jedoch auf eine höchst unvollkommene Weise.

Die Welt der tieferen Sinngebung ist die Welt der Realität; in ihr kommen wir dem Willen und der Absicht des Schöpfers am nächsten. Auf jeder Ebene ist Materie die Manifestation dieser Absicht in Form von Energie, und so gelangt sie in den Fassungsbereich unserer Wahrnehmungsorgane und gibt unserem Verstand damit die Möglichkeit, sie zu interpretieren.»

«Das ist reichlich schwierig», gab ich zurück. «Wir können nun einmal Materie nicht so ohne weiteres als Energieformen begreifen. Also leisten wir unverzüglich einen eigenen schöpferischen Akt und geben dem, was wir wahrnehmen, Bedeutsamkeit und Sinn. Ein Sonnenuntergang zum Beispiel besteht für uns nicht aus Schwingungen verschiedener Wellenlängen, sondern aus strahlenden, lebendigen Farben voller Schönheit und Sinnerfülltheit. Du meinst also, daß wir auf eine bestimmte Weise schöpferisch wirken, indem wir materiellen Erscheinungen eine Bedeutung geben, und daß dieses Verhalten in Zusammenhang steht mit dem ersten großen Schöpfungsakt, in welchem Gott eben diese materiellen Erscheinungen ins Leben gerufen hat?»

«So ist es», bestätigte E. K. «Und dieser Gedanke hat den Vorzug, gleichzeitig auf unsere Welten und auf eure zuzutreffen. Wir hier haben nur den einen Vorteil, daß das Licht dieser Schöpferkraft für uns sichtbar ist. Ich glaube aber, daß es auf der Erde gleichermaßen scheint und ihr es nur nicht wahrnehmen könnt. Das meinte ich, als ich sagte, die Erde sei ein Reich spiritueller Nacht.»

«Laß mich versuchen, das, was du mir gesagt hast, zusammenzufassen», bat ich. «Ich habe mir Welten vorzustellen, die inmitten anderer Welten existieren, jede von ihnen bevölkert von Lebewesen, deren Sinnesorgane auf verschiedene Schwingungsfrequenzen eingestellt sind innerhalb eines Universums vielfältiger Energiesysteme. Alle diese einander durchdringenden Welten sind von gleicher Aktualität, da jede nur eine andere Lesart des göttlichen Willens darstellt. Ich sollte mir diese Schöpferkraft als Licht symbolisiert vorstellen, das als Träger intensivster Energien sinnerfüllte Formen aus sich heraus kristallisiert, die für die materielle Ausstattung jeder Daseinsebene sorgen. Die Basis aller bestehenden materiellen Erscheinungen sind die Gedanken Gottes, die die Schöpfungsenergien steuern und in jeder Lebenssphäre sichtbar in Erscheinung treten lassen. Das alles ist nicht ganz so einfach, wie ich es mir vorgestellt hatte, aber wesentlich zufriedenstellender. Säße ich hier und hätte die umfassende Sicht aller Dinge, könnte ich meine Augen vor diesem Raum hier verschließen und unter dem großen Baum sitzen, der in eurer Welt wächst. Wäre ich in der Lage, meine Wahrnehmungsfähigkeit noch klarer und weiter auszudehnen, würden meine Augen wahrscheinlich eine noch viel herrlichere Realität schauen, und so fort, bis ich alle meine ‹wirklichen› Umgebungen in allen nur möglichen Welten erforscht hätte. Aber noch herrscht Blindheit in mir, und nur die Wände meines Zimmers sind Realität für mich. Es ist traurig.»

5. Kapitel

Die vier Körper des Menschen

Ich vermute, daß der Mensch trotz dieses Getrenntseins der einzelnen Seinsebenen nie völlig frei ist von den Einflüssen, die aus anderen Sphären auf ihn einströmen, wenngleich sie ihm auch nicht bewußt sind. Einen vollbewußten Kontakt herstellen zu wollen bedeutet, einen langen seelischen Entwicklungsprozeß durchlaufen zu müssen.

Aus den vorangegangenen Gesprächen ging klar hervor, daß die materiellen Erscheinungen der verschiedenen Ebenen keinerlei Bezug zueinander haben. Unsere so solide wirkende Erde ist für die Bewohner anderer Sphären genauso wenig vorhanden, wie ihre materielle Welt irgendeinen realistischen Bezug für uns besitzt. Ich mußte mich selbst glauben machen, daß alle diese sicheren, grundsoliden Dinge um mich herum für einen Bewohner jener Existenzebenen lediglich wie durchlässige, dünne Luft waren. Wir spazierten fortwährend ein jeder in des anderen Wirklichkeit herum und durch sie hindurch und wußten nichts davon. Kalter Zweifel packte mich.

Sicher, ich war von der realen Existenz meiner Freunde überzeugt, doch bemerkte ich ihre Anwesenheit ausschließlich durch ein intensives, inneres Erspüren ihrer Persönlichkeiten, die sie auf mich übertrugen. Waren sie bei mir, fühlte ich keine

Furcht. Es gab jedoch Zeiten, in denen ihre freundlichen Prä-
senzen weit fort von mir waren, und dann hielt mich der Zweifel in seinen Klauen. Eine neblige Wolke verwischte in diesen
Augenblicken die Umrisse beider Welten. Verzweifelt mühte
ich mich, diesen Zustand abzuschütteln, als mir plötzlich eines
Tages in dieser schwierigen Zeit die ruhige, geduldige Anwesenheit E. K.s bewußt wurde. Oft schon mußte ich ihm mit
meiner Art lästig gefallen sein, doch er verstand es immer wieder, mir aus meinen törichten Zweifeln herauszuhelfen. Jetzt
ignorierte er einfach meine Treulosigkeit und begann in seiner
ruhigen Weise, für mich zu schreiben. Gelassenheit und Vertrauen kehrten zurück, während die gleichmäßigen Schriftzüge sich auf dem Papier ausbreiteten.

«Du vergißt», sagte er, «daß die materielle Struktur des
menschlichen Körpers anders geartet ist als die der Gegenstände, von deren illusorischer Natur du so plötzlich einen
nachhaltigen Eindruck bekommen konntest. Diese Gegenstände besitzen keine echte Realität. Für dich existieren sie, für
uns nicht. Dein Körper aber enthält Elemente, die tatsächlich
wesenhaft auf unseren Ebenen in Erscheinung treten. Unter
gewissen Umständen können Menschen hier für uns sichtbar
werden. Sie ‹kommen durch›, so wie sie im Tode schließlich
ganz den Durchbruch in dieses größere Leben schaffen. Das
Sichtbarwerden der Erscheinung eines Menschen hier hängt
zum größten Teil davon ab, wie stark er diejenigen Wesensanteile in sich entwickeln konnte, die zu unseren Ebenen gehören. Viele Menschen mögen diese Fähigkeit, bis zu uns durch-
zudringen, in sich tragen. Doch bilden sie die wesenhaften
Anteile nicht aus, bleiben sie unter der Käseglocke der Erd-
atmosphäre verborgen.»

«Meinst du damit eine Art spiritueller Gestalt?» fragte ich.

«Ja. Diese Gestalt eines Menschen ist wichtig, denn sie muß
in der Lage sein, die Einflüsse der höheren Sphären in eure
Welt hinunterzutragen.»

«Ja, ich denke, so könnte es wohl sein. Du hast gesagt, nur

organische, also beseelte Materie existiere auf euren Ebenen
wirklich, und auch, daß ätherische Substanzen die materiellen
Gegebenheiten eurer Welt formen. Hilf mir bitte zu begreifen,
in welchem Ausmaß der menschliche Körper in eurer Sphäre
sichtbar wird.»

«Obwohl ihr Äther-, Astral- und Ego-Elemente in eurem
Wesen vereint, kommt es selten vor, daß uns ein Erdbewohner
völlig sichtbar wird. Das ist bei uns genauso ein seltenes Ereignis wie eine Geistererscheinung bei euch. Ich will versuchen zu
erklären, warum das so ist. Der Zusammenschluß eurer
Äther- und Astralkörper mit der physischen Struktur scheint
zu bewirken, daß eure realen Wesensanteile für uns ausgelöscht werden. Alles ist ‹in die Physis hinabgedämmt›, wie
Scott es ausdrücken würde, und teilt so deren Unsichtbarkeit.
Nur ganz vereinzelt schimmert dein Astralkörper durch die
Finsternis, in der du lebst.

Der Träger des Ego ist ebenfalls nicht sichtbar für uns mit
Ausnahme seiner Wirkungen auf der Astralebene, denn Gedanken – seine Energieform – reisen frei und ungebunden in
unseren Sphären, so daß ein ständiger gedanklicher Austausch
zwischen uns stattfindet. Ich muß hierbei jedoch ganz ausdrücklich den gewaltigen Unterschied betonen zwischen dem
Denken, wie ihr es versteht – nämlich das Verarbeiten intuitiv
erfaßter Vorstellungen mit Hilfe des Intellekts –, und unserer
Art des Denkens, das in weitaus stärkerem Maße direktes, in-
tuitives Wissen ist, und weniger ein logischer Prozeß. Unsere
Gedanken erreichen euch ausschließlich auf dem Wege intuitiven Erkennens dessen, was Wahrheit ist. Du selbst konntest
diesen Vorgang oft am eigenen Leibe erleben, wenn dir eine
vage, gestaltlose Idee kam und dein Verstand sich sehr anstren-
gen mußte, um sie in Worte zu kleiden. Unser Anteil an dem
Problem ist der, daß wir die passenden Begriffe in deinem
Wortschatz finden müssen, um das eher fluidale Wissen, mit
dem wir es hier zu tun haben, richtig zu übermitteln. Aber zurück zum Thema. Die Sache verhält sich wie folgt:

Jeder Mensch auf der Erde ist auf mindestens drei Seinsebenen zu Hause. Sein physischer Körper, dessen Wurzeln im Mineralreich der Erde selbst verankert liegen, ist der in eurer Welt sichtbare Körper. Seine ätherischen und astralen Strukturen verbinden ihn mit unseren Sphären, während der Träger des Ego ihn mit noch höheren Lebensbereichen in Kontakt bringt. Mit Ausnahme der dunklen physischen Form können diese Gestalten manchmal von uns als Licht wahrgenommen werden. Die ätherische Gestalt schimmert matt, die astrale jedoch strahlt in einer Vielfalt von Farben und Lichtmustern und ist ein sicherer Anzeiger des Charakters und des Entwicklungsgrades. Der Träger des Ego, obgleich als solcher nicht sichtbar, ist Schöpfer und Umformer des Musters der astralen Struktur und liefert auf diese Art sichtbare Beweise für seine Anwesenheit.

Alle Menschen auf der Erde vereinen die typischen wesenhaften Substanzen der höheren Ebenen in sich. In der menschlichen Gestalt finden wir also sämtliche Verbindungsglieder zu allen nur denkbaren Welten.»

«Liegt dieses Ego-Prinzip, das sogar für euch unsichtbar bleibt, nicht ganz nah an der alten Vorstellung von einem spirituellen Körper?» fragte ich.

«Richtig», antwortete E. K. «Was es jedoch in Wahrheit ist, wissen wir nicht, da es seine Anwesenheit nur in Form von Einflüssen kundtut, die es auf die anderen Körper ausübt. Fest steht aber, daß es das Vorhandensein dieses höheren Prinzips ist, was den Menschen vom Tier unterscheidet. Die zukünftige Entwicklung des Menschengeschlechtes deutet möglicherweise auf die allmähliche Durchdringung und Kontrolle aller anderen Körper durch dieses Ego-Prinzip. Indessen ist das intuitive Denken als die spezifische Ausdrucksform des Ego vollkommen frei von den irdischen Kategorien von Zeit und Raum, und darum sind es allein die Gedanken, die sich auf allen Existenzebenen ungehindert bewegen können. Eure Mystiker, Dichter und Sensitiven mögen manchmal ein paar flüchtige Einblicke in unsere Welt erhaschen, ich vermute aber, daß es sich bei der Vision eines Sehers oft nur um die Aufnahme eines Gedankenbildes handelt, das so lebendig und intensiv ist, daß es in ihm alle jene Effekte und Szenen produziert, die er dann in konkreten Bildern und Eindrücken erlebt. Du hast bisher die besondere Qualität unserer Art des Sehens noch nicht richtig einschätzen können. Wir besitzen die Gabe des *inneren* Schauens, und zwar bis zu einer Perfektion, daß es an die Stelle des Nach-außen-Sehens tritt. Außen- und Innenschau gehen bei uns Hand in Hand; betrachten wir zum Beispiel einen Gegenstand mit unseren äußeren Augen, nehmen wir ihn gleichzeitig auf sehr viel prägnantere, schärfere Weise mit den ‹Augen der Seele› wahr, wie ihr sagen würdet. Doch vermittelt diese Phrase auch nicht annähernd einen Eindruck von der Intensität des Durchdringens und Verstehens, die den Vorgang unseres Sehens begleiten.»

«Ähnelt es vielleicht der Fähigkeit, die wir gebrauchen, wenn wir uns eine Erinnerung ins Gedächtnis zurückrufen?» fragte ich.

«Nein. Mit dem Vergegenwärtigen eines Erinnerungsbildes hat es absolut nichts zu tun. Ein Erinnerungsbild ist tot, es gehört der Zeit, und diese hat es gemordet. Das Schauen, das ich meine, könnt ihr in euch nur durch intensive Meditation und geduldiges Bemühen entwickeln. Du hast bereits eine vage Vorstellung davon bekommen und solltest nicht aufhören, daran zu arbeiten.»

«Ich betrachte diese wenigen Augenblicke der Erleuchtung als die wundervollsten Erfahrungen meines Lebens», gab ich zurück. «Du weißt, was sie mir bedeuten. Aber ich komme nur sehr langsam vorwärts; die Banalitäten des Alltags beanspruchen mich oft ganz und gar und geben mir nicht den nötigen Freiraum.»

«Denke an die Perlen, die selten sind und darum kostbar, und überprüfe deine Wertvorstellungen», entgegnete E. K. «Es ist ganz wichtig, weiterzumachen, wenn du einmal damit begonnen hast, denn es ist gefährlich, einen eingeleiteten Entwicklungsprozeß bremsen zu wollen.»

«Noch eine Frage bitte, bevor du gehst», sagte ich. «Wenn ein Mensch ganz bewußt daran gearbeitet hat, seine geistigen Fähigkeiten auszubauen, um in euren Lebensregionen zu bestehen – wird ihm das nach seinem Tode helfen können?»

«Wir sprachen über den Äther- und Astralkörper sowie über den Träger des Ego», antwortete E. K. «Du würdest staunen, wenn du erkennen könntest, wie wenig entwickelt die beiden letzten Wesensformen selbst bei Menschen von hoher Moral und geistigem Gehalt sein können. Legt der Durchschnittsmensch seinen physischen Körper ab und schmilzt sein Ätherkörper schließlich ebenfalls dahin, bleibt nur wenig übrig, mit dem er dem neuen Leben ins Gesicht sehen kann. Das, was noch vorhanden ist, ist oftmals so dürftig, daß zuerst einmal eine lange Ruhepause und therapeutische Maßnahmen nötig sind, bevor der neue Körper lebenstauglich ist. Je weniger die emotionale Ausstattung beherrscht und kontrolliert wurde, desto unvollkommener ist sein Astralkörper, der fortan ja nun sein äußerer, sichtbarer Körper sein wird, und desto mehr Zeit muß vergehen, ehe er für das neue Dasein einigermaßen vorbereitet ist. Sein Zustand beruht ausschließlich auf dem Gebäude aus Wünschen und Emotionen aus der Zeit seines irdischen Daseins. Häufig verkümmert das Gefühlsleben oder wird vernachlässigt, oder aber es hapert an der nötigen Kontrolle, und es kommt zur emotionalen Erkrankung, die in ein chaotisches Durcheinander ausarten kann. Auch kann der Astralkörper durch gewohnheitsmäßige Zügellosigkeit, niedrige Begierden und Gefühle deformiert und krank sein.

Diese Tatsachen sollten sich möglichst überall herumsprechen und ernsthaft erwogen werden, damit die Menschen schon auf der Erde eine wertvolle, astrale Gestalt aufbauen können. Es hängt so viel vom wahren Zustand eines Menschen ab, wenn er hierherkommt. Er wird nach dem Zustand seines Astralkörpers beurteilt, und dessen Verfassung entscheidet über die Natur seiner nachtodlichen Erfahrungen. Es ist durchaus keine finstere Hölle notwendig, wenn man die Qualen einer kranken, leidenden astralen Form auf sich nehmen muß.»

«Natürlich, meine Frage war dumm.»

«Nicht dumm», erwiderte E. K., «sie war das Echo einer Einstellung, wie sie auf der Erde oft anzutreffen ist. Häufig höre ich Leute allen Ernstes sagen: ‹Wenn ich ein tadellos anständiges Leben führe, weiß ich beim besten Willen nicht, was man sonst noch von mir wollen kann.› Diese Haltung ist äußerst schädlich. In den Himmel führt keine gerade, ebene Straße, wie uns vor langer Zeit einmal gesagt wurde. Wenn wir uns nicht um Klärung der Gefühle und um Weiterentwicklung auf der Erde bemühen, wird man es hier nachholen müssen. Die Schulden, die wir dem Leben gegenüber haben, sind hier weitaus schwieriger zu begleichen als auf der Erde und sind mit viel Krankheit und Elend verbunden.»

«Dann ist unser Körper aus Fleisch und Blut aber eine recht trügerische Angelegenheit», meinte ich. «Es ist eigenartig, wenn man darüber nachdenkt, wie oft hinter den imposanten Fassaden achtbarer, würdiger Sterblicher nur ein gespenstischer Untermieter haust, voller Makel und Schwächen. Das erinnert mich an das Sonett von Shakespeare:

Ach Seele, Zentrum meiner sünd'gen Erde,
Narr der Rebellenmächte, die dich kleiden,
Was welkst du drinnen, darbst am eignen Herde
Und schmückst die äußern Wände mit Geschmeiden?
Wozu die Kosten bei so kurzer Pracht
An dein vergänglich Wohnhaus noch verschwenden?
Willst du, daß Würmer, Erben dieser Pracht,
Den Aufwand fressen? soll dein Leib so enden?
Drum, Seele, zehr vom Darben deiner Knechte;
Von ihrem Welken mehre deinen Hort;

Fürs taube Erz der Zeit kauf ew'ge Rechte;
Werd innen satt; gib äußern Reichtum fort.
Den Tod verzehrst du dann, wie Menschen er,
Und wann der Tod stirbt, gibt's kein Sterben mehr.»*

Natürlich rätselte ich oft daran herum, wie genau sich meine
Freunde denn nun eigentlich mit mir verständigten. Der Ablauf leuchtete mir nicht ganz ein. Ich wandte mich daher an
Scott: «Ich möchte gerne wissen, was geschieht, während ich
eure Gedanken und Schriften aufnehme», sagte ich. «Obwohl
unsere Welten völlig voneinander abgeschnitten sind, müssen
doch jedenfalls Verbindungen bestehen, über welche du die
physikalische Materie meiner Hand bewegen und die Gedanken in meinem Gehirn beeinflussen und ihnen Gestalt geben
kannst. Möchtest du mir erklären, wie das funktioniert?»
    «Ich will es versuchen», sagte Scott. «Wie du weißt, sind
vier wesenhafte Prinzipien in dir am Werk: das physische
Prinzip, das ätherische, astrale und das Ego. Ich habe mit dir
lediglich die beiden letztgenannten gemeinsam, so daß jede
Einflußnahme meinerseits auf dich über die Astral- bzw.
Ego-Wesenheit stattfinden muß. Jedes der vier Prinzipien hat
seine eigene charakteristische Energieform: Physikalische
Materie erzeugt physikalische Kräfte mittels chemischer Prozesse, Äther-Materie durchläuft ihre Stadien der Wandlung
auf der Stufe organischen Lebens und setzt Energien in belebten Formen frei. Die astralen Energien wirken über den
Strom der Gefühle und produzieren emotionale Wellen, die
von den Körpern anderer Wesenheiten in der Umgebung
aufgenommen werden; und schließlich haben wir es mit dem
geheimnisvollen Prinzip des Ego zu tun, das weder sicht-
noch fühlbar und doch in der Lage ist, seine Botschaften mit
einer Geschwindigkeit in Raum und Zeit hinauszuschleu-

---

* Shakespeare: 146. Sonett, übertragen von Otto Gildemeister, Frankfurt
  am Main und Hamburg, 1960.

dern, die nicht berechenbar und deren Reichweite unendlich ist.

Nehmen wir an, in meinem Astralkörper entsteht ein Gefühl. Es kann speziell für dich bestimmt und auf dich gerichtet sein, wird jedoch – ganz gleich, ob mit oder ohne mein Dazutun – von meinem Körper ausstrahlen und jedermann innerhalb eines bestimmten Umkreises beeinflussen. In meiner Welt wird es sofort als das wahrgenommen, was es im eigentlichen Sinne ist – als gut oder schlecht, abstoßend oder anziehend, weil es sich um mich herum in seinem charakteristischen Licht und der ihm gemäßen Färbung ausbreitet. Das Muster seiner Strahlen gibt ebenfalls Hinweise auf die Art der Gedanken, die es begleiten.»

«Ich kann eine solche Gefühlswelle zwar nicht sehen», sagte ich, «doch sehr intensiv fühlen, wie du weißt. Ich empfinde sie nicht als etwas, das auf der Oberfläche meines Körpers aufprallt, sondern wie ein langsames Strömen von einer ganz bestimmten Art, das durch mich hindurchrieselt und entsprechend seiner Beschaffenheit Freude oder Schmerzen verursacht.»

«Manchmal bedauere ich es geradezu, daß du Farbe und Form meiner Aura nicht sehen kannst», meinte Scott. «Sie würde dir so viel mehr über meine Intentionen vermitteln können als bloße Worte oder der nur übertragene, sinngemäße Eindruck, den du erhältst. Ich muß allerdings zugeben, daß ich zu anderen Zeiten wiederum sehr froh darüber bin, unsichtbar für dich zu sein, nämlich wenn ich wütend bin oder die liebe Ungeduld mich in ihren Fängen hat.

Was geschieht nun, wenn dich so eine emotionale Woge trifft? Sie durchdringt deine astrale Substanz, da es sich ja um eine astrale Emission handelt. Gleichzeitig aber wird sie, da sie den Astralkörper berührt, auch auf den Ätherleib und die Physis reflektiert und erreicht so über die Beeinflussung des Ego dein Bewußtsein.»

«Ich verstehe aber die Bedeutung einer solchen Gefühlswelle nicht immer sofort, sondern erst dann, wenn du mir anschließend eine gedankliche Erläuterung schickst», wandte ich ein. «Schickst du mir einen Gedanken in einer besonderen Absicht, bekomme ich ihn manchmal auf recht kuriose Weise. Er ist kein Bild; auch kommt er nicht in Form von Worten. Es ist, als würde mir ein leuchtender Ball entgegengeworfen. Mir ist bewußt, daß dieser Ball einen sinnvollen Inhalt besitzt und wichtig für mich ist. Ich muß ihn einfach nur ruhig auffangen und darauf warten, daß ich ihn aufrollen kann, um passende Worte für seinen Inhalt zu finden. Ich vermute aber, daß du manchmal die geeigneten Begriffe schon mitlieferst, denn wenn ich dann meinen Ball auseinanderrupfe, habe ich die Worte so viel leichter und sauberer zur Hand. Das Ideengebäude wird mir aber erst einmal in einem einzigen Augenblick zugeworfen, das Finden der passenden Worte ist dann ein gesonderter Vorgang.»

«Ich selbst steuere aber die Begriffe nicht bei. Ich suche sie mir nur aus unter denjenigen, die ich in deinem intellektuellen Mobiliar vorfinde. Darum hängt auch die Qualität einer Mitteilung von deinen verstandesmäßigen Begrenzungen ab. Sehr selten nur kann ich dich dazu bringen, ein Wort zu gebrauchen, das dir nicht geläufig ist. Mit großer Mühe bekomme ich dich manchmal dahin, ein Wort zu entziffern, das du nicht kennst, aber dein Zutrauen ist nicht besonders groß, und so zögerst du für gewöhnlich und machst mir die Sache sehr schwer. Also muß ich mich in der Regel mit den Werkzeugen zufriedengeben, die dein Verstand mir zur Verfügung stellt.»

«Ich fürchte, wir müssen uns mit diesen Beschränkungen zufriedengeben», meinte ich. «Aber kannst du mir den Vorgang der Übermittlung von Gedanken noch etwas präziser erklären?»

«Es geht folgendermaßen: Ich sende einen Gedanken. Du nimmst meine Vorstellung wahr als leuchtenden Ball, der dir zugeworfen wird. Wahrscheinlich ist er ein intensiver Strahl, der in einer weit entfernten Sphäre Licht-Eigenschaften auf-

weist. Schießt ein Strahl einer sehr hohen Frequenzstufe plötzlich in euer langsames Zeit-Raum-Kontinuum – ist es da nicht
durchaus möglich, daß er sein Aussehen als Strahl verliert und
deinem Verstand als Ball erscheint? Wie immer meine Gedanken auch zu dir kommen mögen – sie werden von deinem Ego
aufgenommen und modifiziert. Diese abgewandelten Inhalte
dehnen sich auf deine übrigen Wesensanteile aus; haben sie das
ätherisch-physikalische Gehirn erreicht, setzt ein bestimmter
reflektorischer Prozeß ein, der die gedanklichen Inhalte ins Bewußtsein projiziert. Dann entschlüsselst du die Mitteilung,
setzt sie um in Begriffe aus deinem Wortschatz, und schließlich
wird der Gedanke, den ich dir gesandt habe, mit deinen Worten ausgedrückt auf dem Papier erscheinen.»

«Hm, vielen Dank. So ist das also, wenn ich Gedanken aufnehme und meine eigenen Begriffe für sie finden muß. Aber
wie verhält es sich mit dem Schreiben?»

«Das ist einfacher», sagte Scott. «Sobald du empfänglich für
mich geworden bist, stelle ich mir vor, ich sei du und benutzte
deinen Körper, als wäre er mein eigener. Meine Gedanken und
Absichten würden meine Hand veranlassen, bestimmte Worte
niederzuschreiben. Du stehst in solchen Augenblicken neben
dir und gestattest meinen Intentionen, dein Ego zu steuern, so
daß die Maschinerie in Gang gesetzt wird, um meine Gedanken mit Hilfe deines Körpers aufzeichnen zu können. So aus-
gezeichnet läßt du dabei deine eigenen Vorstellungen beiseite,
daß ich mit deiner Hand mehr oder weniger in meiner Handschrift schreibe. Und – weder du noch ich können richtig
schreiben, was eine Schande ist», meinte Scott.

«Wenn ich mit Andrew arbeite, erlaubt er mir niemals,
Rechtschreibfehler zu machen», sagte ich. «Aber fahre bitte
fort.»

«Nun, ich fürchte, ich werde es kaum noch klarer formulie-
ren können. Es muß sich in etwa so abspielen: Meine Gedanken werden an dein Ego weitergeleitet, das sie modifiziert.
Diese Modifikationen nehmen dann ihren Weg über die Kon-

trollmechanismen des motorischen Nervensystems, durch die das Schreiben bewirkt wird. Ich denke die entsprechenden Worte langsam und stelle sie mir als geschriebene Zeichen vor, wobei ich mir einbilde, sie tatsächlich mit eigener Hand aufzuzeichnen. Das geschieht langsam, weil mein Gedankenfluß durch deine räumlich-zeitlich gebundenen Vorstellungen und die Notwendigkeit, Begriffe aus deinem Vokabular auszuwählen, gehemmt wird.»

«Ich merke, wie ermüdend diese Langsamkeit sein muß, jedoch denke ich, daß dieser Weg sicherer ist als jede andere Methode, gerade dann, wenn wir peinlich akkurate Aussagen machen müssen.»

«Ich stimme dir zu. Schau, wie geduldig ich bin», entgegnete Scott – und zeigte mir ein drolliges Bild seiner selbst: Er vollführte Purzelbäume nach Art der Derwische und bot ganz den Eindruck reinster Ungeduld.

«Schon gut», meinte er daraufhin. «Ich stehe jetzt wieder richtigherum auf meinen Füßen. Ich gebe zu, daß – einmal abgesehen von seiner Langsamkeit – das Schreiben die beste Methode ist, wenn es gilt, ein Thema zu erörtern, und du mußt zugeben, daß ich auch schon lange nicht mehr so ungeduldig bin wie früher.»

Hier entstand eine Pause. Ich wußte, daß Scott noch etwas sagen wollte, denn ich spürte in mir ein Gefühl äußerster Dringlichkeit, mit dem er mich beinahe erstickte. Es schien so, als sei ich unfähig, seinen Gedanken zu fassen; mein Federhalter stieß widerstrebend von Wort zu Wort, bis Scotts Mitteilung endlich etwas freier und ungehinderter in mein Bewußtsein fließen konnte. Noch eine gewaltige Anstrengung seinerseits – und ich horchte auf.

«Um überzeugen zu können», schrieb er, «müßte es möglich sein, eine gleichlautende Mitteilung zwei oder mehreren Medien gleichzeitig am selben Ort zukommen zu lassen; es scheint aber so, daß zwei Medien nicht in der Lage sind, mit ein und derselben Person Kontakt aufzunehmen. Hier sehen wir, wie bei uns unterschiedliche geistige Entwicklungsstufen, astrale Ausstattungen und abweichende gedankliche Affinitäten in räumliche Entfernungen übersetzt werden. Darum werden zwei Medien, selbst wenn sie gemeinsam im selben Zimmer arbeiten, geistige Verwandtschaft mit Leuten unterhalten, die in unserem Raum meilenweit voneinander entfernt sein können. Ihre Kontakte können sich sogar auf Menschen verschiedener jenseitiger Ebenen erstrecken. Also scheidet diese Testmethode leider aus.»

«Oh, ich bin ja so froh über deinen Gedanken», entgegnete ich. «Ich habe mich oft gefragt, warum gerade dieser Versuch noch niemals erfolgreich unternommen worden ist. Das Vertrauen wird schon hart auf die Probe gestellt, wenn zwei ansonsten ganz und gar vertrauenswürdige Personen nicht in der Lage sind, die Mitteilungen des anderen zu bestätigen, und es keine konkreten Anhaltspunkte gibt, sich für die eine oder andere zu entscheiden. Wenn aber der Faktor der räumlichen Entfernung von Affinitäten bestimmt wird, mögen beide Recht haben, selbst dort, wo sie voneinander abweichen. Ich habe die Fehlschläge bei solchen Tests immer als ziemlich niederschmetternde Beweise gegen die Echtheit dieser ganzen Sache gewertet.»

«Oberflächliche Anschauungen über unsere Lebensbedingungen sind verantwortlich für alle diese Schwierigkeiten. Du hattest so große Angst davor, deine Zweifel ans Tageslicht zu bringen, daß ich die Worte zuerst kaum durchbringen konnte. Wir müssen eine klarere Theorie ausarbeiten. Sobald Mediumschaft einmal seriös und ehrlicher geworden ist, werden die Chancen größer sein, wissenschaftlich und mit geübten Verstandeskräften an die Sache heranzugehen. Dann werden vernünftige Forschungen möglich sein. In der Zwischenzeit aber sind absolute Aufrichtigkeit und ein wacher Verstand bei der Interpretation der Informationen, die wir euch geben, das höchste, auf das wir hoffen können.»

«Viele Menschen haben geistige Erlebnisse und Erfahrungen, wissen aber nicht, was sie von ihnen halten sollen», sagte ich. «Sie sind verwirrt und schämen sich sogar dafür, weil unser materialistisches Zeitalter ihnen nur Erklärungen dafür anbieten kann, die diese Vorgänge als pathologisch abstempeln.»

«Ich weiß», entgegnete Scott. «Jetzt beschämst du mich sehr. Ich selbst hatte in Zeiten großer Anspannung bestimmte, merkwürdige Erlebnisse und war entsetzt darüber, weil ich sie für die Vorboten drohenden Wahnsinns hielt. Ich hatte mir eine bestimmte Vorstellung zurechtgezimmert, die mich vor allem ‹Psychischen› zurückschrecken ließ, versäumte so die Gelegenheit, auf diesem Weg zur Wahrheit zu gelangen und mußte mich gedulden, bis ich hierher kam. Für diese Unterlassungssünde habe ich leiden müssen. Danke, daß du so viel Geduld mit mir hast. Ich tue, was ich nur irgend kann, um meinen Fehler wiedergutzumachen. Ich bekomme keine Strafe im üblichen Sinne zugeteilt, aber das, was man *ist,* wird zu einem Verhängnis, dem man nicht entgehen kann.»

6. Kapitel

Raum und Zeit im Jenseits

Schon früh in meiner Verbindung mit E. K. erörterten wir den Begriff der Zeit. Für uns irdische Menschen ist das Zeitmaß mit den Bewegungen von Sonne und Erde verbunden; es besteht jedoch ein Unterschied zwischen der Zeit, die unsere Uhren anzeigen, und dem Begriff von Dauer, der so etwas ist wie ein inneres Maß. Immer wieder prägte E. K. mir diese unterschiedliche Qualität und Bedeutung der Zeit aus seiner Sicht ein und erdachte bestimmte Methoden, um unsere beiden Arten, Zeit zu erleben und festzuhalten, einander gegenüberzustellen und zu vergleichen. Wir stellten fest, daß die andersgeartete Bewußtseinsqualität in seiner Welt den Begriff der Zeit radikal verändert. Das ergibt sich schon aus dem einfachen Grunde, da es dort keine Sonne gibt, die den Zeitablauf extern bestimmt. E. K. sagte auch, sein Erleben des ‹Jetzt› enthalte Aspekte der Vergangenheit und Zukunft gleichermaßen, wogegen mein Empfinden des gegenwärtigen Momentes eine Angelegenheit von nur sehr begrenzter, kurzer Dauer sei. Auch der Fluß der Zeit hat auf den jenseitigen Ebenen völlig andere Eigenschaften.

Ich wußte bereits, daß sein Tag nicht wie der unsere durch die Rotation der Erdachse in Licht und Dunkelheit eingeteilt

war und staunte daher, als er mir zu verstehen gab, daß der Tag
auch dort noch als Zeiteinheit gültig sei und in seiner Dauer
exakt mit unseren Perioden von 24 Stunden korrespondiere.

Schon früher hatte E. K. mir erklärt, daß unser Licht Einfluß
auf bestimmte Druckluftverhältnisse seiner Ebene ausübt;
jetzt wurde mir klargemacht, daß diese Druckluftverhältnisse
im eigentlichen Sinne für den 24-Stunden-Tag dort verantwortlich sind. So begannen wir unsere Untersuchungen aufgrund dieser Übereinstimmung unserer Tageseinheiten. E. K.
schlug vor, die Zeiteinheiten von Stunden nach ihrer jeweiligen Dauer zu stoppen, wobei wir das irdische Zeitmaß zu-
grundelegten und er mir durch Signale den Ablauf einer
Stunde anzeigen sollte.

Also schaute ich auf meine Armbanduhr, und wir überprüf-
ten eine Stunde seiner Zeit. Das Ergebnis war unerwartet. Die
Stunden stimmten nicht miteinander überein. Wir begannen
noch einmal, doch bei jedem Versuch signalisierte E. K. den
Ablauf seiner Stunde ungefähr zwölf Minuten vor dem Ende
der meinen.

Dann probierten wir unser Glück mit halben Stunden, jedoch nur, um feststellen zu müssen, daß die Werte noch stärker
voneinander abwichen. So war seine halbe Stunde jetzt nach
zweiundzwanzig Minuten Erdzeit vorbei. Seine Viertelstunde
betrug gerade zehn Minuten meiner Zeit. Wir mußten erkennen, daß im Verhältnis zur Kürze der getesteten Zeitspanne
eine Zeitminderung eintrat.

Wir hatten es hier offensichtlich mit einem Widerspruch zu
tun. Wie konnten 24-Stunden-Perioden in ihrer Dauer auch
nur annähernd übereinstimmen, wenn die kleineren Zeiteinheiten, aus denen sie sich zusammensetzten, diese eigentümliche Zusammenziehung aufwiesen? Wir rätselten an unseren
Ergebnissen herum, zweifelten die Tatsachen an, unternahmen neue Versuche, doch die Resultate blieben dieselben.

Die Fakten festhalten und die Sache auf sich beruhen lassen –
das war alles, was wir tun konnten.

Versuche, räumliche Entfernungen miteinander zu vergleichen, verliefen ähnlich verblüffend. Nur ein Punkt schien völlig klar zu sein: daß nämlich auch der Raum im Jenseits eine
Art Zusammenziehung aufwies. Die ganze Angelegenheit erwies sich als beunruhigend kompliziert und ließ mich die
Unterstützung eines mathematisch gebildeten Menschen her-
beisehnen. Wo aber sollte ich jemanden hernehmen, der meinen Tatsachen über den Weg traute?

Scott meinte dazu: «Du mußt bei deinen Überlegungen
selbstverständlich noch eine weitere Dimension in Betracht
ziehen, und sehr wahrscheinlich ist es der Faktor dieser neuen
Dimension, der deine zeitlichen Vergleiche in Unordnung
bringt. Die vierte Dimension, d. h. die Zeit, wurde für uns in
eine fünfte abgewandelt, nämlich in die der Bewußtseinsstu-
fen. Diese variieren gemäß der verschiedenen Höhen ihrer Frequenzen. Nur lebende Organismen weisen sie auf, und sie sind
der Maßstab, an dem ihr Entwicklungsstand gemessen wird.
Ihr gemeinsames Merkmal ist eine – jeweils andersartige – Bewußtseinsqualität, die die gesamte Skala vom Einzeller bis hin
zum Menschen umfaßt. Im Menschen schließlich sind alle Be-
wußtseinsstufen potentiell angelegt, da er alle Existenzgrade in
sich vereint, angefangen beim Ätherprinzip, von dem wir festgestellt haben, daß es die erste Stufe über dem physischen darstellt, hin zur Astralwelt, bis hinauf in den Bereich des Ego, das
gegenwärtig als das höchste Element innerhalb dieser komplexen Struktur anzusehen ist.

Beim Erdenmenschen aber kann das Bewußtsein, das der
höchsten Stufe angehört, nicht voll genutzt werden, da die
Elemente aller höheren Seinsebenen in die Physis hinabgedämmt und daher nicht in der Lage sind, selbständig zu arbeiten. Daher der verwirrende Unterschied zwischen eurer und
unserer Art von Bewußtsein und der leidige Widerspruch im
Zeitempfinden. Ganz genauso verhält es sich beim Vergleichen räumlicher Werte; unsere verschiedenartigen Bewußtseinszustände sind auch hier dafür verantwortlich, daß wir die

Erscheinungen jeweils anders interpretieren. Auch die Tatsache, daß unsere materielle Welt eine ätherische Grundlage mit von eurer physischen Welt abweichenden Frequenzstufen besitzt, hat etwas mit diesen Unterschieden zu tun.»

E. K. konnte uns aber noch mehr dazu sagen: «Ihr dürft nicht einfach beim Vergleichen von einer oder zwei Ebenen aufhören», meinte er. «Folgende Tatsachen müssen berücksichtigt werden: Jede Ebene weist diesen Zusammenziehungseffekt hinsichtlich räumlich-zeitlicher Werte auf, und es sieht so aus, als hörte jede Empfindung von Dauer und Ausdehnung vollständig auf, sobald die höchsten Sphären erreicht sind. Dann bedeutet Bewußtsein, daß *Zeit und Raum eins werden,* und es existiert nichts, was nicht in diesem ewigen ‹Hier und Jetzt› enthalten wäre. Wir singen so schön etwas wie ‹Wenn die Zeit wird nicht mehr sein...›, haben aber nur eine sehr bescheidene Vorstellung davon, was mit diesen Worten gemeint ist. Ich beginne langsam, eine leise Ahnung von ihrer Bedeutung zu bekommen und nehme an, daß es die Seinsform ist, die mit dem Begriff ‹Ewigkeit› in Verbindung gebracht wird.

Es besteht kein Zweifel darüber, glaube ich, daß uns allen die Möglichkeit gegeben ist, kraft unserer höchsten geistigen Potentiale in dieser ewig zeitlosen Gegenwart leben zu können. Es gibt manchmal selbst schon auf der Erde Erfahrungen, die einen Vorgeschmack dieses Bewußtseinszustandes ermöglichen. Hier begegnen wir dieser Seinserfahrung immer häufiger, und je weiter wir voranschreiten, desto mehr wird sie uns zur Gewohnheit.»

«Du sprichst von der Zusammenziehung von Raum und Zeit», warf Scott ein, «aber merkst du nicht, daß diese Aussage doppeldeutig ist? Eine Zusammenziehung des Raumes ist lediglich eine andere Ausdrucksweise für die Tatsache, daß wir hier mehr Raum in einer bestimmten Zeitspanne erfassen können als auf der Erde, und dasselbe gilt für zeitliche Begriffe. Das alles läuft also auf eine Bewußtseinserweiterung hinaus. Von den höheren Ebenen müßte ein immer umfangreicher

werdender Überblick über Raum-und-Zeit-Zusammenhänge
der unteren Sphären möglich sein. Geht man bei diesen Überlegungen bis hinauf auf die höchste aller Existenzstufen, muß
man irgendwann das gesamte Spektrum irdischer Raum-und-
Zeit-Erfahrungen zugänglich machen können.» Scott wurde
ganz aufgeregt. «Es ist wie ein Kegel, der in bestimmte Bereiche eingeteilt ist, so daß von oben nach unten ein immer größerer Bezirk überblickt werden kann. Könnt ihr folgen? Auch
muß dann zwangsläufig von den höheren geistigen Ebenen
aus der Ausblick auf die Gesamtheit der unteren Bereiche des
Lebens möglich sein, wenn Zeit und Raum zusammenfließen
in einen einzigen, absoluten Scheitelpunkt. Denkt nur, wie
wundervoll! Dann haben wir einen Überblick über alle Zeit
und allen Raum gleichzeitig – einen Standpunkt der Allwissenheit.»

Nach diesem Ausbruch von Scott entstand eine Pause. Dann
nahm E. K. den Faden wieder auf: «Warte», sagte er. «Das ist
eine wunderbare Konzeption, wir haben jedoch einen wesentlichen Faktor dabei übersehen. Jede Ebene existiert für sich,
soweit es sich um materielle Phänomene handelt, und die einzigen Einsichten, die man außerhalb seiner eigenen Sphäre erhalten kann, sind diejenigen, die mit der Wellenlänge anderer
Ebenen korrespondieren. Das aber tun nur die höheren Energieformen des Gefühls und des Verstandes. Man muß also davon ausgehen, daß nur diese es sind, die auf höheren Seinsebenen wahrgenommen werden können. Alles das, was unterhalb
ihrer Frequenzstufe liegt, kann also für die Bewohner einer bestimmten Sphäre zwangsläufig nicht existieren, so wie eine
ganze Reihe eurer Gegebenheiten, die keinen Bezug zu unserem Bewußtseinsniveau haben, für uns einfach nicht da ist.»

«Ja, mein Beispiel war zu simpel», sagte Scott. «Für jede
Ebene können nur ihre ganz spezifischen Erscheinungen Gültigkeit haben, und entsprechende Erfahrungen sind nur dann
nach oben hin übertragbar, wenn sie subtil genug sind, den Bewußtseinsgrad der höheren Sphären zu erreichen. So gelangen

nur die allerhöchsten Schwingungen zum Bewohner dieses Zenits, und die Vorstellung Seiner Allwissenheit muß noch näher bestimmt werden durch die Berücksichtigung des qualitativen Aspekts. Was nach oben steigen kann, ist durch seine in ihm enthaltenen Fähigkeiten dazu ausersehen.»

«Das ist eine Vorstellung, die ziemlich an die Nieren geht, finde ich», warf ich ein. «Ich denke da an die Versuche der Menschen, Gott im Gebet nahezukommen. Denn wenn Gott dasjenige ist, was Scott mit dem ‹absoluten Scheitelpunkt› bezeichnet hat, wird nahegelegt, daß der Erfolg unserer Gebete zum größten Teil von der geistigen Entwicklung eines Menschen abhängig ist.»

«Das heißt, daß Gott zu erreichen die letzte Stufe von Bemühungen bedeutet», meinte Scott. «Und es heißt, so vermute ich, auch, daß unsere Gebete nur so weit reichen, wie sie es verdienen, und kein bißchen weiter.»

«Das fürchte ich allerdings auch», meinte E. K. «Aber, Jane, vergiß nicht, daß die Möglichkeit, den Allerhöchsten zu erreichen, in jeder Seele schlummert. Und warum sollte der Weg zu Gott so leicht zu gehen sein? Ihr auf der Erde habt die fatale Angewohnheit zu denken, nur, weil etwas angenehm und begehrenswert ist, sei es auch einfach und problemlos zu bekommen. Dabei braucht ihr euch nur in die Lebensgeschichten der Heiligen und Mystiker zu vertiefen, um zu wissen, daß lebenslange Disziplin nötig ist, bevor man Gott finden kann. Hierbei wird auch noch ein anderer wichtiger Punkt gern übersehen. Gott ist Liebe, und die einfachste Seele auf der Erde kann genügend Liebe in sich tragen, um der Liebe Gottes teilhaftig zu werden.»

«Wie ist es mit der Inspiration in der Kunst, der Musik und Poesie?» fragte ich.

«Bei diesen großen Abenteuern seines Geistes entwickelt und nutzt der Mensch die höheren Anteile seiner Natur und wird auf diese Weise fähig, Kontakt mit den höheren Sphären aufzunehmen. Diese mögen jenseits seiner Zeit und seines

Raumes liegen, nicht aber jenseits seiner geistigen Spannweite. Sobald er zu ihnen hinaufgelangt und an ihren Wissensschätzen und Erkenntnissen teilhaben kann, ist er in der Lage, dieses Wissen auf die Erde hinunterzutragen und es in irdische Begriffe zu fassen. So bereichert er die Kultur und Traditionen seines Volkes. Nichts ist vergleichbar mit der Begeisterung und der Ekstase, die man während solcher geistigen Höhenflüge durchleben kann, und das ist es, was dieses Erlebnis so überaus wertvoll und kostbar macht. Die tatsächliche innere Ausstattung eines Künstlers oder Dichters muß ihm jedoch diese Vorgriffe auf seine normale Entwicklung gestatten», sagte Scott. «Es kann auch durchaus Minderwertiges und Banales dabei herauskommen, denn die Qualität der Inspirationen eines Dichters hängt von den feineren Schwingungen ab, die sein viergestaltiger Körper imstande ist, aufzunehmen und umzusetzen.»

Ich wollte noch einmal auf unser Ausgangsproblem, die Zeit- und Raumvorstellungen, eingehen. «Ich möchte mir gern klarwerden über die Abweichungen bei den beiden Verhältnissen, die wir gewohnt sind, als fixierte Begriffe zu betrachten – Zeit und Raum, die jedoch in Wahrheit offenbar veränderliche Größen sind. Das ist zwar leicht gesagt, aber schwer zu begreifen. Ich glaube, hier hilft nur die direkte Erfahrung dieses Unterschiedes.»

«Ich verstehe zwar nichts von der Relativitätstheorie», warf Scott ein, «doch ich meine, dies könnte eine gute Veranschaulichung von ihr sein. ⟨Jeder Kosmos hat seine ureigene Zeit⟩ – so jedenfalls drückte Ouspensky es aus, und das ist es wohl, was wir nun täglich erleben können, so als hätte das allgemeine Erkenntnisvermögen die neuesten Theorien eingeholt.

Wahrscheinlich aber ist es richtiger zu sagen, daß eure Theorien auf der Erde unseren Erfahrungswerten hart auf den Fersen sind. Ich bin versucht zu glauben, daß einige der großen wissenschaftlichen Geister Lauscher an der Wand waren; sie fingen bestimmte Eindrücke und Informationen aus unseren

Ebenen auf und haben es mit unglaublichem Arbeitseinsatz und Akribie verstanden, sie in mathematischen Formeln auszudrücken. Sie stellten die irdischen Erscheinungen in ihren korrekten Kontext und verbanden sie mit Dimensionen, die unseren Sphären zugehörig sind.»

Inzwischen hatte ich angestrengt nachgedacht und fühlte, wie dürftig und klein meine Vorstellung noch von der Art der Fortbewegung im Jenseits war. Ich bat E. K. um eine Schilderung. Er erwiderte: «Es ist äußerst schwierig, diese Erfahrung als Abfolge von bestimmten Geschehnissen zu beschreiben. Denke daran, wie sich die größeren, erweiterten Bewußtseinsareale überschneiden. Dieser Effekt bewirkt, daß etwas Zukünftiges, das aus der Aktion eines Menschen entsteht, in die Gegenwart hineinfällt. Man trifft quasi auf seine Zukunft, noch indem man ihr entgegengeht. Das betrifft den Faktor Zeit. Der Raum gibt mir klar und deutlich Aufschluß über seine Ausweitung in alle Richtungen, gleichzeitig aber fließt er in mich hinein und durch mich hindurch, während ich mich fortbewege. Ich hoffe, du kannst mit dieser recht vagen Beschreibung etwas anfangen.»

«Wenn die Szenen an dir vorüberjagen – ist das vielleicht so, als sähe man die Fetzen einer vorbeifliegenden Landschaft aus einem fahrenden Zug?» fragte ich.

«Nein, man erlebt es völlig anders. Sofort, wenn ich beginne, die Schönheiten am Wegesrand zu bemerken oder meine Aufmerksamkeit auf das zu lenken, was mir begegnet, verlangsamt sich meine Geschwindigkeit zu einer ganz normalen Gangart, oder aber ich bleibe stehen, wenn die Intensität meines ursprünglichen Wunsches nachgelassen hat. Ich sollte vielleicht besser sagen: Mir wird bewußt, daß ich stehengeblieben bin. Ich muß meinen Willen fest auf das Endziel der Reise richten, wenn ich mit dieser ganz besonderen Schnelligkeit vorwärtskommen möchte. Nun hör zu: Von meinem Berghang aus möchte ich über das weite Tal hinweg zu einem Haus auf der gegenüberliegenden Seite, das von Bäumen um-

geben ist. Mein unmittelbarer Eindruck vom Weg verändert
sich leicht, verschwimmt und durchläuft bestimmte Abwandlungen, wobei eine in die nächste übergeht. Das entfernte Haus
ist nun groß und deutlich sichtbar; ich stehe vor seiner Tür und
habe vielleicht nur ein Dutzend Schritte bis hierhin gemacht.
Die Auflösung eines Eindruckes in einen anderen ist kein
plötzlicher oder überraschender Vorgang. Man hat das Gefühl von Entfernung, die sich allmählich verringert, vom In-
einanderfließen eines Panoramas von Landschaftsmerkmalen,
nichts jedoch deutet auf eine extreme Geschwindigkeit hin.»

«Wenn dich nun jemand vor diesem anderen Haus erwartet,
würde er dein Näherkommen nicht bemerken, sondern dich
erst dann sehen, wenn du plötzlich vor ihm stehst?» fragte ich.

«Richtig. Doch denke daran, daß die Menschen dort schon
für gewöhnlich von meinem Eintreffen unterrichtet sind,
wenngleich sie mich auch nicht kommen sehen.»

«Alles das wird immer eigenartiger. Das ist ja schlimmer als
die übelsten Phantastereien; es ist ein absolutes Rätsel. Was soll
ich wohl damit anfangen?»

«Mein Kind, du solltest dir ein wenig Vertrauen zulegen,
und wenn du das nicht schaffst, dann sei zufrieden und warte,
bis du dir selbst ein Bild machen kannst. Inzwischen wird
Scott sich um eine schöne Theorie bemühen, du versuchst es
mit der Vertrauensbildung, und ich bete um viel Geduld, was
meinst du?»

7. Kapitel

Der emotionale Körper, seine Krankheiten und seine Heilung

Andrew interessierte sich nicht so sehr für die Theorien, an denen wir arbeiteten, sondern mehr für die eigentlichen Strukturen und Verhaltensweisen des Menschen. Seit seinem Übergang im Jahre 1916 tat er Dienst unter denjenigen, die Hilfe bei der Eingewöhnung und Anpassung an ihre neuen Lebensbedingungen brauchten. Für ihn war die Persönlichkeit vorrangig. Er nahm ebenso großen Anteil an seinen gegenwärtigen Gefährten wie an den Menschen, mit denen ich auf der Erde Verbindung hatte und konnte mir oft dabei helfen, sie besser zu verstehen. Er erklärte mir zwar, es sei wesentlich schwieriger für ihn, den Zustand eines Astralkörpers zu beurteilen, den eine physische Hülle wie eine Maske verbarg. Doch er lehrte mich alles das, was zu den verborgenen Prozessen, die hinter zwischenmenschlichen Beziehungen wirken, für mich wissenswert und hilfreich sein konnte.

«Für euch auf der Erde ist es natürlich recht einfach, den Menschen als ein Wesen zu betrachten, das vollständig in seiner Haut eingeschlossen ist und sich anderen lediglich über die Sprache und durch Aktionen des Körpers verständlich machen kann», sagte er. «Für uns aber sind diese scharfen, körperlichen Umrisse nicht existent. Uns erscheinen Menschen als zentrale

Punkte innerhalb ganz bestimmter Schwingungsmuster, die von ihnen ausgehen und alles, was in ihrer Reichweite liegt, beeinflussen. Jedenfalls täuscht die feste äußere, physische Gestalt. Führe dir vor Augen, wodurch die Ausstrahlungen hervorgerufen werden. Jede Veränderung des Energiefeldes eines lebendigen Wesens nämlich läßt es Energiewellen eines entsprechenden Niveaus, Licht, Strahlung, erzeugen.

Wie du weißt, ist die ätherische Gestalt eng mit der physischen verbunden und überlebt sie nicht lange, so daß es für uns, die wir sie bereits abgelegt haben, schwierig ist, ihre Funktionen genau zu studieren. Unsere äußere Form ist das dritte Prinzip, der Astralkörper. Dieser wird jedoch während des irdischen Lebens nicht voll ausgebildet, ist daher in einem kontinuierlichen Entwicklungsprozeß begriffen und so weit weniger fortgeschritten und bestimmbar als eure anderen beiden Körper. Er ist der Teil eures Organismus, der für die Emotionen verantwortlich ist; man könnte ihn als den absoluten Träger der Fähigkeit zu wünschen und zu fühlen bezeichnen.

Wurde dieser Wesensanteil während des Erdenlebens in der Hauptsache auf körperliche Bedürfnisse und die Befriedigung materieller Wünsche gelenkt, wird sich der Mensch hier in einer höchst mißlichen Lage wiederfinden, wo solcherlei Bedürfnisbefriedigung außer Reichweite liegt. Jetzt werden alle diese erdgerichteten Begierden zur Tortur, und der Mensch findet nicht eher seinen Seelenfrieden, als bis sie auf wertvollere Ziele gerichtet werden. Es gehört zu meinen Aufgaben hier, Menschen über diese schwierige Phase hinwegzuhelfen, in der sie sich nach den unerreichbaren irdischen Freuden sehnen. Das ist aber nur ein Teil der weit schwierigeren Aufgabe, die völlige Anpassung an das Leben herbeiführen zu helfen, das hier die Realität ist.

Wie immer auch der Zustand des Wesens nach dem Tode aussehen mag – Emotionen werden auf jeden Fall freigesetzt, weil kein Mensch existieren kann ohne eine ‹Gemütsverfassung›. Das bedeutet, es besteht eine gefühlsmäßige Färbung,

die dem Körper in Wellen variierender emotionaler Qualitäten
entströmt. Ein Gefühlszustand (oder vielleicht auch mehrere
gleichzeitig) wird ständig empfunden und von jedem menschlichen Wesen ausgestrahlt, sei es nun ‹lebendig› oder ‹tot›.
Als tot bezeichne ich eure Daseinsform, als lebendig die unsere.»

«Es ist schon merkwürdig», erwiderte ich. «Aber ich fühle
mich plötzlich so träge, so schwerfällig. Es ist eigentümlich
dunkel in mir; vielleicht ist das die Spiegelung deines Gedankens.»

«Laß dich durch meinen Vergleich nicht zu sehr niederdrük-
ken», tröstete Andrew. «Wir alle müssen irgendwann einmal
in der Finsternis irdischer Gegebenheiten leben, und es ist
sicher, daß ihr alle früher oder später in unser Licht und unsere
Lebensbedingungen eintreten dürft. Es wird nicht immer so
finster sein in dir, also tröste dich.

Doch kommen wir zum Astralkörper zurück. Er ist für uns
in verschiedenen Lichtqualitäten sichtbar. Dieses Licht ent-
strahlt ihm und hüllt ihn in seine charakteristische Atmosphäre
ein. Die Reichweite dieser Strahlung ist beschränkt auf ihre
unmittelbare Nachbarschaft, doch innerhalb dieses Umkreises
kann sie jedermann beeinflussen, auch wenn das ausgesandte
Gefühl diese Menschen nicht direkt betrifft.»

«Dann ist ein Gefühl also die Veränderung bestimmter
Energien, die die astrale Substanz ausmachen. Und diese Substanz sendet bei jeder Veränderung ihres Energiepegels sofort
entsprechende Wellen aus?» fragte ich.

«Genau so», erwiderte Andrew. «Die ganze Angelegenheit
ist ein rein mechanischer Vorgang. Er vollzieht sich für uns alle
nach strengsten Gesetzmäßigkeiten. Bei euch jedoch müssen
die aktuellen Wirkungen zuerst einmal auf die physische
Ebene hinuntergelangen, um dort sichtbare Effekte hervorzubringen. Das gilt sowohl für die Entsendung als auch für den
Empfang solcher Wellen. Sagen wir, du hast Angst. Dein
Astralkörper zieht sich zusammen, verändert seine Farbe und

strömt eine neblige Aura aus. Dein Ätherkörper registriert diesen Vorgang und sendet dir das entsprechende Angstgefühl. (Alle körperlichen Empfindungen stammen aus dem Ätherkörper.) Anschließend erhält dein physischer Körper die Information und reagiert mit verändertem Blutdruck und der Aktivierung verschiedener Drüsenfunktionen. Dein Gesicht wird blaß, dein Atem geht schneller. So reagiert jeder Teil des Organismus in jeweils charakteristischer Weise auf ein und denselben Stimulus.

In der Zwischenzeit gewinnt das Ego die Kontrolle über den Ablauf und entschließt sich für eine bestimmte Handlungsweise. Man kann diese Kontrollübernahme beobachten, obgleich das Ego selbst nicht sichtbar ist, und zwar an der einsetzenden stufenweisen Verbesserung des Auramusters. Die chaotischen, wirbelnden Bewegungen beruhigen sich, das Muster stabilisiert sich wieder. Nehmen wir nun an, es kommt ein anderer Mensch dazu, der keinen Grund zur Furcht hat und helfen möchte. Sein Wesen ist gefestigt, wie an dem gleichmäßigen Pulsieren seines Auramusters zu erkennen ist, seine Lichtstrahlung ist kräftig und rein. Sobald er den geängstigten Menschen erreicht hat, wird sein Licht diesen umfließen und das neblige Umfeld allmählich durchlichten und zerstreuen. Der störende Wirbel von Emotionen glättet und beruhigt sich nach und nach. Ist der Helfer stark genug (mit anderen Worten: ist er genügend liebesfähig), wird es ihm gelingen, seine eigenen harmonischen Schwingungen einzubringen und das Wesen des anderen auf diese Weise völlig zu stabilisieren. Dann kann sich dir unter Umständen ein wundervoller Anblick bieten. Alle Energien, noch vor kurzem durch den Widerstreit von Angst und Wut blockiert, werden freigesetzt als lichte, glückhafte Strahlung und strömen dem Helfer in Liebe und Dankbarkeit entgegen.»

«Ich spüre jetzt immer häufiger die direkte Einwirkung der Gefühle anderer Leute und was für eine reale Macht sie tatsächlich sind», warf ich ein. «Selbst Tiere scheinen bestimmte menschliche Gefühle wahrnehmen zu können. Angst oder Zorn versetzen sie ganz offenbar in Aufregung.»

«Die höher entwickelten Tierarten besitzen einen gut ausgestatteten Astralkörper», erklärte Andrew. «Daher empfangen sie ganz zwangsläufig auch die astralen Strahlen, die ihr aussendet. Ganz sicher reagieren sie auf Zuneigung und haben schon aus biologischen Gründen eine ausgeprägte Reaktionsfähigkeit auf Angst- oder Zorngefühle. Deine von Furcht gezeichnete Aura teilt sich ihnen als angstmachender Impuls mit, auf den sie prompt wütend und aggressiv reagieren. Tatsächlich verhält es sich ganz genauso mit der menschlichen Reaktion: Angst erzeugt Wut, Wut wiederum Angst. Dieser Austausch von Gefühlen findet zu jeder Zeit in allen zwischenmenschlichen Beziehungen statt, lediglich eure Blindheit gegenüber den astralen Strahlungen, die ihr ständig ausschickt und empfangt, läßt euch diese Wechselbeziehung einfach ignorieren. Einen wunderschönen Anblick hingegen bieten zwei Menschen, die in einer glücklichen Beziehung zueinander leben. Sind sie in Liebe sehr eng miteinander verbunden, fließen ihre Auren ineinander, um ein gemeinsames Kraftfeld zu bilden, das die individuelle Fähigkeit der beiden Beteiligten, sich zu lieben und glücklich zu sein, noch intensiviert.

Auch unangenehme, störende Emotionen verbreiten sich um einen Menschen und treiben ihn in eine Isolation, in die kein anderer gerne eindringen möchte. Gefühle wie Haß, Grausamkeit, Boshaftigkeit bringen den Körpern von Wesen in der näheren Umgebung reale Verletzungen bei. Leidet also der Astralkörper eines Menschen unter solcherlei häßlichen, abstoßenden Gebrechen, wird dieser Mensch sich notgedrungen sehr einsam fühlen müssen, bis sich ein mitleidiges Herz seiner erbarmt, das es bei ihm aushält und eine Kur mit ihm versucht. Es ist wirklich kein Vergnügen, hier Arzt zu sein. Immerhin wird die Diagnose wesentlich durch den Umstand erleichtert, daß man die Krankheit, an der ein Patient leidet, am eigenen Leibe erfahren kann.

Für euch auf der Erde ist es durchaus möglich, euren Gemütszustand als relativ unbedeutend zu ignorieren; ihr glaubt, daß lediglich eure körperliche Verfassung wirklich wichtig ist. Wenn aber wie bei uns eure Gefühlswelt die körperliche Verfassung *ist* und diese Gefühle sich zehnmal intensiver als vorher auswirken, weil sie nicht länger mehr durch die Physis abgeschwächt werden können, dann ist eine gesunde, ausgeglichene Gemütslage eine Sache, die allerhöchste Priorität hat. Hättest du eine häßliche Krankheit, die auf deine Freunde abstoßend wirkt und deretwegen du dir selber zuwider bist, tätest du alles nur Mögliche, um sie loszuwerden. Das genau trifft auf die Menschen zu, die hierherkommen und unter Mängeln in bezug auf Wesensart und Neigungen, unter Ängsten und Sorgen, altem Groll und Neid zu leiden haben. Zu ihrem eigenen Besten – und zum Besten anderer – müssen sie davon kuriert werden. Andernfalls könnten sie nicht länger mehr unter uns leben, wo ihre Krankheiten allen durch ihre häßlichen Auren, schmerzhaften Emanationen oder giftigen Ausdünstungen auffallen müssen. Sieht man den strahlenden Glanz eines glücklichen Menschenwesens, ersehnt man einen solchen Zustand auch für sich selber, und in den allermeisten der unglückseligen Fälle ist Heilung möglich, sofern die Krankheit den Astralkörper nicht schon hoffnungslos zerstört hat. Ist das aber der Fall, muß das jammervolle Geschöpf auf eine niedrigere Ebene zurückkehren, wo es die Martern seines geschundenen Körpers besser ertragen kann. Die niederen Astralebenen, von denen aus wir alle die Reise ins neue Leben antreten, sind Orte der Eingewöhnung und Heilungsmaßnahmen. Sie sind eine Art Durchgangsstation, ein Platz des Trainings und der Läuterung zur Vorbereitung auf die subtileren Bedingungen der höheren Astralwelten.»

«Auf welche Weise aber heilst du nun diese kranken Menschen?» fragte ich.

«Zuerst einmal sind Abhärtung und Sammeln von Widerstandskräften notwendig, um ihre Atmosphäre ertragen zu können. Dazu muß der eigene Körper in guter Verfassung sein, weil er bestimmte Mengen giftiger Ausdünstungen in sich aufnimmt, die neutralisiert werden müssen. Das Allheilmittel ist nicht einfach eine handliche Flasche mit Medizin: Es ist der gesunde Körper des Therapeuten. Ich will versuchen, es wissenschaftlich auszudrücken. Alle diese Strahlungen sind Ergebnisse bestimmter rhythmischer Energiemuster. Sind diese energetischen Muster gestört, wie das beispielsweise bei negativen emotionalen Zuständen der Fall ist, werden die Rhythmen in Mitleidenschaft gezogen – sie sind unregelmäßig und disharmonisch. Sie treffen darum den Körper des Arztes in schmerzhaften Stößen und sind durchaus in der Lage, ein Chaos in seinem gesunden, intakten Energiehaushalt hervorzurufen. Der gesunde Körper muß fähig sein, diese Disharmonien in sich aufzunehmen und zu neutralisieren.

Nun gibt es eine Werteskala bezüglich der qualitativen Beschaffenheit dieser Strahlen. Wie in der Physik gilt hier der Grundsatz: Je feiner und durchdringender eine Strahlung ist, desto größer die Fähigkeit, fehlerhafte Rhythmen, auf die sie trifft, zu koordinieren und zu kontrollieren. Sie stellt die Ordnung wieder her und glättet Unregelmäßigkeiten, so daß ein neuer, besserer Energiefluß erreicht wird. Es überrascht dich sicher nicht, zu hören, daß die feinste, reinste Strahlung dort anzutreffen ist, wo Liebe herrscht. Liebe ist die höchste aller Schwingungen im Universum: Sie ist in der Lage, jeden Mißton im Astralkörper auszumerzen und die Harmonie wiederherzustellen. Sie kann viele Gesichter haben: Sympathie, Verständnis, der Wunsch, zu helfen und zu heilen. Diese Strahlung kann jedoch nur aus einem gesunden Astralkörper hervorgehen. Sind daher im Wesen eines Menschen noch Reste dunkler, wirrer Emotionen wirksam, taugt er zum Helfer und Heiler nicht viel.

Liebe ist keine losgelöste, gesonderte Erscheinung; sie ist die *natürliche, unwillkürliche Ausströmung eines gesunden Astralkörpers.* Nichts anderes als Liebe kann von einem Körper ausgehen, der vollständig frei von Gebrechen ist. Diese Ausströmung kann zwar verwirrend vielfältige, wunderschön anzusehende Gestalten annehmen, doch immer ist es irgendeine Form der Liebe, die die gesunde Seele hervorbringt. Glaube nicht, daß irgend jemand von uns hier diese Vollkommenheit schon erreicht hat. Wir alle wissen, daß sie erlangt werden kann, wir haben von anderen gehört, die diesem Ziel bereits näher sind als wir – hier bei uns jedoch ist uns niemand bekannt, der es schon so weit gebracht hätte.»

«Wir sind inzwischen zu der Überzeugung gelangt, daß es emotionale Abgründe im menschlichen Wesen gibt, die tief unterhalb der Bewußtseinsschwelle verborgen liegen, und es sehr schwierig, wenn nicht gar unmöglich ist, bis zu ihnen vorzudringen und an ihnen zu arbeiten», bemerkte ich. «Könnt ihr diese verschütteten Inhalte auch wahrnehmen, und besitzen sie eine ähnlich sichtbare Form wie die bewußten Empfindungen?»

«Du hast recht. Vieles liegt im astralen Wesen verborgen, das nicht bewußt gemacht werden kann, doch steigen diese unteren und untersten Schichten hier ganz allmählich an die Oberfläche des Bewußtseins. Es ist das ein Läuterungs- und Heilungsprozeß, der jede Facette des Wesens erfaßt. Darum ist dieser Vorgang für gewöhnlich so langwierig und schmerzhaft», erklärte Andrew. «Du wirst das volle Ausmaß dieser Aufgabe begreifen, sobald wir auf die vielen Erdenleben zu sprechen kommen, deren Inhalte tief im Unbewußten schlummern.»

«Übrigens – was den schmerzhaften Einfluß auf uns von Gefühlen anderer, wie etwa Zorn oder Neid, angeht – ich beginne gerade, das als real zu erfahren», warf ich dazwischen. «Es ist wirklich eigenartig, daß ein Mensch alle die Qualen, die diese Vorgänge ihm bereiten, erleidet, doch niemals zugeben würde, daß es Zusammenhänge gibt, sondern sie als Produkte der Einbildungskraft abtut. Offenbar aber ist es unvermeidlich, daß der negative Einfluß seinen Weg in den Körper findet und – ganz gleich, ob spürbar oder nicht – die empfindliche Substanz des Astralwesens durchdringt und verletzt, nicht wahr?»

«Ohne Zweifel ist der Schaden der gleiche, auch wenn er nicht bewußt empfunden wird. Mehr noch, die Verletzung kann sich durch den Ätherkörper hindurch bis in den physischen Körper hinein auswirken und dort wirkliche Erkrankungen hervorrufen. So ist ein Kind, das durch die Härte seiner Umgebung verdorben wurde, während es sich nach Liebe und Zuwendung sehnte, körperlich selten völlig gesund und kann – was noch weit schlimmer ist – scheußliche astrale Gebrechen entwickeln, zu deren Heilung mehrere Lebensjahre notwendig sind. Viele der bedauernswerten, unglücklichen Menschen, die zu Kriminellen wurden, litten in ihrer Jugend an Lieblosigkeit.»

«Demnach sieht es also ganz so aus, als sei die Zeit gekommen, mit unserer Einstellung aufzuräumen, Gefühle seien nicht so wichtig und ausschließlich immaterielle Dinge», meinte ich. «Das alles finde ich sehr aufschlußreich, und es hilft mir weiter. Ich sage dir dafür Dank, Andrew. Du hast mir vieles gesagt, über das es sich lohnt nachzudenken. Wie wenig beachtet man doch die Schäden, die durch so läßliche kleine Verfehlungen wie Unduldsamkeit oder schlechte Laune entstehen. Könnten wir diese Dinge als die häßlichen Ausstrahlungen wahrnehmen, die sie sind, und wüßten wir, daß sie andere Menschen verletzen – vielleicht würden wir dann vorsichtiger mit ihnen umgehen.»

Andrew fügte noch einige weitere Informationen zum Thema Gefühle hinzu, als wir einige Zeit später einen bestimmten, recht komplizierten Fall erörterten. Er sagte: «Wo immer Krankheit und Leiden auf der astralen Ebene in Erscheinung treten, liegt ihre Hauptursache in der Angst. Abgründe von Angst gähnen immerwährend in der menschlichen Seele. Sie bewirken den Rückzug ins eigene Innere, verhindern auf diese Weise hilfreiche Gefühlsimpulse, und die inneren Konflikte sind vorprogrammiert. Eine eigennützige, egozentrische Haltung wird zur Gewohnheit, und nur zu leicht wird dieses Verhalten mit Eigendünkel und Selbstgefälligkeit abgetan und verurteilt. Gelingt es jedoch, die Angst dahinter zu erkennen und zu beseitigen, kann dieses ganze künstliche Gebäude von Rückzug und Abschottung zum Einsturz gebracht werden. Meist tritt dann die Wandlung spontan ein und kann, durch Mut und Vertrauen bekräftigt, allmählich zum Dauerzustand werden. Verurteile niemals Selbstsucht, ja nicht einmal Bosheit als reine Laster. Sie sind nur Anzeiger einer gequälten, angsterfüllten Seele, die sich selbst in die Isolation getrieben hat und der nur dadurch geholfen werden kann, daß man sie aus der Enge der Angst befreit. Ich persönlich bin der Auffassung, daß die irdische Schulung für den Menschen wichtig ist: Die wirklichen emotionalen Abläufe werden durch die Physis maskiert, ebenfalls wird die Schärfe der Empfindungen durch sie abgestumpft. Zwar kommt die Furcht vor Verletzungen des physischen Körpers noch zu den ständig drohenden Gefahren hinzu, doch machen die Umstände es möglich, daß jeder seine eigenen Schlachten schlagen und der Welt kühn ins Gesicht blicken kann. Bei uns nun ist das Versteckspiel vorbei; die ätzende Schärfe der Emotionen macht diese nun zu einer sehr ernsten, höchst wichtigen Angelegenheit in dem Fall, daß mit ihnen etwas Wesentliches nicht stimmt.»

«Mir ging gerade durch den Kopf, daß eigentlich alle guten und schönen irdischen Einrichtungen und geistigen Einflüsse darauf abzielen, die Gefühle zu mildern, zu besänftigen und zu veredeln», warf ich dazwischen. «Nimm beispielsweise Aristoteles' Definition der Tragödie als Mittel zur Läuterung von Gefühlen. Oder den Appell der Religionen, wahrhaftig zu sein im Fühlen und im Glauben; oder die Musik, der es – wie eigentlich allen Künsten – möglich ist, die Emotionen auf direktem Wege anzusprechen und zu beeinflussen. Alles das soll dazu führen, Gefühle in der richtigen Weise freizusetzen und in positive, konstruktive Bahnen zu lenken.»

«Richtig», erwiderte Andrew. «Ich gehe davon aus, daß der Aufbau eines vitalen, gesunden Emotionalkörpers die große Aufgabe überhaupt ist, die ganz besonders während der irdischen Existenz in Angriff genommen werden muß. Ich bin sehr froh darüber, daß das Studium der Gefühle mehr und mehr betrieben wird. Du kennst die Lehre, wie sie in den Evangelien zum Ausdruck kommt, so wie in allen anderen inspirierten Religionen auch: Liebe ist die Erfüllung des Gesetzes. Ich möchte dir gern eine detaillierte Analyse über die Prozesse des Astralkörpers schreiben, wie wir sie hier wahrnehmen und kennen, aber daraus machen wir am besten eine gesonderte Abhandlung.»

Scott hatte unser Gespräch mit Interesse verfolgt; jetzt brachte er uns wieder zurück auf unsere Theorie der Materiefelder, die wir früher schon diskutiert hatten.

«Ich würde gern Andrews Meinung zu folgender Frage hören: Wir haben besprochen, daß Dichte innerhalb eines universellen elektromagnetischen Energiefeldes uns physikalische Materie liefert; Dichte in einem gänzlich anderen universalen Feld, nämlich dem der Ätherenergien, könnte für die Ätherformen von Pflanzen, Tieren und Menschen, also für Äthermaterie, stehen; ebenso erhielten wir dann durch die Dichtigkeitsverhältnisse des universellen Mediums astraler Energien die astralen materiellen Gestalten von Tier und Mensch. Das Wesen des Ego nehmen wir nicht wahr, und es ist daher schwerer zu fassen und zu verstehen, es ist aber höchstwahrscheinlich das machtvollste von allen Kraftfeldern, die der menschliche Gesamtorganismus aufzuweisen hat. Kann nun die Theorie der Energiefelder mit einiger Berechtigung auch auf jene subtilen Materiearten angewandt werden?»

Andrew antwortete: «Wir halten es für durchaus denkbar, daß das ganze Universum auf dieser Stufenleiter aufgebaut ist. Den Planeten Erde selbst durchdringt mit absoluter Sicherheit ein Ätherfeld, das wiederum mit astraler Substanz durchsetzt ist. Das Ego-Prinzip entzieht sich zwar unserer Beobachtung, ist aber sehr wahrscheinlich mit einer universalen Sphäre verbunden, die uns als Medium zur Kontaktaufnahme mit Geistwesen aller Kategorien dient. Ich glaube, du kannst es als gegeben hinnehmen, daß die Feldertheorie genauso auf die subtileren Stoffe zutrifft wie auf irdische Materie.»

«Dann müssen wir also zwei Aspekte einer Wirklichkeit miteinander verbinden», bemerkte ich. «Da sind erstens die vier einander durchdringenden Substanzen im menschlichen Körper, die so aufeinander abgestimmt sind, daß sie als ein harmonisches Ganzes zusammenwirken. Zweitens: Jeder dieser Stoffe ist verbunden mit seinem eigenen universellen Kraftfeld und kontinuierlich in ihm enthalten. Der Mensch erscheint innerhalb von vier Kraftfeldern zugleich als komplexe dichte Zone, und dieser Bereich komplizierter Energien ist sein Körper, der physische und der spirituelle. Man darf ihn nicht länger mehr als ein von seiner Umwelt abgetrenntes Individuum betrachten, als unabhängigen Organismus, frei von externen Steuervorrichtungen oder sonstigen Einflüssen, hübsch abgesondert in seiner Körperhülle. Er ist ein Gespinst, ein Knoten in einem fortlaufenden Muster, auf vierfache Weise hineingewoben ins Universum, und er steht somit in direkter Verbindung mit allen Aspekten seiner vierfachen Wirklichkeit. Würde der Mensch das nur begreifen und danach handeln, dann könnte er lernen, mit Kräften zu arbeiten, die so außerordentlich sind, wie er es sich niemals träumen lassen würde.»

«Das macht sich gut als Zusammenfassung», meinte Andrew. «Erinnerst du dich, daß wir über das astrale Kraftfeld gesprochen haben, das zwischen zwei Menschen bei einem intensiven Austausch von Gefühlen entsteht? Man kann dabei sehr gut beobachten, daß eine plötzliche Zunahme der Empfindungsfähigkeit auch gleichzeitig die Zunahme der Schwingungsintensität der astralen Substanz bedeutet. Der veränderte Rhythmus bewirkt das Ausströmen einer Welle emotionaler

Kraft, was zur Folge hat, daß sich die Vibrationen des Astralkörpers, der sie empfängt, erhöhen. Sogar im irdischen Körper kannst du den schwachen Widerhall dieser glutvollen Lebensintensität spüren. Das ist der Grund, warum der Mensch sich nach tiefen Gefühlen sehnt. Sie verstärken das Empfinden, lebendig zu sein. Das ist buchstäblich die ‹Fülle des Lebens›. Darum auch laufen so viele Menschen hinter jeder Art von Sensation und Nervenkitzel her. Sozialer Kontakt ist ein ständiges Geben und Nehmen dieses Lebenselixieres. Wären die Webmuster aus astralem Licht für dich sichtbar, könntest du Menschen als konzentrierte Flecken aus verdichtetem astralem Stoff in einer Welt astralen Lichtes wahrnehmen. Genauso stellen sich diese Dinge für uns dar.»

«Ich möchte gerne wissen, wie das mit der modernen Psychologie auf einen Nenner zu bringen ist», meinte ich. «Sie setzt ein Reservoir emotionaler Kräfte voraus und nennt es die Libido. Dieses verzweigt sich in die Urinstinkte wie Selbsterhaltung, Sexualität oder Machttrieb. Gerechterweise muß man allerdings zugeben, daß die Psychologen sich untereinander noch niemals über die Reihenfolge ihrer Bedeutung einig werden konnten – ich finde es aber recht interessant, daß noch nie auch nur der Versuch unternommen worden ist, dieses emotionale Zentrum im physischen Körper zu lokalisieren.»

«Diese Unterlassungssünde deutet auf ein treffsicheres Erfassen der tatsächlichen Hintergründe», entgegnete Andrew. «Die Libido ist nur eine andere Bezeichnung für den Astralkörper, und darum ist es wirklich völlig unnötig, sich darum zu streiten, welche Arten von Emotionen Vorrang haben, wenn man nur begreift, daß es sich bei allen Belangen von Körper und Seele in erster Linie um gefühlsmäßige Aspekte handelt. Gefühle sind einfach Bewegungsabläufe innerhalb der astralen Substanz. Setze Atome in Bewegung, und sie entsenden Strahlen in einer Intensität, die jeweils der ihrer eigenen Frequenz entspricht. Genauso verhält es sich mit den

Wellen, die entstehen, sobald eine emotionale Störung den Organismus tangiert. Diese Wellen bewegen sich in ihrem eigenen, ganz spezifischen Raum, nämlich dem Bereich, den wir das astrale Feld nennen. Sie können in jeden Organismus mit einer astralen Gestalt Eingang finden und Einfluß auf ihn ausüben. Übrigens erkennt ihr ja bereits an, daß Lichtstrahlen von der Haut absorbiert werden; ihr geht sogar noch weiter und habt inzwischen realisiert, daß Röntgenstrahlen den Körper durchdringen können. Nun müßt ihr dem nur noch hinzufügen, daß astrale Strahlung den Astralkörper trifft und von ihm aufgenommen wird.»

«Wie kann man aber nun diese Vorgänge beweisen?» fragte ich. «Ganz bestimmt spüren nicht viele Menschen diesen Austausch. Wo die praktische Erfahrung fehlt, läßt sich halt nichts Konkretes belegen.»

«Das vielleicht nicht», erwiderte Andrew. «Aber, sieh einmal, dieses Wissen liegt sozusagen in der Luft. Es ist buchstäblich im universalen Feld des Ego enthalten und sucht fieberhaft nach einem Eingangstürchen in die Gedankenwelt der Menschen.

Moderne Schriftsteller fordern ihre Leser zu eigenen Experimenten auf dem Gebiet seelischer Weiterentwicklung auf, und immer mehr Menschen erfahren die Tatsache erhöhter Bewußtseinszustände in dem Rahmen, der für sie möglich ist. Früher oder später dürften diese Menschen den Austausch von Gefühlen als echte Realität an sich selbst wahrnehmen können, da er sich in handfesten körperlichen Symptomen niederschlägt, die kaum zu ignorieren sind. Du weißt sicher noch, wie schmerzhaft einige deiner früheren Erfahrungen waren. Selbst heute mußt du noch leiden, wenn sich feindselige, ungute Gefühle gegen dich richten.

Ich könnte mir denken, daß ein Bericht über diese Symptome für andere, die eine ähnliche Entwicklung durchmachen, nützlich sein kann», schloß Andrew.

Ich griff Andrews Vorschlag auf und verfaßte den nachfolgenden Bericht über emotionale Erfahrungen, der vielen Medien und Sensitiven vertraut sein dürfte.

Was geschieht, wenn Gefühle reisen?

Im Verlauf meiner Arbeit stellte ich fest, daß der Gedankenaustausch mit meinen Freunden in allen Fällen von einer charakteristischen Gefühlsfärbung begleitet wird. Sie dient dem besseren Verständnis und der Erläuterung des durchgegebenen Gedankens. Solche emotionalen Entladungen der Wesen jenseits treffen den irdischen Menschen in Form deutlich spürbarer Empfindungen erfreulicher oder unangenehmer Art. Sie treten in den Körper ein als klar empfundene Schwingungen, die das Körpergewebe durchdringen. Man braucht schon einige Übung und Erfahrung, ehe man ihre konkreten Bedeutungen verstehen kann. Angenehme Gefühle wie positive Erregung, Freude oder Liebe durchrieseln den Körper in Wellen wundervoller Empfindungen, deren Weg durch den Stoff des Körpers deutlich und klar fühlbar ist. Eine Tatsache, die man sich merken sollte, ist also die, daß Emotionswellen als physische Wahrnehmung und *nicht* über den Gefühlsbereich aufgenommen werden und daß man lernen muß, ihre inhaltliche Bedeutung sorgfältig in emotionale Begriffe zu übertragen, bis man genügend Erfahrung besitzt, sie richtig zu interpretieren. So kann jemand einen Strom freudiger Erregung empfangen oder auch einen ärgerlichen Stich versetzt bekommen, und in beiden Fällen bleiben ihm Ursprung und Grund der Empfindung verborgen, wenn der entsprechende Sinngehalt nicht auch gleichzeitig die Gedanken erreicht. Für mich ist dieser Umstand ein Beweis dafür, daß Gefühl, wenn es nicht von gedanklichen Inhalten begleitet wird, dahin tendiert, sich auf rein physischer Basis auszuwirken.

Wie dem auch sei: Freundliche Gefühle von anderen wirken sich positiv aus und schaffen Gelassenheit und Wohlbefinden für Körper und Geist. Ich glaube, sie sind die Nahrung des

Astralkörpers und erhalten ihm Zufriedenheit und Glück. Sie lindern physische Schmerzen und sind ein Segen für den gesamten Organismus. Empfängt ein Mensch sie ganz bewußt, wächst ihm so viel Kraft aus dieser Erfahrung zu, daß ihre erstaunliche Wirksamkeit bei Wunderheilungen und in der Praxis der Gesundbeter verständlich wird. Allmählich gelange ich mehr und mehr zu der Überzeugung, daß wir im buchstäblichen Sinne von diesem heilsamen Austausch leben und ohne ihn welken und hungern müßten.

Die entgegengesetzte Gruppe von Emotionen anderer – Ungeduld, Angst, Kummer und Wut – wird in ihren Auswirkungen bis zu einem gewissen Grad als schmerzhaft und unangenehm empfunden. Man beginnt sie zu fürchten und bemüht sich, sie zu vermeiden, so oft es eben geht. Ärger brennt im Körper wie Feuer; Furcht sitzt wie ein Kloß im Hals, der den Menschen fast erstickt oder ist wie eine eiskalte Hand, die nach dem Körper greift; Kummer gleicht einem stechenden Schmerz, ist bohrende, unerträgliche Qual. Sehr deutlich empfindet man die doppelgesichtige Natur der Sorgen – sie sind eine Mischung aus Liebe und Kummer, was vielleicht daher rührt, daß in ihnen grundsätzlich immer auch ein Element von Selbstmitleid enthalten ist, das mit der Liebe zu dem verwechselt wird, was man verloren hat.

Die Gefühle beider Gruppen werden gewöhnlich in der Art der Geste empfunden, die sie begleitet. Wut wirkt wie ein Schlag, Ungeduld brennt wie ein Fieber, Furcht gleicht einer schleichenden Lähmung, und alles zusammengenommen stürzt das Wesen in einen qualvollen Erregungszustand. So also nehmen wir die Gefühlsströmungen unserer Mitmenschen wahr – nicht als Gefühle, sondern als körperliche Empfindungen. Ärger zum Beispiel verletzt ganz einfach den Astralkörper, und dieser reflektiert seinerseits die Wunden durch den Ätherkörper bis hinunter in die Physis.

Es ist ganz offensichtlich, daß der angerichtete Schaden auf disharmonische Schwingungen zurückzuführen ist, die einen ungesunden, negativen Einfluß auf den Körper ausüben, seine natürlichen Rhythmen stören und auf diese Weise echtes körperliches Leiden verursachen. So wie liebevolle Emotionen die Wirkung eines Tonikums besitzen, so fügen negative Gefühle dem Körper Wunden zu. Mit der Zeit jedoch lernt man aus diesen Erfahrungen; man beginnt, entsprechende Gegenmittel für die negativen Gefühlsströme zu entwickeln und anzuwenden. Die Liebe besänftigt jede bösartige Schwingung, vernichtet sie rasch und bringt den Körper wieder in sein Gleichgewicht zurück. Manchmal mußte ich sehr leiden, weil ich von irgendwoher eine aggressive Brise aufgefangen hatte, bis ein anderer mir schließlich liebevolle Ströme schickte und diese beruhigenden Einflüsse die Qual letztendlich schnell neutralisierten.

Ganz zufällig fand ich heraus, was für eine hervorragende Medizin das Lachen ist. Ich hatte gerade unter den Auswirkungen einer Woge bittersten Zornes zu leiden und fühlte mich wie eine einzige große Brandwunde, als Scott einen seiner unwiderstehlichen Späße zum besten gab. Notgedrungen mußte ich lachen, und wie durch ein Wunder war der Schmerz verschwunden. Schon ein lustiger Gedanke bringt Erleichterung. Diese Erfahrung gibt deutliche Hinweise auf die wahre Natur des Humors, in dem notwendigerweise auch immer die Liebe zu finden sein muß.

Ich studierte diese emotionalen Austauschprozesse über viele Jahre und bin sicher, daß die Tatsache, daß man sie körperlich erfährt, wertvolle Einsichten in ihre wahre Natur als *die* treibenden Kräfte von Gut und Böse in zwischenmenschlichen Angelegenheiten vermitteln kann.

Was nun ihren jeweiligen Ursprung betrifft, werden alle Gefühle weitaus intensiver empfunden, sobald sie höheren Ebenen entstammen. Wir, die wir noch in physischen Körpern stecken, könnten Gefühle niemals derart intensiv übermitteln noch in vollem Maße in uns aufnehmen. Senden irdische Menschen emotionale Ströme aus, können diese jedoch auch äu-

ßerst markante Empfindungen hervorrufen, und die körperlichen Symptome, die aus Aggressivität, Neid, Angst oder
Ungeduld entstehen, können große Unannehmlichkeiten verursachen. Eigene Erfahrung hat mich gelehrt, daß es zu allen
Zeiten zwischen uns zu engen gegenseitigen körperlichen Reaktionen kommt, ganz gleich, ob sie ihren Ausdruck nun in
Handlungen oder Worten finden oder als innerer Vorgang
empfunden werden. Selbst die Gefühlsinhalte, die im Unbewußten verborgen liegen, üben ihre angemessenen Wirkungen aus.

Registriert man diese Vorgänge körperlich, kann das bedeuten, dem Leben einerseits viel Wunderbares, andererseits aber
auch ebenso viele Schmerzen hinzuzufügen; in jedem Falle
aber lohnt sich diese Erfahrung, weil durch sie ein besseres
Verständnis der wahren Natur unserer Mitmenschen möglich
wird.

Hierzu gab Andrew folgenden Kommentar: «Ihr könnt nur in
sehr abgeschwächter Form nachempfinden, was für uns eine
äußerst starke emotionale Wechselbeziehung ist. Erinnere
dich, daß eure Gefühlsnatur für uns zum physischen Körper
geworden ist, der allen extremen Gefühlslagen freudiger und
schmerzlicher Art im wahrsten Sinne des Wortes ausgeliefert
ist. Die Intensität eures Gefühlsaustausches wird durch den engen Zusammenschluß mit dem physischen Körper abgestumpft, er schwächt alle eure Lebensäußerungen ab. Da wir
hier durch unser astrales Selbst jedoch alle Erfahrungen auf
eindringliche, nackte Art und Weise machen, ist es nur natürlich, daß wir euch auch weitaus intensivere Emotionen übermitteln können als diejenigen, an die ihr normalerweise gewöhnt seid.

Eure Art, solche Empfindungen zu erfahren, betont die dualistische Natur dieses Austausches. Bei diesem intensivierten
Vorgang entsteht das Gefühl einer Steigerung der Lebenskraft,
es findet buchstäblich ein Aufstieg auf eine höhere Frequenz-

stufe statt. Handelt es sich um eine unangenehme Strömung, kommt es zum Übergang in einen Zustand der Verwirrung, ausgelöst durch die widerstreitenden Schwingungsrhythmen zweier gegensätzlicher Gefühle, die deinen ganzen Körper, sobald sie ihn erreichen, mit Disharmonien überziehen.

Der Sender eines Gefühls übersetzt es genau wie du in sinngemäße Begriffe. So sagen wir ‹Ich freue mich›, oder ‹Du ärgerst mich›, oder ‹Ich bin traurig›. Diese Veränderungen der Rhythmen werden übertragen, nicht durch einen gedanklich fixierten Inhalt, sondern als Schwingungen, die eine begrenzte Entfernung in einer bestimmten Geschwindigkeit zurücklegen können. Jeder Organismus, ob Mensch oder Tier, kann von solchen Wellen astraler Energien getroffen werden und reagiert bewußt oder unbewußt auf entsprechende Weise. Auf jedes Gefühl erfolgt eine Reaktion, und zwar ebenso automatisch wie auf körperliche Reize; sie kann nur durch bewußte Kontrolle aller Ich-Kräfte vermieden werden. Du bist niemals immun gegen die Einflüsse deiner Mitmenschen. Selbst wenn du meinst, ein dickes Fell zu haben, nimmt dein Astralkörper sie auf.

Jeder Mensch trägt zu jeder Zeit seine ganz persönliche emotionale Atmosphäre mit sich herum. Er bildet ein machtvolles Zentrum von Einflüssen, die ihm entströmen und alles innerhalb seines Umfeldes berühren. Hier ein Blitz grellroter Wut, dort ein Strahl reiner Liebe, hier ein glitzernder Freudenschimmer – alles das wird absorbiert von den astralen Körpern derer, die es trifft. Ihr seid blind für diese Vorgänge, hier aber gibt es keine Möglichkeit, seine Gefühle zu verbergen. Sie alle werden offenkundig durch die weithin sichtbaren Farben und Muster der Aura. Es ist wirklich jammerschade, daß es euch auf der Erde so leicht gemacht wird, eure wirklichen Gefühle zu verstecken, und ihr euch daher vorgaukeln könnt, sie hätten keinerlei Bedeutung, so lange sie nicht klar und deutlich nach außen hin kundgetan würden. Ihr müßt jedoch mit folgenden Tatsachen rechnen: Sobald eure schädlichen oder hilfreichen

Emotionen von euch ausstrahlen, bewirken sie zwangsläufig fühlbare Effekte bei anderen Menschen. Sollte deren Verhalten dir manchmal unverständlich erscheinen, kann es sich gut und gerne um eine instinktive Reaktion auf deine wahre, aber sorgsam versteckte Einstellung ihnen gegenüber handeln.»

Mit diesen warnenden Worten verschwand Andrew, nachdem er versprochen hatte, mir zu einem späteren Zeitpunkt bei der Arbeit an einer ausführlichen Abhandlung über den seelischen Aspekt emotionaler Störungen behilflich zu sein. «Mit diesem Thema habe ich mich ganz besonders eingehend befaßt», hatte er gesagt. «Ich würde gern einmal eure psychologischen Lehrmeinungen im Licht unseres Wissens untersuchen, aber das führte hier zu weit und sprengte den Rahmen unserer gegenwärtigen Arbeit.»

Später hatten Scott und ich eine interessante Unterhaltung, in der es um die Übertragung von Gedanken ging. Die charakteristische Ego-Energie, die hier mit ‹Gedanken› gemeint ist, darf nicht mit dem Prozeß intellektuell gesteuerter Berechnungen und logischer Schlußfolgerungen verwechselt werden. Sie ist ein intuitiver Vorgang, der innig mit dem Wurzelgrund aller Erscheinungen verknüpft ist. Scott meinte:

«Andrews Ausführungen über die Reisen der Gefühle haben mich beeindruckt. Diese unterscheiden sich offenbar beträchtlich von der Art, wie sich Gedanken fortbewegen. Hier vollzieht sich der Übertragungsprozeß wesentlich schneller, wenn man bedenkt, daß Gedanken sich durch ein rascher vibrierendes, subtiles Medium bewegen. Werden emotionale Wellen vom Astralkörper freigesetzt, müssen Gedanken zwangsläufig einer noch viel feineren Energiequelle entstammen – nämlich dem unsichtbaren Ego selbst. Es vermag Strahlungen hervorzubringen, die mit enormer Geschwindigkeit den Raum durcheilen müssen und denen offenbar keinerlei entfernungsmäßige Begrenzungen gesetzt sind. Es wurde uns erklärt, die Fortbewegung von Gedankenwellen sei Sache eines einzigen Augenblickes, so als ob diese Geschwindigkeit unser System von Raum und Zeit ad absurdum führen wollte. Das hat mit unseren Spekulationen über Zeit und Raum zu tun; du erinnerst dich an unsere Feststellung, daß die Vision des Allerhöchsten die Gesamtheit von Zeit und Raum im Hier und Jetzt sein müßte. Wenn dir das zu schwierig erscheint, mach dir nichts draus.

Mit den Gedankenprojektionen des Ego haben wir etwas vor uns, das uns mit der Tätigkeit der mächtigen Geistwesen höherer Existenzebenen verbindet. Wer kann sagen, wie viele der großen Gedanken und Erleuchtungen des Suchers nach Wahrheit, mag er ein Heiliger sein, ein Visionär oder Wissenschaftler, nicht diesen höheren Sphären entstammen, von Erdenmenschen aufgefangen und in menschliche Begriffe umgesetzt? Ich glaube, das ist auch der Grund, warum eine neue Idee manchmal ganz plötzlich zur gleichen Zeit an völlig verschiedenen Orten in den Köpfen von Menschen auftaucht. Ich halte es für sehr wahrscheinlich, daß Gedanken letztendlich keine rein individuellen Erzeugnisse sind, sondern von uns allen einem ungeheuren gedanklichen Reservoir entnommen werden, einem frei fließenden Ozean aus Gedankenwogen. Wir suchen uns einfach die Inhalte heraus, für die unsere Zeit reif ist und die unserer persönlichen Einstellung dem Leben gegenüber und der Entwicklungsstufe unserer Zivilisation entsprechen.

Die Reichweite von Gedankenwellen scheint unbegrenzt zu sein, mit anderen Worten, sie entziehen sich unserer räumlichen Vorstellung und bewegen sich in Null-Zeiträumen fort. Überhaupt ist die höchste denkbare irdische Geschwindigkeit, die von Lichtwellen in einem Vakuum, eine rein willkürliche Festsetzung. Daß sie für die physische Welt Gültigkeit hat, ist unbestritten, jedoch hinterläßt dieser Umstand ein großes Fragezeichen im Kopf, ähnlich einem Musikstück, das nicht mit einer Dominante endet. Man fühlt, daß das nicht das Ende aller Dinge sein kann, und ich denke, daß das Endstadium der Schöpfung, das wir mit Ego-Prinzip bezeichnen, Standards aufweist, die nicht in menschlichen Begriffen ausgedrückt werden können: die Gedankengeschwindigkeit oder das Phänomen des Augenblicklichen. Bedenke, daß – geschähen die Dinge des Lebens auf diesem Niveau – die gewohnte Methode, einen Gedanken nach dem anderen denken zu müssen, was ja den Zeitfaktor erst begründet, für uns völlig unbrauchbar würde. Wir wären fähig, alles in einem einzigen Augenblick zu denken – und wo bliebe dann die Zeit?

Du denkst, ich treibe meinen Schabernack mit dir, und ein bißchen stimmt das auch. Doch solche Mutmaßungen faszinieren mich, seit ich die Möglichkeiten zur Veränderung des Bewußtseinsumfanges besser verstehen gelernt habe und seitdem ich weiß, daß die Erfahrungen sich mit der Zeit immer weiter ausdehnen lassen.»

8. Kapitel

Die Rolle des Bösen im Universum

«Stellen wir die vier Körper des Menschen einmal in ihren evolutionären Zusammenhang», sagte E. K. «Materie gewinnt im Laufe vieler Zeitalter die Fähigkeit, unter bestimmten Voraussetzungen die Qualität ihrer Energien zu verändern und zu verfeinern. Am Anfang steht die rein physikalische Struktur, wie zum Beispiel mineralische Substanzen. Als nächstes entwickelt sich pflanzliches Leben, das eine Ätherform besitzt, die den physischen Organismus durchdringt. Das Tier fügt diesen beiden ersten Formen die astrale Erscheinung hinzu, bis dann mit dem Menschen eine vierte Variante, das Ego, entsteht. Jede dieser vier Lebensformen hat ihre ganz spezielle Funktion. Die physikalische erzeugt chemische Reaktionen; die ätherische ist verantwortlich für Wachstum, Sinneswahrnehmung und Fortpflanzung; die astrale ist das Medium der Wunschnatur und der Emotionen, und das Ressort des Ego sind die Welt der Gedanken und der sinnvolle Plan, der hinter allen Dingen steht. So sehen wir die Schöpfung vor uns als universale Einheit, die in sich variiert nur durch die ‹Sphären›, die unterschiedliche Art und Qualität der Lebensformen, die sie beherbergt. Vielleicht wird die Sache deutlicher, wenn wir sie einmal in Form einer Tabelle darstellen.»

Lebens-erschei-nungen	Daseins-stufen	Typische Ausdrucks-formen	Charakteristi-sche Erschei-nungsformen	Ebenen
Physis	1. Stufe	Chemische und physikali-sche Reak-tionen	Mineralien	Erde
Äther	2. Stufe	Wachstum, Sinnesempfin-dung, Fort-pflanzung	Pflanze, Einzeller	Äther- und Übergangs-ebenen
Astral	3. Stufe	Wunsch-natur, Emo-tionen	Tier, Mensch	Astral-ebenen
Ego	4. Stufe	Denken, sinnhafte Bedeutung	Mensch	Höchste Ebenen

«Diese Lebensformen gehen unmerklich ineinander über», fuhr E. K. fort, «und sind durch Zwischenstufen miteinander verbunden. Während seines Erdenlebens besitzt der Mensch als der höchstentwickelte Organismus alle vier einander durchdringenden Komponenten. Auf der Übergangsstufe zum Jenseits, nach Abstreifen des physischen Körpers, stehen ihm noch drei zur Verfügung. Doch auch der Ätherkörper wird zurückgelassen, so daß auf den astralen Ebenen nur noch zwei Formen erhalten bleiben. Schließlich, im Laufe seiner Weiterentwicklung, ist nur noch die höchste aller Erscheinungsformen übrig, das Ego selbst. Die Endstufe, die höchste Verfeinerung und Durchgeistigung, ist erreicht.»

Andrew ergänzte: «Keine dieser Lebensformen besteht unabhängig von der anderen. Sie bilden Stufen derselben Entwicklung. Aber darf ich noch ein paar Worte zu den einzelnen Lebensformen sagen?

Die ätherische Form ist eng verbunden mit dem physischen Körper. Sie ist der ‹Lebensleib›, der einem Etwas, das ohne ihn nur eine Anhäufung mineralischer Substanzen wäre, die Möglichkeit des Wachstums und der Fortpflanzung schenkt. Während der Wachstumsperiode stehen wir vor dem sonderbaren Phänomen, daß der Ätherkörper den physischen gleichsam vorwegnimmt, so als lege er das Muster fest, nach welchem sich der Körper zu entwickeln hat. Beim Menschen ist der Ätherkörper fast vollständig entfaltet und tief in der Physis verankert, so daß er kaum die Möglichkeit zu selbständigem Handeln besitzt. Ein Individuum, dessen Ätherkörper weniger fest in der Physis verwurzelt ist, kann unter Umständen das Leben der ätherischen und astralen Ebenen wahrnehmen. Es gibt Fälle, in denen sich der Ätherkörper lockert, durch einen Schock oder durch permanente Überanstrengung zum Beispiel. Dann kommt es sehr wahrscheinlich zu seltsamen Bewußtseinszuständen – zu Halluzinationen und Visionen, die durchaus Spiegelungen realer Ereignisse auf anderen Ebenen sein können. Es sind kurze, flüchtige Eindrücke von Realitäten, die sich mit unseren irdischen Vorstellungen nicht in Einklang bringen lassen und von daher als pathologische Symptome betrachtet werden. Normalerweise jedoch ist der Ätherkörper so fest mit der Physis verknüpft, daß er niemals für sich allein handlungsfähig ist, nicht einmal während des Schlafes. Der letzte Schock des Todes ist notwendig, um Physis und Ätherkörper voneinander zu trennen.»

«Es gibt bestimmte, ganz alltägliche Erfahrungen, die möglicherweise von gleicher Art sind wie die Visionen, von denen du gesprochen hast», bemerkte ich. «Ich meine diese eigenartigen Erscheinungen, die einem zustoßen können, wenn man an der Grenze zwischen Schlafen und Wachen dahindämmert und die oft lange genug andauern, daß man sie fassen und sich ihrer erinnern kann.»

«Richtig», bestätigte Andrew. «Das ist ein recht interessanter Punkt, weil er wahrscheinlich den Trennungsprozeß eurer verschiedenen Bewußtseinsformen kurz vor Beginn des Schlafes verdeutlicht. Diese kurzen Eindrücke von seltsamen

Begebenheiten sind auf die Loslösung von Astralkörper und
Ego von den anderen beiden Prinzipien zurückzuführen. Es ist
so, als enthülle dieser Ablösungsvorgang mit seinen Wider-
spiegelungen anderer Seinszustände ein Quentchen des astralen Bewußtseins.»

«Es ist ganz so, als schlüpfe man in eine Art Mittelgang, aus
dem man entweder wieder ins Vollbewußtsein zurückkehren
oder aber einschlafen kann», versuchte ich zu ergänzen. «Gelingt es, diese auf halbem Wege gewonnenen Eindrücke mit
ins Tagesbewußtsein herüberzubringen, wird einem irgendwie klar, daß sie Teile einer zusammenhängenden Kette von
Geschehnissen sind und einen Sinn ergeben würden, hätte man
nur Zugang zum entsprechenden Kontext. Für gewöhnlich
schenken wir ihnen keine besondere Aufmerksamkeit und halten sie lediglich für Vorboten der Träume, beschäftigt man
sich jedoch einmal etwas näher mit ihnen, merkt man, was für
ein fesselndes Studium sie ergeben.»

«Bei deinen Wahrnehmungen handelt es sich sehr wahrscheinlich um eine Auswahl astraler Geschehnisse», sagte Andrew. «Ich halte es für einen Hinweis auf eine ausgeglichene,
harmonische Gefühlswelt, wenn die Bewußtseinszustände in
diesem ‹Mittelgang› glücklich und friedvoll sind. In Fällen
astraler Verletzungen oder Krankheiten werden sie vermutlich
entgegengesetzter Natur sein, also quälend und beängstigend.
Dieser Vorgang kann dir eine Vorstellung von der Art von Bewußtheit vermitteln, die im Menschen erwacht, der die Über-
gangzeit hier bei uns durchgestanden hat. Zu Beginn ist die
Wahrnehmungsfähigkeit nur äußerst unvollkommen entwik-
kelt, ist eine Art Zwielicht, mit dem umzugehen man erst lernen muß, bevor man diesem traumgleichen Dämmer entrinnen kann. Dann jedoch hören alle eventuellen Ähnlichkeiten
zwischen unserem Bewußtsein und dem euren auf, nun sind
sie grundverschieden voneinander. Mein normaler Bewußtseinszustand und meine gewohnte Ausdrucksweise sind völlig
andere, als sie sich dir im Moment darbieten. Während wir

miteinander sprechen, muß ich meine normalen Lebens-
rhythmen verlangsamen, dir je nach Situation eine bestimmte
Vorstellung eingeben und in deinem Verstand nach passenden Begriffen herumstöbern, in die ich diese Vorstellungen
kleiden kann. Sehr oft nimmst du Ideen auf und handelst nach
Vorgaben, die von mir kommen, ohne daß ihr Ursprung dir
im mindesten bewußt ist. Doch eigentlich bediene auch ich
mich nur aus einem allen gemeinsamen Gedankensammel-
becken.»

«Könnte man sagen, daß eure und unsere Welt eng miteinander verflochten sind durch ihren gemeinsamen gedanklichen Hintergrund, daß sie im Hinblick auf Gefühlswerte weniger Gemeinsamkeiten haben und schließlich in ihren Lebenserscheinungen überhaupt keine Ähnlichkeiten mehr besitzen, wobei die physische Welt schon gar nicht mehr erwähnt zu werden braucht?»

«Genauso ist es», erwiderte Andrew. «Denken ist eine universale Erscheinungsform, Gefühle beschränken sich auf ihre
unmittelbare Umgebung, und die anderen beiden Energiear-
ten sind noch stärker auf ihre entsprechenden Existenzebenen
fixiert.

Denke einmal über die guten und schlechten Einflüsse nach,
die ein Mensch aus meinen Daseinssphären auf sich ziehen
kann, ausschließlich aufgrund von Faktoren, die sein astrales
Wesen und sein Ego ausmachen. Er kann es gar nicht verhindern, daß die Einflüsse ihn erreichen, da sie dem Gesetz der Affinität gehorchen müssen. So sieht sich ein böser Mensch ständig von schlechten Gedankenkräften attackiert, ein ‹irdisch›
eingestellter Mensch mag unter dem Einfluß von Elementarwesen der Erde, der Luft und des Wassers stehen, die er durch
seine Erdgebundenheit anzieht. Der Mensch einer höheren
spirituellen Entwicklungsstufe hingegen darf die Schönheit
und Erhabenheit der Schöpfung mit den allerhöchsten Wesenheiten des Universums teilen.»

«Heißt das, daß man sich unter Gut und Böse Wesenheiten

vorstellen muß, die unabhängig von guten oder schlechten
Menschen ein Eigenleben führen? Genau das muß man doch
annehmen, wenn sie so völlig ohne jede Vermittlung anderer
menschlicher Wesen auf uns einwirken können.»

«Böse Gedanken operieren gänzlich ungebunden, wie ich
schon sagte, und so ist es durchaus verständlich, sie auf ima-
ginäre Gestalten wie Dämonen oder gefallene Engel zu proji-
zieren. Vergiß dabei aber bitte nicht, daß das Böse auch in
den Gemütern böser Menschen nur einen begrenzten Raum
besitzt, wogegen das Prinzip des Guten die Grundlage der
ganzen Schöpfung ist. So ist unter dem Strich die Summe des
Bösen immer limitiert, die Summe alles Guten hingegen
unendlich. Fortwährend durchströmen die positiven Kräfte
das Universum und jede Kreatur, um negative Elemente in
sich aufzunehmen und zu neutralisieren.»

«Ich muß gerade an lange, schlimme Kriegszeiten denken,
in denen Grausamkeit und Haß alle Arten von Blüten treiben.»

«Das Böse ist eine negative, dissonante Energieform, am
Ende wird es durch das Gute überwältigt und wieder harmo-
nisiert werden», sagte Andrew.

«Wie aber konnte das Böse überhaupt entstehen, wenn die
Basis aller Dinge ein Prinzip der Liebe und Harmonie ist?»
fragte ich.

«Das ist eine äußerst tiefsinnige Frage. Dazu kann ich jetzt
nur sagen, daß die Schöpfung, um sich manifestieren zu können, der Polarität von Positiv und Negativ bedurfte. Wir sprechen von Materie als von Energie. Energie kann jedoch für die
Sinne nicht erfahrbar werden, weder für eure noch für unsere,
so lange sie nicht in ein Medium eingebunden ist, das ihr einen
Gegensatz zur Verfügung stellt. Sie braucht einen Hintergrund von Trägheit, wenn dir diese Erklärung lieber ist; es
könnte sich sonst kaum jemand der Tatsache bewußt werden,
daß so etwas wie Energie überhaupt existiert. Sie würde sich
sinn- und fruchtlos in einem Vakuum verschwinden, und es
würde keine Materie geben.

So begründen sich alle Substanzen, jedes Geschöpf auf dem Zusammenwirken dieser Polaritäten, wobei die Kräfteverhältnisse sich in ausgewogenem Gleichgewicht befinden sollten. Wird dieses Gleichgewicht gestört, und gewinnt der negative Pol die Oberhand, dann haben wir es mit dem Beginn des Bösen zu tun. Unausgeglichene Gegensätze verursachen selbst in einem Felsen Aggressivität, da er auf einen Schlag umgehend mit einem Funken reagiert. Sobald ein Organismus in Frage gestellt wird, kommt die ganze Palette negativer Gefühle, kommen Angst und Aggression ins Spiel. Kaum dringen sie in die Welt des Bewußtseins ein, gewinnen sie eine unabhängige Existenz in Form böser Gedanken. Später werden wir diese Zusammenhänge vielleicht besser verstehen können; ich wollte dir nur gerne schon eine Vorstellung davon geben, wie das, was wir das Böse nennen, aus ganz natürlichen Ursachen heraus entstanden sein könnte.»

Die Schrift hörte auf, und obwohl ich noch eine ganze Weile wartete, hatte Andrew offensichtlich nicht die Absicht, seine interessanten Mitteilungen über den Ursprung des Bösen weiterzuführen. Ich probierte die Mechanismen in den Dingen des täglichen Lebens aus; so focht ich zum Beispiel einen harten Kampf mit einem tosenden Gegenwind aus, oder ich mühte mich, schwere, klobige Gegenstände von der Stelle zu bewegen. Ich konnte dabei feststellen, wie folgerichtig Aggression und Mißmut entstehen, sobald solche unpersönlichen, negativen Absichten beteiligt sind. Selbst wenn es gelingt, diese Gefühle für den Augenblick unter Kontrolle zu halten, ist es doch wahrscheinlich, daß sie sich beim nächsten zwischenmenschlichen Kontakt in hitzigen, unfreundlichen Worten Luft machen, was wiederum im anderen eine böse Reaktion provozieren wird. Ich überprüfte alles anhand vieler praktischer Beispiele. Mir wurde klar, wieviel Unheil wir in unserer Gedankenlosigkeit in der Gedankenwelt anrichten, auch und ganz besonders während unserer gewöhnlichen, friedlichen Alltagsroutine.

9. Kapitel

Im Feuer der astralen Läuterung

Erkennt man erst einmal die Tatsache an, daß Leben unzerstörbar ist und wir als lebendige Seelen in einen endlosen Prozeß eingebunden sind, vereinen sich Geburt und Tod, die ja für gewöhnlich als Gegensätze empfunden werden, zu zwei Aspekten ein und desselben Vorgangs. Man durchschreitet eine Tür, das heißt, man erstirbt dem Dasein auf der einen Seite und wird auf der anderen in ein neues Leben hineingeboren.

«Dieses ständige Durch-Türen-Gehen, dieses Sterben und drüben Wiedergeborenwerden, ist eine Grundvoraussetzung für unsere Existenz», meinte E. K. «Ein Mensch passiert die Todespforte, ein physischer Körper wird zurückgelassen, alle übrigen Wesensanteile nimmt er mit hinüber. Er macht eine kurze Zwischenstation in einer Art Vorzimmer, und hier wird der zweite Körper, der Ätherkörper, abgelegt. Der zweite Tod hat stattgefunden. Dann öffnet sich ein weiteres Tor, durch das er eintreten darf in die wunderbare Welt der astralen Ebenen. Dort hält sich der Mensch normalerweise lange Zeit ohne weitere Veränderungen auf. Der Läuterungs- und Entwicklungsprozeß des Astralkörpers, in den er mit dem Tode hineingeboren wurde, kann jedoch zu einer Veränderung des ‹Körpergewebes› führen, so daß sich der Mensch nach einer bestimmten Zeit auf einen erneuten Wechsel vorzubereiten hat. Dieses Mal aber hat der ‹Tod› weniger etwas mit dem Abstreifen einer unbrauchbar gewordenen Hülle zu tun. Er geschieht nun als ein allmähliches Hinübergleiten in eine neue Gestalt, verbunden mit einem allmählichen Übergang in die Realitätsformen einer anderen Sphäre. Und so setzt sich dieser Prozeß immer weiter fort: Tod und Geburt werden sich von Mal zu Mal ähnlicher, bis sie schließlich buchstäblich ineinander übergehen und einswerden.

Ein Mensch, der seinen ersten Tod auf natürliche Weise stirbt – nach einer Krankheit zum Beispiel oder im hohen Alter – erwacht nach dem Ablegen des Ätherkörpers im vollen Bewußtsein seiner astralen Umgebung. Der Bewußtseinsgrad hängt jedoch vom Zustand seines Astralkörpers ab. Zunächst können wir es durchaus mit einem unreifen, unbeholfenen Körper zu tun haben. Dieser kostbare, feine Stoff mit seiner fließenden, flammengleichen Struktur war das Gewand, in das sich der physische Körper während seiner irdischen Reise kleidete und das er so oft befleckte. Alle Hoffnungen und Ängste, Freuden und Sorgen, Ärgernisse und Nöte eines Menschenlebens hinterlassen ihre Spuren in dieser empfindlichen Substanz. Sie fördern oder beeinträchtigen ihre Form, das heißt ihre Verwendbarkeit in dieser Welt, die ihre wahre Heimat ist.»

An diesem Punkt schaltete sich Andrew ein und griff das Thema auf: «Ich möchte noch gerne klarstellen, daß der Astralkörper einer unentwickelten Seele weitgehend ungeformt ist. Seine Seh- und Hörwerkzeuge sind unbrauchbar, und oft ist er völlig unfähig, auf unseren Ebenen zu existieren. Solche Leute kommen ganz und gar hilflos hierher, und oft vergeht eine lange Zeit, ehe sie kräftig genug sind, ein normales Leben bei uns zu führen.»

«Was aber kann ein ganz gewöhnlicher Mensch tun, um sich solche Unannehmlichkeiten zu ersparen?» fragte ich.

«Eine ganze Menge», antwortete Andrew. «Das Wachstum

des Astralkörpers kann durch Praktiken wie Meditation oder Kontrolle der Gedanken gefördert werden. Er erhält dadurch ansatzweise die Grundlagen des astralen Seh- und Hörvermögens. Weitaus wichtiger aber ist es, die *qualitative* Beschaffenheit der astralen Substanz zu berücksichtigen. Jede üble emotionale Angewohnheit wie die Tendenz zu Ärger, Habgier, Egoismus oder Grausamkeit ist ein Hinweis auf eine Erkrankung dieser Substanz. So lange ein Krankheitsherd im Astralkörper besteht, ist der Versuch, seine Weiterentwicklung voranzutreiben, im höchsten Grade gefährlich, weil dadurch die Symptome der astralen Krankheit forciert werden, was zum Wahnsinn oder zum Tode führen kann. Vor jedem Versuch, das astrale Wesen zu entwickeln, müssen zuerst einmal emotionale Klärung und Läuterung stehen. Du würdest ja auch nicht trainieren, um athletische Leistungen zu vollbringen, während du noch unter einem Wechselfieber zu leiden hättest. Du würdest abwarten, bis dein Körper wieder genügend Kräfte gesammelt hat, bevor er sich dem Streß eines harten Trainings gewachsen fühlen kann. Genauso ist es mit dem Astralkörper. Auch er muß in guter gesundheitlicher Verfassung sein, bevor seine Weiterentwicklung ohne Gefahren möglich ist. Christus hielt es so mit seinen Jüngern. Diese kleine Gruppe naher Gefolgsleute mußte auf den höchsten Stand geistiger Leistungsfähigkeit gebracht werden; wenn du jedoch die Bergpredigt liest, wirst du bemerken, daß der Schwerpunkt ihrer Ausbildung in der ersten Zeit auf Übungen zur Veredelung ihrer moralischen Anschauungen und ethischen Einstellung lag, wobei beabsichtigt war, sie von Regungen wie Angst, Haß und Aggression zu befreien und ihre Seelen durch die Ausübung der Liebe von diesen Krankheiten zu reinigen.

Du erinnerst dich doch gewiß noch an jene schrecklichen emotionalen Stürme, die dich in den frühen Tagen schüttelten – an diese Wellen unerträglichen Kummers und wütender, verzweifelter Hoffnungslosigkeit gegenüber der Ungerechtigkeit und Grausamkeit des Lebens?»

«Jawohl, nur zu gut», erwiderte ich.

«Sie waren auf das vorzeitige Einsetzen des Entwicklungsprozesses zurückzuführen. Du hast bestimmte Emotionen zu lange gewaltsam unterdrückt und damit deinen Astralkörper ernstlich verletzt.»

«Aber jetzt, da der Sturm vorbei ist, bedauere ich meine Qualen von damals nicht, denn sie brachten uns beide wieder zusammen und machten es dir möglich, mich zu finden und mir zu helfen.»

«Ich weiß, Liebes, daß du diese schwere Zeit nicht bedauerst, aber ich möchte, daß du das Risiko für andere in seinem ganzen Ausmaß begreifen lernst. Weise immer ausdrücklich darauf hin, daß die Vorstufen zur Initiation gründlich und vollkommen genommen werden müssen, andernfalls kann eine Katastrophe ins Haus stehen.»

«Die Angst jener Tage vor einer unbegreiflichen, ungeheuerlichen neuen Welt brauchte lange Zeit, bevor sie endlich ein Ende haben konnte. Sie war erst bezwungen, als ich meine Erlebnisse verstehen lernte und schließlich ihre Lektionen beherrschte. Diese Erfahrung ist es, die ich auch anderen wünsche.»

«Es mag vielleicht nicht richtig von mir sein, hier Bedenken anzumelden», meinte Andrew, «aber du siehst, daß jedermann, der bewußt und mit Vorsatz den Erkenntnisweg einschlägt, zuerst einmal damit rechnen muß, daß alle verdrängten, unterdrückten Gefühle freigesetzt werden müssen und daß er wahrscheinlich auch mit dem Auftauchen alles dessen konfrontiert wird, was in Form unbewußter Konflikte in seinem Unterbewußtsein vergraben liegt. Es ist unmöglich für ihn, schon im voraus zu wissen, was da auf ihn zukommen mag. Ist er sich der furchtbaren, machtvollen Wucht dieser Kräfte erst einmal bewußt, wird er sehr wahrscheinlich besser in der Lage sein, ihren Ansturm mit Mut zu durchstehen und die Situation unter Kontrolle zu bekommen. Doch selbst vorausgesetzt, daß Wissen, Einsicht und die Fähigkeit vorhanden sind, mit den emotionalen Problemen fertigzuwerden – es gibt noch andere Gefahren, wie du selbst weißt. Ich wünsche mir wirklich sehr, daß du endlich begreifen könntest, daß es kein einziges Wort in den Berichten über das Leben und die Lehren Christi gibt, das ohne Bedeutung wäre. Wenn er von Menschen sagt, sie seien von bösen Geistern besessen, meint er genau das und nichts anderes. Wenn wir den Sinn dessen, was er gesagt hat, verwässern, indem wir einfach voraussetzen, daß er seine Aussage lediglich den Vorstellungen seiner Epoche angepaßt hat und wir sie in moderne Anschauungen übertragen müßten, verniedlichen wir eine wirkliche, große Gefahr. Es gibt sie hier tatsächlich, diese schwachen, heimtückischen Geistwesen, die in ihrer Entwicklung kaum über der Elementarstufe stehen und ausschließlich zu unheilvollen Beschäftigungen in der Lage sind. Normalerweise können sie das menschliche Bewußtsein nicht erreichen, setzt jedoch erst einmal der geistige Entwicklungsprozeß ein, werden sie auf der Stelle angezogen, ganz besonders dann, wenn noch emotionale Störungen vorhanden sind. Sie hängen sich an den Menschen, um ihn auf negative Weise zu beeinflussen und die Leiden des Geistes und des Körpers noch zu vergrößern.

Es ist sicherlich eine gräßliche Erfahrung, das am eigenen Leibe spüren zu müssen; es mag vielleicht nüchterne, wissenschaftlich orientierte Gemüter zur Abbitte für ihre Skepsis bewegen, aber ich fürchte, daß das alles nichts an den Tatsachen ändert. Denkst du jetzt immer noch, daß wir gut daran täten, den Menschen solche Erfahrungen zu empfehlen?»

Meine Antwort war ja, und das aus zweierlei Gründen, die mir gewichtig erschienen. «Alle Erfahrungen sind wertvoll, und man sollte sich ihnen nicht verweigern, nur weil man Angst vor ihnen hat. Und – betrachtet man die Sache einmal von einem weniger egoistischen Standpunkt – ist es denn nicht möglich, diesen schwachen, bösartigen Geistern zu helfen, wenn man selbst die Bedingungen und Gefahren richtig einschätzen kann?»

Andrew pflichtete mir bei, obwohl ich genau spüren konnte, daß meine Überlegungen ihn ein wenig verstimmten. «Es ist dabei aber sehr wichtig, dem Risiko mit offenen Augen zu begegnen. Wie du ja bestätigen kannst, öffnet man sich unter Umständen recht rabiaten Versuchungen, so daß es dringend notwendig ist, Gedanken, Gefühlen und Vorstellungen unerfreulicher Art widerstehen zu können. Wäre es mir gelungen, dir meine Bedenken und Warnungen rechtzeitig verständlich zu machen, hätte viel von deinem Elend vermieden werden können.

Was die Hilfe für jene armen Seelen angeht, kann sie auf die Weise erfolgen, die du ja schon kennst. Fühlt man ihren Einfluß, sollte man nicht furchtsam vor ihnen zurückschrecken, sondern ihre Gegenwart hinnehmen und versuchen, sie zu verstehen, da auch sie immerhin einmal Menschen waren. Kann man sie dazu bewegen, wie auch immer geartete positive Gefühle zu entwikkeln, so daß der emotionale Körper, den sie beinahe schon völlig zugrunde gerichtet haben, wieder zu funktionieren beginnt, können sie vielleicht doch noch den Schritt aufwärts tun, der so lange Zeit unmöglich war, und gerettet werden.»

«Ich versuche gerade, dies mit der Struktur ihrer Körper in Verbindung zu bringen», sagte ich. «Ich nehme an, daß sie noch einen Astralkörper und ein Ego haben?»

«So, wie es aussieht, haben wir das Negativ des Astralkörpers vor uns», gab Andrew zurück. «Alle seine Reaktionen sind böse und feindselig. Die Struktur ihrer Körper ist ausnahmslos die der unteren astralen Ebenen und weist oftmals schwere Verletzungen, Verstümmelungen und Krankheiten auf. Das Ego ist vorhanden, es ist jedoch zum Instrument für einen wilden Widerspruch dem Leben gegenüber herabgesunken. Diese Wesen haben ganz und gar die Fähigkeit verloren, ein positives Leben zu führen, ihr einziges Interesse besteht darin, Beute zu machen und zu zerstören. Diese bedauernswerte Situation ist niemals das Resultat nur eines einzigen armseligen Erdenlebens, sondern einer ganzen Kette von Existenzen, die allesamt auf niedrigstem Niveau stattfanden. Kannst du dir vorstellen, wie beinahe unmöglich es ist, diese Tendenz abwärts aufzuhalten?»

«Ich sehe gerade ein scheußliches Bild», entfuhr es mir. «Ob es deinem Geist entstammt oder von sonstwoher kommt, kann ich nicht sagen. Ich begreife, daß, hat ein Mensch eine bestimmte, negative Haltung erst einmal angenommen, sie ihn unweigerlich zu einem Feind der Gesellschaft werden läßt. Die Gesellschaft erlegt ihm Strafen auf, die nichts anderes bewirken, als seine Seele zu verbittern und sie noch tiefer hinunterzuziehen in den Abgrund äußerster Bloßstellung und Blamage vor allen Mitmenschen. Dann, nachdem man ihn in gewalttätiger, grausamer Weise aus unserer Welt ausgestoßen hat, kommt er in eure, kochend vor Wut und wahnsinnig vor Haß auf seinesgleichen. Gibt es für einen solchen Menschen noch irgendeine Hoffnung?»

«Sicher, Liebling. Besinne dich noch einmal auf das, was ich dir zu erklären versucht habe. Das Astrale beinhaltet zwei Prinzipien, ein positives und ein negatives. Diese armen Geschöpfe, von denen wir sprechen, haben das positive verloren und sind nur noch zu negativen Gefühlen fähig. Sie sind die Schattenseite des Lichtes, die Negation aller Liebe und Tugenden. So lange dieser Zustand anhält, ist man zu einer Existenz im Zwielicht der unteren Astralebenen verdammt, und das sind nun wirklich keine paradiesischen Orte. Man kann diese Ebenen nicht verlassen, bevor es nicht zur Beseitigung des negativen Übergewichts gekommen ist und positive Empfindungen frei werden. Ich wage nicht zu behaupten, daß irgendeine Kreatur in dieser von Gott gegebenen Welt ein hoffnungsloser Fall wäre, doch zumindest für uns ist es ein unmögliches Unterfangen, an diese gepeinigten Wesen heranzukommen und ihnen zu helfen.»

«Wie schrecklich, wie unbeugsam ist doch das Moralgesetz, wenn man es unter diesen physikalischen Gesichtspunkten betrachten muß», sagte ich.

«Ja. Es hat nicht länger mehr einen Sinn, in vagen Verallgemeinerungen zu denken. Ein Mensch steht und fällt durch das, was er in Wahrheit ist, er kann nur auf der Ebene existieren, für die er selbst sich qualifiziert hat. Es gibt praktisch kein Entrinnen vor dem, was man ist. Man ist wie ein offenes Buch für alle anderen.»

«Dann sage ich, daß dies eine scheußliche Welt ist und wir wie blinde, törichte Kinder sind, die mit Kräften spielen, die sie nicht verstehen und Gefahren ausgesetzt sind – grauenhaften Gefahren –, die sie nicht sehen können. Warum werden wir nicht aufgeklärt und gewarnt?»

«Gemach, Liebes, gemach. Wir *wurden* beide belehrt und gewarnt, aber wie Kinder haben wir die Warnungen in den Wind geschlagen und uns geweigert, die Lehren anzunehmen. Nimm jede Gelegenheit wahr, anderen Menschen gegenüber solche Warnungen auszusprechen, denn sobald du auch nur eine versäumst, wird dich ein Teil der Verantwortung für die Folgen treffen.»

Hiernach verschwand Andrew; ganz sicher hatte ihn mein unglückseliger Ausbruch vertrieben. Ich fühlte ohnmächtige Wut gegenüber einer Weltordnung, über die nachzudenken weder einfach noch sonderlich erfreulich war. Ich sah mich konfrontiert mit einem Gesetz absoluter Notwendigkeit und mußte einsehen, daß es ganz einfach kindisch war, gegen dieses Gesetz zu rebellieren. Und doch – ich revoltierte dagegen. Den Gedanken an das Gesetz konnte ich nur ertragen, indem ich mir selber immer wieder vorhielt, daß dies nicht das letzte Wort sein konnte und es in der unendlichen Liebe Gottes einen kleinen rettenden Lichtstrahl geben mußte, der selbst in diese Tiefen der Verzweiflung hinunterreichte.

Es gab noch einiges mehr über den Läuterungsprozeß zu sagen, und E. K. nahm den Faden wieder auf: «Schon sehr bald nach Ablegen des Ätherkörpers und dem vollständigen Erwachen auf den astralen Ebenen beginnen die Gedanken des Menschen, sich sehr intensiv mit dem irdischen Leben zu befassen, das er gerade abgeschlossen hat», berichtete er. «Das ge-

wohnte Detailgedächtnis ging mit dem Ätherkörper verloren, aber nun, während man allmählich lernt, mit dem
Astralkörper umzugehen, und seiner wachsenden Kraft und
Vitalität gewahr wird, fließen die Szenen und Ereignisse des
vergangenen Lebens rasch wieder ins Bewußtsein zurück,
und zwar mit ihren *Gefühls*inhalten und in einer Weise, wie
sie niemals zuvor erfahren wurden. Im Laufe einer irdischen
Existenz werden Erfahrungen im Bewußtsein reflektiert, und
kein Mensch würde je daran zweifeln, sie in ihrer Gesamtheit
auch tatsächlich wahrgenommen zu haben. Doch die Eindrücke von Menschen, Begebenheiten und Handlungen, die
nun zurück drängen, sind in ihrer Ausdruckskraft weit reali-
stischer und umfassender als zum Zeitpunkt ihres aktuellen
Geschehens. Der gravierende Unterschied bei dieser Auffüh-
rung vergangener Lebensszenen ist der, daß jetzt auch die Reaktionen anderer Menschen als hautnahe Erfahrung mitein-
bezogen sind.

Ich muß sagen, daß sich diese Zusammenhänge nur sehr
schwer erklären lassen. Alles, was dir geschieht, berührt andere genauso wie dich selbst, und darum hat jedes Ereignis in
Wirklichkeit genauso viele Aspekte, wie Bewußtheiten vorhanden sind, die es angeht. Die emotionale Verfassung jedes
einzelnen wird dadurch verändert, obgleich dir das ganz und
gar nicht bewußt ist.

Sobald nun im Verlaufe des Rückerinnerungsprozesses ein
bestimmtes Ereignis wieder an die Oberfläche steigt, wird es
von allen damals aktuellen Gefühlen begleitet, jedoch nicht
nur von den eigenen, sondern auch von den Gefühlsreaktionen all derer, die an diesem Geschehnis beteiligt waren. Alle
diese Gefühle erlebt der Mensch nun an sich selbst, ganz so,
als gehörten sie zu ihm. Das heißt, er muß die Auswirkungen,
die seine Handlungen für das Leben anderer hatten, so intensiv am eigenen Leibe erfahren, als seien die Ausführung der
Tat und das durch sie verursachte Leid ein und dasselbe.
Wurden Kummer und Ungerechtigkeit provoziert, müssen

Kummer und ungerechte Handlungen gefühlsmäßig erfahren werden. Es ist nicht einfach damit getan, um diese Sachverhalte zu wissen.

Die meisten unserer Handlungen auf der Erde werden in völliger Unkenntnis der wahren Tragweite und Bedeutung ausgeführt, die sie für das Leben anderer Menschen besitzen. Es mag wohl hin und wieder das unbehagliche Gefühl entstehen, daß unser Verhalten andere bekümmert und verletzt, oft entschließen wir uns dann aber, es einfach zu ignorieren. Wir begreifen eine Situation fast nur verstandesmäßig, schließen also dabei das Mitgefühl aus, das den Einstieg in das Verständnis für die Gefühle anderer bedeutet. So oft bleiben uns dadurch die Konsequenzen verborgen, die wir unseren Mitmenschen durch unser Verhalten aufzwingen. Hier nun offenbaren sich uns diese Zusammenhänge nach und nach in ihrem ganzen Ausmaß, und zwar als Bestandteile unserer eigenen Erfahrung. Alles muß neu und anders durchlebt werden, auf diese Weise werden wir mit unserer ganzen irdischen Existenz konfrontiert.»

«Das erscheint mir wie das Strafrecht einer derart mörderischen Justiz, daß sich jede Form irdischer Gerechtigkeit dagegen wie reine Gnade ausnimmt», meinte ich.

«Es geht hierbei nicht nur um Gerechtigkeit», erwiderte E. K. «Es handelt sich um leidvolle Erfahrungen, die dem Menschen schließlich die Erlösung bringen. Sie sprengen ein für allemal den harten Kern aus Selbstsucht und Grausamkeit, die sehr oft ein Erdenleben pervertieren und einen Menschen hier zu einer Quelle unermeßlichen Elends für sich und seine Umwelt machen würden.

Es ist ein ganz natürlicher Prozeß, den der Astralkörper selber in Gang setzt, um sich auf diese Weise von Unreinheiten und Krankheit zu befreien. Alle Begebenheiten des Lebens, die er rekapituliert und wiederbelebt, waren seinerzeit reale Geschehnisse in der astralen Welt und sind von daher Teile des unbewußten Wissens- und Erfahrungsschatzes des astralen

Selbst. Da dieses jetzt unser aktueller Körper ist, lernen wir seine Reaktionen nun sehr intensiv kennen; das Moralgesetz wirkt sich für uns in unseren physischen Lebensbedingungen aus.

Das gewohnte Detailgedächtnis haben wir verloren, wie ich schon sagte. Ich kann dir zum Beispiel keine konkreten Angaben mehr über mein Leben auf der Erde machen, und darum ist es gar nicht so einfach, Beweise für meine Identität beizubringen. Das hindert mich jedoch keineswegs daran, über ein sehr viel umfangreicheres Wissen um die tatsächliche Bedeutung alles dessen zu verfügen, was ich auf der Erde dachte und tat. Während ich alle diese Dinge nochmals durchlebte, fand ich heraus, daß einiges besser, anderes hingegen weit schlechter zu bewerten ist, als mir damals bewußt war. Vordem sah ich die Belange meines Lebens ‹wie durch einen dunklen Spiegel›, heute stehe ich ihnen ‹von Angesicht zu Angesicht› gegenüber (nach 1. Kor. 13,12). Ich habe erst ungefähr die halbe Wegstrecke des Rückblicks hinter mich gebracht, ein gutes Stück liegt noch vor mir, ehe ich alle meine irdischen Erlebnisse im Licht der Wahrheit angesehen und völlig erfaßt haben werde. Ich denke, daß der Mensch sich durch diesen Prozeß ganz allmählich von der Erde emanzipiert. Hat er bereut und akzeptiert er die Wahrheit über sich selbst, steht es ihm frei, die Entwicklung seines Wesens auf anderen Ebenen fortzusetzen. Du mußt bedenken, daß diese Rückerinnerungen nicht im leeren Raum stattfinden; sie bilden die subjektive Seite des Daseins, und die objektive Seite, unser Alltagsleben, geht mit ihnen Hand in Hand. Über diese äußeren Bedingungen haben wir ja schon gesprochen. Sie beschenken uns mit ungeahnter Lebensfülle, vorausgesetzt, der Rückerinnerungsprozeß ist nicht zu schmerzhaft und peinigend.»

«Vermutlich hat Andrew diese Rückerinnerungsphase schon hinter sich gebracht», bemerkte ich. «Er war erst fünfundzwanzig Jahre alt, als er starb, und das ist nun schon eine ganze Weile her. Ich glaube, ich habe gerade seine Gedanken aufgefangen, und hier ist auch schon seine Handschrift.»

«Ja, ich bin es», meldete sich Andrew. «Ich habe gewartet, bis du auf mich aufmerksam werden würdest, denn ich wollte diese wirklich sehr gute Erklärung E. K.s nicht unterbrechen. Dieser Rückblick ist für uns tatsächlich die Hölle, und ich kann mir vorstellen, daß dieser Vorgang hinter dem steht, was die Römisch-Katholische Kirche das Fegefeuer nennt. Es kann keinen Zweifel darüber geben, daß er alles Negative eines Erdenlebens durch und durch klärt und läutert; man hat es in seiner vollen Realität mit allen Konsequenzen zu erkennen, zu akzeptieren und schließlich hinter sich zu lassen. Auch entspricht es den Tatsachen, daß sich diese Rückschau um so länger und schmerzhafter gestaltet, je übler ein Mensch sein Leben ausrichtete. Es gibt mehr als genug Gründe für Gewissensbisse, selbst für einen Menschen, der nur ein kurzes und leidlich untadeliges Leben hinter sich hat. Wiedergutmachungen sind hier sehr oft nicht möglich, selbst wenn man erkennt, in welch schlimmem Ausmaß man andere verletzt hat – die Gelegenheit dazu ist vorbei. Die meisten der irdischen Beziehungen wurden inzwischen gelöst.

Wut und Selbstanklagen sind fruchtlos, Scham und Schuldgefühle werden als Fehlhaltungen erkannt, die die Eitelkeit hervorbringt. Es bleibt nichts weiter übrig, als die Dinge so hinzunehmen, wie sie nun einmal sind, und die volle Verantwortung dafür zu übernehmen. Dem Kummer darüber darf mit Rücksicht auf andere Menschen in der Umgebung kein freier Lauf gelassen werden, da sie ihn sonst ja mit dem Büßer teilen müßten. Also erschöpfen sich die Möglichkeiten, mit seinen Nöten umzugehen, darin, sie in Demut zu akzeptieren. Infolgedessen sagt man sich: ⟨Jawohl, so habe ich gehandelt. *So bin ich,* und es tut mir leid. Ich bin keineswegs der feine Kerl, für den ich mich immer gehalten habe, doch jetzt will ich darangehen, meine Fehler wiedergutzumachen, meine Schwächen zu beseitigen und meine durcheinandergebrachten Gefühle zu entwirren.› Damit setzt ein Prozeß ein, in dessen Verlauf alle Anmaßung und alle Ansprüche abgestreift werden, mit denen man sich selbst und andere hinter das Licht führte, bis man schließlich den wahren Menschen entdeckt. Steht man ihm dann gegenüber, fühlt man sich wie ein kleiner, unbedeutender Wicht. Ist der Läuterungsprozeß vollständig durchlaufen, können das irdische Leben und die Verantwortung beiseitegelegt werden. Ab jetzt beanspruchen weitaus schwerwiegendere Dinge die Aufmerksamkeit des Menschen.

Wir haben es hier mit einem ego-zentrierten Bewußtsein und mit einem Astralkörper zu tun. Das bedeutet, daß Emotionen unsere körperliche Manifestation und Intuitionen die Art unseres Bewußtseins ausmachen. Die Rückerinnerung läutert die astrale Körpersubstanz, also unseren physischen Körper, reinigt sie von widerstreitenden Gefühlen und macht sie zu einem würdigen Träger für das gewandelte, sich entwikkelnde Ego. Die letzten Phasen der Rückschau beschließen den Prozeß konsequenterweise mit der Unschuld der Kindheit, und man wird sich der Tatsache bewußt, daß letztendlich doch Frieden einkehrt, verbunden mit dem Gefühl, alle unstimmigen Punkte erledigt und alle Fehlleistungen ins rechte Licht gerückt zu haben.

Es ist fast, als erreiche man das Ende eines langen Tunnels und sieht sich ganz plötzlich einer weiten, umfassenden Aussicht über das freie Land gegenüber. Denn jetzt, nach dieser Neugeburt, öffnet sich uns der Blick auf eine lange Kette vieler vergangener Erdenleben. Diese Existenzen liegen weit zurück und werden nicht in allen Einzelheiten durchlebt wie das letzte irdische Dasein; sie treten nach und nach klar ins Bewußtsein, um vom Ego angenommen und in die vorläufige Endsumme aller Erfahrungen integriert zu werden. Ich würde dir jetzt gerne von dieser Vergangenheit erzählen, aber ich denke, du bist vernünftig genug, den richtigen Zeitpunkt für dieses Wissen abzuwarten, und darum lasse ich es. Was mich betrifft, wird es wohl nichts schaden, wenn ich dir folgendes sage: Vor dieser letzten Inkarnation bist du mir noch niemals begegnet, aber du wirst es wieder tun, und nur allein das zählt für mich.»

Hiernach verbrachten wir eine ganze Zeit damit, über sehr persönliche Dinge miteinander zu sprechen. Unsere Trennung und der Kummer, den sie für uns beide mit sich gebracht hatte, waren jetzt Gegenstand unserer Betrachtungen. Wir akzeptierten sie und konnten sie nun getrost beiseitelegen. Andrew drückte es so aus: «Wir brauchen uns jetzt keine Sorgen mehr zu machen, denn ich sehe nun weit mehr von der Vergangenheit, in der alle Erfahrungen gründen, und ich sehe die Zukunft vor mir, die die Lösung aller Lebensprobleme für uns bereithält. Ich vertraue auf Gott, daß er uns beiden die Möglichkeit gibt, unsere Beziehung zu einer idealen Verbindung zu machen, auf welche Weise auch immer.»

Es gibt einen Punkt in Andrews Erläuterungen, der einer näheren Erklärung bedarf. Er sprach davon, daß irdische Verbindungen oftmals gelöst werden müssen. Diese Bemerkung verwirrte mich etwas, und so bat ich ihn, das etwas eingehender darzustellen.

«Die Art, wie man hier bei uns Menschen wiederfindet, ist nicht so einfach zu verstehen. Die Leute zerstreuen sich in alle Himmelsrichtungen, je nachdem, wo ihre wahren Affinitäten liegen. Mir will es zum Beispiel einfach nicht gelingen, M. aufzuspüren, weil sie sich damit zufrieden gibt, auf den frühen Ebenen unserer Welt zu bleiben, zum einen darum, weil sie sich dort zur Zeit noch recht wohlfühlt, zum anderen, weil sie auf V. warten möchte. Ich kann ihre Gedanken ausmachen – ja, in fast derselben Weise, wie ich deine finde, und wir sprechen oft miteinander.

Was andere Menschen betrifft, die hier bei uns sind und mit denen du gern einmal Kontakt hättest, verhält sich die Sache manchmal sehr viel schwieriger, weil ich keine Möglichkeit habe, eine Gedankenverbindung zu ihnen herzustellen. Du mußt dir vor Augen halten, daß Entfernung für uns auf Affinitäten beruht, und so ist es schwer, mit Leuten in Verbindung zu treten, zu denen man auf der Erde keinerlei Beziehung gehabt hat. Wenn du mit ihren Bekannten zusammen bist, und es fügt sich gerade, daß ich in Gedanken bei dir bin, kann es mir manchmal gelingen, einen direkten Kontakt zuwegezubringen. Eine beabsichtigte Botschaft kann natürlich ganz gezielt übermittelt werden. Erinnere dich, daß wir voneinander getrennt auf unterschiedlichen Existenzebenen leben; wenn diese Trennung persönliche Nähe nicht zuläßt, besteht die einzige Möglichkeit, eine andere Person zu finden, darin, ihre Gedanken aufzuspüren. Das kann jedoch nur funktionieren, wenn man weiß, auf welchen Schienen man ihre Gedanken zu suchen hat. Denkst du intensiv und häufig an jemanden, mit dem du gerne Verbindung aufnehmen würdest, erregt das oft seine Aufmerksamkeit, und der Kontakt ist hergestellt. Kennt man einen Menschen jedoch nicht persönlich, ist es schwierig, die richtigen Gedanken auszusenden oder eine Reaktion, sollte sie erfolgen, tatsächlich als solche zu erkennen.»

«Mir sind die Möglichkeiten der Kontaktaufnahme noch nicht ganz klar. Verstehe ich es richtig, daß es schwierig sein kann, selbst mit Menschen Verbindung aufzunehmen, denen man sehr nahesteht und die man sehr liebhat, wenn sie sich nicht auf der gleichen Entwicklungsstufe wie man selbst befinden?»

«Affinität und gleichrangige Entwicklung bedeuten für uns Nähe; ihre Abwesenheit besagt, daß wir durch ganz konkrete, räumliche Entfernungen voneinander getrennt sind. Du und ich zum Beispiel müssen vielleicht noch eine ganze Weile warten, bis wir wirklich wieder auf ein und derselben Ebene zusammensein können, es sei denn, du machst gute Fortschritte in deiner Entwicklung auf der Erde und kannst mich einholen. Dann werden wir selbstverständlich weit enger miteinander verbunden sein als heute. Es hängt jedoch ausschließlich von dir ab, ob wir uns auf gleicher Ebene wiederfinden werden oder nicht. Entwickele ein Gefühl für Zeit in unserem Sinne hier. Dann wirst du begreifen, daß noch gewaltige Zeiträume vor uns liegen, die wir miteinander verbringen dürfen, bevor wir wieder auf die Erde zurückkehren müssen.

Wir müssen eine ausgedehntere zeitliche Vorstellung von allen zwischenmenschlichen Beziehungen bekommen. Wann immer der Lebenslauf eines Menschen ihn in engen Kontakt mit einem anderen bringt, ist es sicherlich seine Bestimmung, diese Verbindung auf einem zukünftigen Schauplatz zu erneuern. Du und ich werden es noch oft miteinander zu tun bekommen. Unsere Leben haben gerade erst begonnen, einander zu berühren, und unsere Beziehung kann in Zukunft noch viele Formen annehmen.

Da wir uns gerade mit der Frage der verschiedenen Entwicklungsstufen beschäftigen, ist es vielleicht gut, sich daran zu erinnern, daß ‹die Letzten die Ersten und die Ersten die Letzten› sein werden. Was wir oft fälschlicherweise für Unterschiede in der Wertigkeit halten, läßt sich fast immer nur auf unterschiedliche Altersstufen zurückführen, und tatsächlich kann der weniger Entwickelte die größeren Wachstumspotentiale in sich tragen. Doch früher oder später werden die Dinge für uns alle in der gleichen Weise enden, und ich bin überzeugt davon, daß der Sinn dieses gigantischen Prozesses kein anderer ist als der, das ganze Menschengeschlecht zur Vollkommenheit zu führen. Vielleicht erreichen wir alle unser Ziel als reine, glückliche Kinder, die alle gleich sind vor Gott.»

10. KAPITEL

Das Ego-Prinzip und das Lichtreich

«Andrew hat uns eine gute, ausführliche Darstellung des Astralkörpers gegeben, der ja auch sein ganz spezielles Studienfach ist», meinte E. K. «Laß uns jetzt im Thema weitergehen und versuchen, die Funktionen des Ego in Verbindung mit dem Astralkörper zu verstehen. Wie Andrew schon sagte, können wir das Ego nicht sehen. Wenn sich das auf den höchsten Ebenen auch anders verhalten mag, denke ich trotzdem, daß es sich bei dem Ego um ein in hohem Maße ungeformtes und ungestaltetes Prinzip handeln muß. Fest steht jedenfalls, daß das Ego eine große Reichweite und größtenteils noch unbekannte, unentwickelte Fähigkeiten besitzt. Doch seine gegenwärtig wahrnehmbaren Eigenschaften sind schon bemerkenswert genug. Es hat die eigentümliche Gabe, sich den anderen Körpern gleichsam gegenüberzustellen und alle ihre Belange und Handlungsweisen objektiv zu begutachten. So sagen wir: ‹Ich fühle mich glücklich›, wobei wir das ‹Ich› vom Gefühl des Glücklichseins abtrennen. Das ist die für das Ego typische Sicht: Es schaut auf den Astralkörper fast so, als gehöre es zu jemandem anderen. Dann sagen wir (oder vielmehr *du* sagst es): ‹Ich bin müde›, wobei es auch hier wieder das Ego ist, das die Empfindungen und Wahrnehmungen des Ätherkörpers abwägt und beurteilt. Doch obgleich die Tendenz besteht, unabhängig von ihnen zu agieren, identifiziert sich das Ego gleichzeitig mit den anderen Körpern, um für den ganzen Menschen Individualität und Eigenständigkeit innerhalb seines Lebensumfeldes zu erreichen. Es ist bemerkenswert, daß weder Astral- noch Ätherkörper einen solchen Akt der Trennung vollziehen können. Sie existieren und haben ihre spezifischen Gefühle und sinnlichen Wahrnehmungen, sind jedoch nicht in der Lage, zwischen dem Selbst und dem, was nicht zu diesem Selbst gehört, zu unterscheiden. Tiere, deren höchstes Prinzip der Astralkörper ist, haben mit dem Menschen die Ätherform, also die körperlichen Empfindungen, und das Gefühlsleben gemeinsam, doch ist ihre Art, sich selbst und ihre Umgebung zu erfahren, ein ungeteiltes Ganzes. Sie sind ein integrierter Bestandteil ihres Umfeldes, gehen sozusagen nahtlos in ihm auf. Für ein Tier, das auf einer Wiese sitzt und feuchtes Gras frißt, gehören die Bewegungen seiner Zunge, der Geschmack des Grases und seine Suche nach weiteren Grashalmen zu ein und derselben Erfahrung, die in der Mitte seines Wesens verankert ist. Das Tier ist nicht auf der Wiese, sondern es trägt die Wiese in sich.

Von dieser undifferenzierten Weise, die Welt wahrzunehmen, trennt uns das Ego; wir verstehen uns als Individuen, als von unserer Umgebung getrennte Wesen und sind sogar in der Lage, uns neben unsere eigenen Empfindungen zu stellen und unsere Gedanken zu beobachten. Es ist schwierig, den Effekt abzuschätzen, den diese Fähigkeit im Vergleich zum Tier auf das neue, erhöhte Lebensgefühl hat. Alle Empfindungen im Guten wie im Bösen erhalten Kontur und Schärfe; unsere Wahrnehmung wird noch erweitert durch innere Zustände, durch Vorausschau und Rückblick. Gleichzeitig wird uns die unumschränkte Herrschaft über unsere Lebensverhältnisse verliehen, die nun nicht länger mehr ein unbestimmter Teil von uns sind, sondern etwas außerhalb von uns Bestehendes, das bezwungen und genutzt werden kann.

Das Ego-Prinzip handelt auch als Koordinator. Jede der anderen Körperarten hat ihre spezifische Form des Bewußtseins. Da ist zum einen das blinde Körperbewußtsein des Ätherprinzips, zum anderen das Bewußtsein des Astralkörpers von Glück-Leid/Wunsch-Befriedigung, doch es ist das Ego, das alle diese Teilbewußtheiten zusammenfaßt und sie auf den Brennpunkt konzentriert, der unsere Wahrnehmung bildet – diesem winzigen Fünkchen, das gegenwärtig unser Bewußtsein ist.

Das Ego hat nun diesen klaren Zustand der Bündelung zustandegebracht, doch das ist erst der Beginn eines langen Prozesses. Die Intensität des Funkens, der auf diese Weise entzündet wurde, ist von Mensch zu Mensch unterschiedlich. Für uns hier bedeutet der Verlust der einengenden physischen und ätherischen Formen eine Ausdehnung und Erweiterung unseres Bewußtseinsfeldes. Unsere gegenwärtige Wahrnehmungsfähigkeit erstreckt sich über einen weiter gefaßten Raum und beinhaltet mehr Wissen um Vergangenes und Zukünftiges. Ich glaube, daß das Bewußtsein für die Funktionen des Ego-Prinzips im Menschen erst ganz allmählich heraufdämmern wird; während er es im Laufe der Zeit immer besser verstehen lernt, wird seine Erkenntnisfähigkeit wachsen und ihn nach und nach immer mehr Hintergründe und Zusammenhänge in Zeit und Raum entdecken lassen, bis er schließlich im Licht der universalen Realität des Hier und Jetzt stehen wird.

Die Aktivitäten des Ego haben Affinität mit hohen Seinsebenen, sie sind allumfassend und nicht sichtbar. Sie erweitern die kleinen Begrenzungen des Ich – ihnen verdankt es alle Eingebungen und Erleuchtungen.

Dieses spirituellste aller menschlichen Prinzipien leitet seine Energien in zwei Richtungen: Es arbeitet im Inneren des Menschen mit dem Ziel, die niederen Körper zu durchgeistigen, und es ist im Außen tätig, um zu seiner ihm gemäßen Welt Kontakt herzustellen. Das ist die Welt der sinnhaften Bedeu-

tung und der Realität, von der es durch seine Verflechtung mit
dem Fleisch weitgehend abgeschnitten ist. Seine innere Tätigkeit beginnt beim Astral- oder Emotionalkörper, der erzogen,
überwacht und in gesunder, angenehm anzuschauender Weise
gestaltet werden muß. Als nächstes nimmt es sich des Ätherkörpers an und beherrscht schließlich alle Körperfunktionen.
Ist dieser Zustand einmal erreicht, gibt es keine Gebrechen
oder Krankheiten mehr – der Körper steht unter der unbe-
schränkten Kontrolle des Bewußtseins. Es ist wahrscheinlich,
daß man in diesem Stadium der Entwicklung fähig ist, einen
wohltuenden Einfluß auf die Körper anderer Menschen auszuüben. Doch nur sehr wenige Menschen haben diese hohe Stufe
bereits erreicht; die meisten stehen noch am Anfang ihrer Bemühungen, den Emotionalkörper unter Kontrolle zu bringen.

Eine Aufgabe des Ego in der Außenwelt besteht darin, allen
Erfahrungswerten den ganz besonderen Wertbegriff beizule-
gen, den wir *Sinn* oder *Bedeutung* nennen. Ein mit einer Zielvorstellung verbundener Wunsch wird nur allein aus dem
Grunde erfaßbar, weil Gefühle eine bestimmte *Bedeutung*
haben. Die Beschäftigung des Ego mit dem Astralwesen führt
zur Ausformung der astralen Substanz in der ihr gemäßen, natürlichen Form. Diese Tätigkeit ist es, die die Seele im Hinblick auf ihre nachtodliche Existenz fördert oder einschränkt.
Es ist nur zu offensichtlich, daß das Ego seine Aufgaben gerade
erst in Angriff genommen hat, da es so oft die Emotionen sind,
die bei Entscheidungen das erste und letzte Wort behalten, und
alles, was das Ego tun kann, ist, ihre Dominanz mit faden-
scheinigen Rationalisierungen zu bemänteln. Aber der Prozeß
ist in uns allen in Gang gesetzt, wenn auch noch viele, viele Erdenleben notwendig sein werden, um die Bemühungen des
Ego mit Erfolg zu krönen.

Würden die Prozesse des Denkens und Urteilens im Äther-
gehirn stattfinden, funktionierten sie wie Schaltkreise in einem
Computer. Sie hätten für sich gesehen keinerlei logischen Sinn
und spulten sich so automatisch ab wie der Mechanismus einer

Maschine. Auch Gedächtnisinhalte würden ohne den Eingriff des Ego-Prinzips auf rein mechanischem Wege verarbeitet werden. Das Gedächtnis könnte eine Erfahrung mit ihren entsprechenden gefühlsmäßigen Färbungen im Astralkörper reproduzieren, doch würde der Gedächtnisinhalt einfach keinen Sinn ergeben. Allein das Ego hat mit der sinngebenden Welt zu tun, und obwohl es manchmal bestimmten Ereignissen falsche Bedeutungen zugrunde legen kann und dieses auch oft genug tut, behandelt es doch Gefühlsinhalte in sinnvoller Weise.

Merke dir, daß, sobald man versucht, sich etwas in Erinnerung zu rufen, das Ego diesen Prozeß einleitet. Zuerst entsteht die vage, ‹sinngemäße› Vorstellung, die dazu dient, die noch wirksamen Schwingungen, die das entsprechende Originalerlebnis in den Äther- und Astralsubstanzen erzeugt hatte, zu reaktivieren. Diese Schwingungen bleiben im Gehirn aktiv, so lange dieses als intaktes Organ besteht, sie können jedoch nicht zu einem Teil bewußt angeeigneter Erfahrung werden, wenn das Ego sie nicht wiederfindet, beleuchtet und zurück-überträgt in sinnvolle Zusammenhänge. Bei dem Versuch, sich an etwas ganz Bestimmtes zu erinnern, muß der Strahl des Ego oftmals eine ganze Weile suchen, ehe er die entsprechenden Schwingungen findet und ausleuchten kann. Das Ego verfügt über Wege des Wissens, die dem Bewußtsein nicht zugänglich sind. Es weiß zu allen Zeiten die Antworten auf alle Fragen, kann sie dem Bewußtsein jedoch nicht übermitteln, so lange die entsprechenden alten Schwingungen nicht gefunden sind. Bewußtsein gründet sich immer auf die enge Zusammenarbeit aller vier Seinsformen; es kann nicht unabhängig von den übrigen nur in einer allein bestehen.

Über die Struktur des Egokörpers kann ich dir nichts sagen. Man kann beobachten, wie das Ego die Muster des Astralkörpers verändert, es selber aber ist, wie schon gesagt, für uns nicht sichtbar. Die spirituelle Welt, der es angehört, ist ebenfalls ein unsichtbares Reich; ich vermute, es ist ein Lichtreich, das wir einst schauen dürfen, wenn wir selbst einmal die makellose Reinheit seines Lebensstoffes erreicht haben. Es ist die einzige Welt, in der die unvergängliche Essenz aller Dinge Dauer haben darf. Alle sichtbaren Körper wandeln sich und müssen erneuert werden, da sie lediglich vorübergehende Schöpfungen des einen großen Schöpferwillens sind. Der Mensch entwächst ihnen, und sie werden beiseitegelegt. Doch der Wind aus dem Urgrund Gottes durchweht sie zu allen Zeiten, sie wandelnd und prägend, so daß sie selbst noch als offenkundige Illusionen die Male jener höheren Welt an sich tragen.

Oft schon konnte ich nichts anderes tun, als staunend und in Anbetung versunken vor den Wundern zu stehen, die zu erlangen der geistige Fortschritt dem Menschen möglich macht und die ihn in die Welt universaler Realität Eingang finden lassen. Ich habe bereits einige flüchtige Eindrücke dieses ewigen Daseins erhalten dürfen, das für uns alle einmal möglich sein wird. Ich muß sagen, daß alle Schmerzen und Leiden, die ja offenbar sehr wichtige Bestandteile unserer Übungen und Vorbereitungen für diese Welt sind, einen äußerst geringen Preis dafür darstellen.»

«Du meinst also, daß ‹ewiges Leben› weniger eine Sache der Zeitdauer ist, als vielmehr eine wesenhafte Lebensqualität?» fragte ich.

«Beides trifft zu», antwortete E. K. «Beides ist miteinander verbunden. Sobald die höheren Fähigkeiten eines Wesens voll entfaltet und die niederen Anteile gereinigt und geläutert sind, wird diese Form intensiven Daseins möglich. Das heißt, daß ein Mensch, der diese Entwicklungsstufe erreicht hat, für eine Weile in diesem herrlichen Lichtreich leben darf, wo schließlich jede Körperform aufgegeben werden muß; er existiert hinfort in der schwerelosen Seligkeit des Geistes. Dieses ewige Leben zu erlangen heißt unter anderem auch, eine sehr viel längere Zeit hier verbringen zu dürfen, bevor der Abstieg zur Erde wieder ansteht.

Der Sinngehalt aller Dinge wird erfaßt, indem man sich einer Kraft bedient, die dem Ego zugehörig ist. Sie ist das, was ihr meint, wenn ihr von Intuition sprecht. Wir sollten lernen, Menschen zu werden, die mit dieser Fähigkeit leben, um so mehr, als selbst einige Tierarten Anzeichen aufkeimender, intuitiver Kräfte zeigen.

Die Fähigkeit intuitiven Erkennens ist von Mensch zu Mensch unterschiedlich ausgeprägt; sie ist eine Kraft, die auftritt wie ein Blitz aus heiterem Himmel und einhergeht mit einem beinahe durchdringenden Gewahrwerden dessen, was den verborgenen *Sinn* aller Dinge ausmacht. Kann man mit ihr umgehen, wird sie zu einer Quelle der Zufriedenheit und des höchsten Glückes; es scheint so, als ginge die Nutzung dieser beinahe gottgleichen Kraft mit einer größeren Lebensfreude und Heiterkeit einher als jede andere menschliche Gabe. Dichter, Künstler und alle großen kreativen Geister schöpften aus diesem besonderen Brunnen der Freude, und das entschädigte sie für alle Schmerzen und Leiden, die eine hohe Entwicklungsstufe des Ego oftmals mit sich bringt. Schöpferisches Tun ist nur möglich, wenn ein Mensch dieses tiefgründige Sinnverständnis besitzt; schöpferisches Tun ist der Versuch, einen Sinngehalt in eine greifbare Form zu bringen, woraus dann eine Schöpfung entsteht. Die Visionen des Ego sind von solcher Intensität, daß sie in den Bereich der Emotionen hinabsteigen und dort das leidenschaftliche, sehnsüchtige Verlangen erzeugen, sie in konkreten, vom Geist intuitiv empfangenen Formen zu realisieren.

Intuition ist zu allen Zeiten am Werke, selbst im alltäglichen Leben. Ohne sie würden wir allen physikalischen Erscheinungen des Lebens verständnislos gegenüberstehen. Sie spielt eine große Rolle in den Beziehungen zu unseren Mitmenschen, im Geschäftsleben, bei der Arbeit und beim Spiel.

Wir erkennen die Tätigkeit des Ego-Bewußtseins, wo Wertvorstellungen moralischer, ästhetischer oder ethischer Art im Spiele sind, die für uns als menschliche Wesen große Bedeutung haben sollten. Wo es nur unzureichend und schwach entwickelt ist, nähert der Mensch sich wieder der tierhaften Stufe rein astraler Energien, wo die Schönheiten der Natur, moralische Größe oder ethische Werte noch keine Bedeutung haben.

Ist das Bewußtsein erst auf der höchsten wesenhaften Ebene absoluter Realität erwacht, ist es fast vollständig frei von den Begrenzungen der Persönlichkeit. Es taucht in die Freiheit und Ungebundenheit einer allumfassenden Existenzform ein, in der das Selbst-Bewußtsein zeitweise beiseite gelegt wird. Es wird zwar in die alte, abgesonderte Lebensform zurückkehren müssen, wenn der Spielraum des Wesens sich langsam wieder zusammenzieht. Während seiner Streifzüge durch das Reich der Unendlichkeit jedoch genießt das Ego die Wonnen der Freiheit in vollen Zügen. Der Vogel, bisher im goldenen Käfig seiner eigenen Individualität gefangengehalten, von seiner Heimat, dem weiten Firmament, durch die Schranken der Persönlichkeit getrennt, entfaltet seine Schwingen frei und ungehindert in der klaren, reinen Luft seines eigenen Himmels und fliegt für eine Weile hinaus in die unbegrenzte Welt der Schönheit, Wahrheit und Liebe.

Der Schock, den die Rückkehr in den Körper auslöst, ist dann auch entsprechend hart; doch so lange man die Lektionen der Erde noch zu lernen hat, läßt sich dieser Vorgang nicht verhindern. Je höher ein Mensch entwickelt ist, desto leichter fällt es ihm, sich ohne Körper zu bewegen. Wenn ein Körper nach dem anderen abgeworfen ist und schließlich einzig noch das Ego als alleiniger Träger des Lebens übrigbleibt, wird es nicht länger mehr die Qualen des Abgetrenntseins vom großen, unendlichen Leben mit seinen Freuden erleiden müssen, denn es ist sein Geburtsrecht, an ihm teilhaben zu dürfen. Letztendlich wird es frei sein für eine immerwährende Existenz im Reich des ewigen Lebens.»

11. Kapitel

Welchen Sinn hat die Reinkarnation im Gesamtplan Gottes?

E. K. wartete schon voller Ungeduld darauf, mit seiner Theorie über die vierfache Natur der Realität fortfahren zu können. Jetzt bekam er die Gelegenheit, darzulegen, was bei der Reinkarnation geschieht.

«Ich bin davon überzeugt», meinte er, «daß der Entwicklungs- und Wachstumsprozeß, der in allen Formen organischer Materie offenbar wird, die Wiedergeburt logisch einfach notwendig macht. Diesen Prozeß muß man sich vorstellen als eine niemals endende Kette von Ursachen, die Wirkungen hervorbringen, und Wirkungen, die ihrerseits zu Ursachen werden. Nichts verschwindet aus der Gesamtheit weltlicher Erfahrung; das Universum enthält noch alles das, was schon seit Anbeginn der Zeiten in ihm war, und so wird es in Ewigkeit sein. Der einzige Unterschied liegt in der Manifestation dieser Energien, das gilt sowohl für unsere als auch für eure Sphäre. In ihrer Evolution zu immer neuen Formen und Gestalten erscheinen von Mal zu Mal ausgeprägter und klarer die Absicht und der Wille des Schöpfers.

Ich fange langsam an zu begreifen, daß das Ziel Gottes die durch und durch sinnerfüllte Schöpfung ist und daß jede Kreatur ihren eigenen, einzigartigen Beitrag zur Verwirklichung beizusteuern hat. Die ungeheure Weite des Universums wirbelt und vibriert in verwirrender Formenvielfalt allein zu diesem Zweck. Wir selbst sind verwoben in eine endlose Reihe immer wiederkehrender Existenzen, durch die wir zum vollkommenen Ausdruck jener einmaligen Persönlichkeit werden sollen, die unsere ganz besondere Leistung im Gesamtkonzept des Schöpfers ist.

Im Verlauf dieses Prozesses muß es zwangsläufig zu Auseinandersetzungen kommen; ohne die Verwicklungen widerstreitender Kräfte könnte es zweifellos keine Energie geben, keine Materie, keine Form, keine individuellen Lebewesen. Tatsächlich würde das Weltall in einen Zustand des Chaos zurückfallen – in eine gestaltlose, leere Öde.

Doch schauen wir uns einmal an, welche Auswirkungen diese Vorgänge auf das menschliche Wesen haben. Wenn wir die Erde verlassen, entledigen wir uns unseres physischen Körpers; wir werfen den Ätherkörper ab, sobald wir die Astralebenen betreten; wir befreien uns von der frühen astralen Körperhülle, bevor wir in die höheren Astralreiche aufsteigen können; und schließlich und endlich muß der Astralkörper selbst beiseitegelegt werden, wenn das Ego als einziges überlebendes Wesensprinzip sich in seiner angestammten Heimat niederlassen möchte. Was aber geschieht dann?

Es gibt nun zwei Möglichkeiten. Die erste ist, daß das von allen anderen Formen befreite Ego Gott bereits so gleichgeworden ist, daß es mit der universalen Welt absoluter Realität verschmelzen kann. Ist jedoch das Ego hierzu noch nicht reif und vollkommen genug – und nun kommt die zweite Möglichkeit –, wird es im Laufe seines Aufstiegs von Ebene zu Ebene irgendwann einmal einen Punkt erreichen, der ihm eine Grenze setzt. Der Gipfel dessen, was das Ego an Kräften und Fähigkeiten entwickeln konnte, ist erreicht. Die Bahn dieses Lebenszyklus ist beendet. Ist nun die erste Möglichkeit gegeben – das Einfließen in das innerste Wesen der Gottheit –, so bedeutet das, daß ich Gott erkennen kann. Auch werde ich frei sein von allen irdischen Verwicklungen und werde alle Schulden meinen Mitmenschen gegenüber beglichen haben. Ich bin völlig befreit von Schuld, rein und vollkommen in meinem innersten geistigen Wesenskern, der alles ist, was mich jetzt noch ausmacht. Versucht man einmal, sich diesen Zustand vorzustellen, wird man bald einsehen, wie weit man noch von seiner Verwirklichung entfernt ist.

Ich zweifele sogar daran, daß uns überhaupt bewußt ist, wie nahe am Wegesanfang wir eigentlich noch stehen. Immerhin muß der Läuterungsprozeß auf das ausgedehnt werden, was eure Psychologen das Unbewußte nennen. In diese dunkelsten Tiefen muß der Mensch hinab, bevor er wahrhaftig rein werden kann. Das Tagesbewußtsein gilt nichts. Hinter ihm wirken die Inhalte vieler längst vergangener Erdenleben, und ihre verwickelten Einflüsse müssen in einen harmonischen Gesamtzusammenhang gebracht werden, bevor der innere Mensch geklärt ist. Selbst für die Besten unter uns liegt dieses Ziel noch äonenweit entfernt. Man kann also folgern, daß diese Möglichkeit für gewöhnliche Leute wie dich und mich so abwegig ist, daß wir sie getrost erst gar nicht in Betracht zu ziehen brauchen.

Nehmen wir nun die zweite Möglichkeit: Ich erschöpfe meine Potentiale und kann nicht mehr höher steigen. Das bedeutet, ich hätte nun alle nur denkbaren Hüllen und Kleider abgestreift und wäre sozusagen reduziert auf eine einzige, einfache Substanz oder Lebensform. Ich hätte einen Zustand höchstmöglicher Einfachheit erreicht. Mein Körper wäre beschaffen wie das Ego selbst, reiner Geist, unabhängig von jeder materiellen Form, ja selbst von der feinsten, durchlässigsten Gestalt. Ich wäre nun nichts mehr und nichts weniger als ein wesenhafter Sinngehalt, ein kontinuierliches Muster rhythmischer Schwingungen vielleicht, auf keinen Fall aber länger mehr ein sichtbares Geschöpf irgendeiner erfaßbaren Existenzebene. Mein Körper, wenn man ihn überhaupt noch so nennen kann, wäre nur mehr bloß die übriggebliebene *Idee* des charakteristischen Verhaltensmusters meiner Persönlichkeit. Jede Weiterentwicklung ist unmöglich geworden; das innerste Selbst ist nun der äußere Mensch. Jeweils unterschiedliche Zeiträume sind nötig, um das Wesen so bis auf seine einfachsten und gleichzeitig höchsten Ausdrucksmöglichkeiten zu bringen. Jeder von uns wird diese Stufe einmal erreichen.»

«Wenn man erst einmal diesen reinen, leichten Seinszustand erreicht hat – warum möchte man dann überhaupt wieder zurückkehren?» fragte ich. «Warum kommt man zurück in einen neuen Körper mit allen seinen Beschwernissen und Existenzkämpfen und beginnt den ganzen langen Prozeß wieder von vorn?»

«Ich glaube nicht, daß diese Frage erschöpfend von jemandem beantwortet werden kann, der diesen schicksalhaften Wendepunkt noch nicht erreicht hat», entgegnete E. K. «Ich selbst bin ganz sicher noch weit davon entfernt und darum auch nicht kompetent, etwas dazu zu sagen. Es ist durchaus möglich, daß zu diesem Zeitpunkt dem Menschen die umfassende Vision seiner ganzen langen Reise durch die Existenzen vor Augen steht. Die Seele erhält einen Überblick über Vergangenheit und Zukunft, sie faßt das Ergebnis positiver und negativer Komponenten zusammen und erkennt, daß ein weiterer Fortschritt nicht mehr gewährleistet ist, wenn nicht durch den erneuten Abstieg in einen irdischen Körper und allen damit verbundenen Erfahrungen.

Ich weiß auch, daß viele geistige Wirkkräfte am Werke sind, deren Aufgabe es ist, den Geist dahingehend zu beeinflussen, daß er dem Willen des Schöpfers Folge leistet. Darum ist es durchaus denkbar, daß die letztendliche Entscheidung über einen neuen Abstieg in die Materie nicht beim Menschen selbst liegt. Noch ist er unvollkommen, wenn auch gereinigt von Sünde, das heißt, noch hat er seine endgültige Bestimmung nicht erreicht. Es ist aber auch möglich, daß er aus eigenem Antrieb wieder zurückkehrt. Sehr wahrscheinlich wird der Seele, die sich auf den Abstieg vorbereitet, die Hilfe hoher geistiger Wesenheiten zuteil, die es verstehen, dem zurückkehrenden Ego seine ihm gemäße, schicksalhafte Rolle im großen Plan menschlicher Lebensumstände zuzuweisen.

Viele Affinitäten werden es an seinen angemessenen Platz auf der Erde ziehen, viele unerfüllte Verpflichtungen, vieles, das anreizt, weil es noch durchlebt und ausgekostet werden muß. Sympathische Anziehungskräfte, bestimmte Örtlichkeiten und Völkerschaften bestimmen Eltern und Geburtsort. Das alles sind Probleme für eine große Studie zum Thema Wiedergeburt und Karma, dem höheren Zweck in der Kette der vielen Existenzen. Diese umfassende, zielgerichtete Zweckhaftigkeit ist es, die über allen Erfahrungen steht. So ist Karma lediglich ein Weg, den Absichten Gottes mit jeder einzelnen Seele Ausdruck zu geben. Die daraus entstehenden Lebensaufgaben müssen im Laufe jeder Inkarnation erfüllt werden, soll sie erfolgreich sein.

Ein Lebenszyklus ist nur eine Episode innerhalb eines großen Gesamtzusammenhangs; durch alle Zyklen zieht sich ein und derselbe sinngemäße Hintergrund, der jedes neue Dasein durch seine besondere, typische Färbung prägt und mit seinen spezifischen Inhalten erfüllt. Was wie blindes Schicksalswalten aussieht, ist etwas ganz anderes, betrachtet man es im Zusammenhang mit dem großen Ganzen. Es hat seine ganz besondere Bedeutung für dieses Ganze und dient seinen Zwecken und Zielen. Tatsächlich gibt es in keinem Dasein etwas, das man ruhigen Gewissens ‹Zufall› nennen könnte.»

«Dann meinst du also wirklich, daß alle diese scheinbar zufälligen Begebenheiten, alle diese dummen, nebensächlichen Dinge, die oft so hinderlich und schmerzhaft sind, nicht etwa durch äußere Ursachen und Wirkungen entstehen, sondern daß sie vielmehr einer Art mysteriöser innerer Notwendigkeit gehorchen?»

«Genau das wollte ich damit sagen. Es gibt kein Schicksal, das von außen kommt. Jeder scheinbare Zufall ist ein ganz besonderer, wesenhafter Bestandteil des Musters, das du durch viele Leben hindurch selbst gewoben hast. Obwohl manche Geschehnisse den Eindruck erwecken, daß sie einfach planlos in ein Leben einbrechen und dort Unordnung anrichten, wo vorher noch ganz offenbar Ordnung geherrscht hat, sind doch auch diese Unordnung und die daraus entstehende Neugliederung des Lebensmusters aufs engste verbunden mit dem großen Entwicklungskonzept, das alle deine Biographien einschließt. Jede Begebenheit im Leben bekommt ihre wahre Bedeutung erst in Verbindung mit der Kette, die das große Ganze bildet.»

«Dann werde ich eines Tages alle die schlimmen, dummen Dinge verstehen können, die in mein Leben hineingeplatzt sind und es beinahe ruiniert zu haben scheinen. Ich werde erkennen, welche törichten Fehler ich wann begangen habe und warum ich so teuer für sie bezahlen mußte. Und mehr noch: Ich werde in der Lage sein, alle positiven Dinge, die mir rein zufällig in den Schoß gefallen zu sein scheinen, besser begreifen und schätzen zu können.»

«Richtig. Weder in deinem noch in irgendeinem anderen Leben gibt es den reinen Zufall. Das Leben ist viel zu sehr durchtränkt mit Sinn und Bedeutung, als daß so etwas möglich sein könnte.»

«Wie aber steht es mit dem freien Willen?» wollte ich wissen. «Ist der auch eine Illusion?»

«Nein!» Das kam von Scott, der sich plötzlich in die Diskussion einschaltete und mich durch die ungestüme, heftige Art erschreckte, mit der er meinem Federhalter einen Stoß versetzte. «Auch ich bin davon überzeugt, daß bestimmte Ereignisse aus einem vergangenen Leben ihre Auswirkungen auf das gegenwärtige Dasein haben und daß vergangene Geschehnisse dahin tendieren, sich in abgewandelter Form unter neuen Bedingungen zu wiederholen. Ausübung des freien Willens aber würde bedeuten, daß es dem Menschen frei stünde, den Kreislauf zu durchbrechen oder nicht. Freiheit nach meiner Definition besteht in der Möglichkeit, dasjenige Ziel, das uns durch unser Wesen gesetzt ist, ohne übergroße äußere Einschränkungen erreichen zu können. Dieses unbewußte Ziel ist das Ergebnis aller vergangenen Existenzen eines Menschen und deren Einflüsse auf das Unterbewußtsein. Das soll jedoch nicht heißen, daß er gezwungen ist, in jeder Inkarnation erneut dem gleichen Verhaltensmuster zu folgen. Es bedeutet lediglich, daß er es unter ähnlichen Umständen *sehr wahrscheinlich* tun wird.

Ist das Muster schlecht, kann die Wiederkehr einer alten Situation zu einer wichtigen Chance zur Schicksalsverbesserung werden. Angenommen, ich hätte in einem früheren Leben zum Beispiel in einem Wutanfall einen Menschen getötet. In meinem jetzigen Dasein werde ich plötzlich mit einer ähnlichen Situation konfrontiert. Ich werde in mir sehr deutlich den Drang spüren, mein Verhaltensmuster zu wiederholen. Sollte es mir gelingen, diesem inneren Zwang zu widerstehen, sei es nun aufgrund einer besseren charakterlichen Schulung in dieser Inkarnation, sei es, daß ich in der Zwischenzeit in meiner Entwicklung echte Fortschritte gemacht habe, kann ich mein Schicksal überwinden und das laufende unheilvolle Lebensmuster, das meine früheren Existenzen verdorben hat, zum Positiven hin verändern. Damit habe ich, vielleicht sogar für immer, einen Kurswechsel bewirkt. Du siehst: Meinem Willen war es freigestellt, meinem Vergangenheitsmuster die Stirn zu bieten und mich in positivem Sinne von ihm zu befreien.

Ich denke, es ist keine Frage, daß die Muster wiederkehren und die ungelösten Probleme eines Lebens in der neuen Konstellation einer späteren Existenz möglicherweise leichter gelöst werden können.»

«Ja», meinte E. K., «ich bin grundsätzlich derselben Meinung. Wir werden das alles besser verstehen können, wenn wir erst einmal Zugang zur ganzen Geschichte unserer frühen Leben haben. Dann werden uns ihr übergreifender Zweck und ihre Bedeutung klar sein. Wahrscheinlich hat Scott wirklich

recht. Er fängt langsam an, die hoch bedeutsame Rolle schätzen zu lernen, die das irdische Leben spielt, da selbst der aller-
banalste Vorfall dort seinen Platz im Gewebe eines uralten
Entwurfes hat.»

An dieser Stelle übernahm Scott wieder die Führung der Feder; die Schrift wurde eckig und drückte sich tiefer in das Papier ein. Er sagte: «Ich stoße da auf eine Unklarheit, was die
Folgerichtigkeit angeht, daß wir wieder auf die Erde zurückkehren müssen, und das gefällt mir nicht. Ich frage mich: *Warum*
Wiederkehr? Wie ist sie logisch zu begründen?»

«Ich will dir sagen, wie ich die Sache sehe», antwortete E. K.
«Denke daran, daß wir beide, du und ich, diese Rückreise zur
Erde nicht nur einmal, sondern schon viele, viele Male unternommen haben und sich daher die Geschichte dieser Abstiege
unserem Geist eingeprägt haben muß. Diese Rückkehrsitua-
tionen verursachen starke Erschütterungen im Wesen des
Menschen und neigen deshalb dazu, sich zu wiederholen. Eng
mit dem Wesen verbunden ist vor der Wiederkehr das Wissen
darum, daß der Prozeß der Entwicklung unvollendet ist. Gott
ist noch nicht zufrieden. Hier trifft der Geist auf die Grenzen
seines Wesens. Bevor nicht Vollkommenheit und Erfüllung
erreicht sind, lautet der Urteilsspruch: ‹Kommt wieder, Menschenkinder›. Das ist eine gefürchtete, kritische Stunde in der
Geschichte des Geistes. Wir sprechen nicht allzu oft in religiösen Begriffen, da sie zu leicht zu voreiligen Schlüssen führen
können. Hier jedoch möchte ich mich auf die christliche Lehre
berufen. Der Geist Christi ist innig mit dem Schicksal der
Menschheit verwoben. Christus selbst hat sich durch sein eigenes Erdenleben mit diesem Schicksal identifiziert. Sein Einfluß ist auf jeder Lebensebene intensiv spürbar. Sein Geist besitzt Affinität mit Seinssphären, die so weit entfernt sind von
den Ebenen der Menschen, daß er nicht als Erlöser in unser Leben hätte treten können, hätte er nicht erst durch seine Inkarnation die Verbindung zu uns möglich gemacht. Er ist der
‹Gott sei mit uns› während unseres Aufstiegs von Ebene zu

Ebene, und an ihn muß der Geist sich in seiner letzten Krisis mit der Bitte um Hilfe wenden.»

An dieser Stelle schaltete sich Andrew ein und meinte: «Ich stimme aus ganzem Herzen zu und bin froh, daß du genauso darüber denkst wie ich.»

«So wird der Geist in seiner höchsten Not an die Hand genommen und zur Erde zurückgeführt. Verstehe mich bitte nicht falsch, Scott. Dieser Kopfsprung zurück in die Materie im kritischen Moment kommt aus seinem eigenen Willen.

Begibt man sich jedoch in die Obhut Christi, spürt man eine Sicherheit, die dem Geist selbst schon lange verlorengegangen ist; der vorgeburtliche Schlaf überwältigt das Ego, und die Rückführung kann beginnen. Der Mensch kehrt als Gottesgedanke zurück in die Materie. Er läßt alles Gewesene hinter sich. Selbst sein Identitätsgefühl ist verschwunden, nichts ist mehr übrig als das ungeformte Ego mit seiner potentiellen Fähigkeit, die Körperhüllen in Übereinstimmung mit der sinnhaften Vorstellung seiner selbst, die ihm geblieben ist, zu gestalten. Nun müssen Äther-, Astral- und physischer Körper wieder neu aufgebaut und schließlich geboren werden, wobei das Ego das formgebende Element ist.»

«Bin noch nicht ganz überzeugt», beharrte Scott. «Deine Behauptung, der Geist Christi sei im eigentlichen Sinne für die Rückkehr verantwortlich, scheint mir etwas willkürlich zu sein. Man kann sie auf guten Glauben hin akzeptieren oder auch nicht. Obwohl ich die Notwendigkeit des Glaubens durchaus zugebe, finde ich es doch schade, daß man sich am Ende einer logisch fundierten Argumentationskette auf ihn zurückziehen muß.»

Ganz offensichtlich beeinflußte Scotts Unzufriedenheit E. K., denn seine Mitteilungen hörten an dieser Stelle auf, und Andrew verließ uns scheinbar genauso plötzlich wieder, wie er gekommen war.

Später am gleichen Tage, als ich gerade von einem Spaziergang nach Hause kam, wurden meine Schritte beschleunigt.

Es trieb mich an meinen Schreibtisch mit der ungebührlichen Eile, die für gewöhnlich ankündigte, daß Scott etwas Dringendes auf dem Herzen hatte, das er gerne loswerden wollte.

Doch es war nicht Scott. Mein Federhalter begann, weit ausholende Kurven zu zeichnen, die sich stufenweise zu einer Spirale ausbildeten. Bei der letzten, kleinsten Kurve hatte ich den seltsamen Eindruck, daß das ganze Korkenziehergebilde in sich zusammenklappte und verflachte. Die ansteigende Spirale war ein vertrautes Symbol für den Anstieg der Existenzebenen. Ich vermutete, daß die letzte Kurve die Reduktion des Wesens zur Einfachheit des Ego veranschaulichen sollte. Warum aber dieser Zusammenbruch? Ich saß da, starrte auf das Papier vor mir, und während ich noch ratlos nach einer Erklärung suchte, sandte ich E. K. einen Gedanken mit der dringenden Bitte um Hilfe. Augenblicklich war er bei mir, und die Bedeutung der Zeichnung eröffnete sich ihm sofort.

«Das Ende ist automatisch auch immer der Anfang», sagte er. «Das ist es: Am Beginn eines jeden Zyklus tritt der Mensch als Ausdruck göttlicher Absicht in die Materie ein; am Ende des Zyklus ist er wieder auf die Einfachheit seines Anfangs zurückgeführt und bereit, sich erneut mit einem physischen Embryo zu verbinden. Nur wenn er solchermaßen auf einen Zustand reinsten Geistes reduziert ist, *kann* er eine Verbindung mit einem Embryo eingehen. Äußerste wesenhafte Einfachheit tritt ein in eine Form äußerster Unschuld. ‹Ich bin Alpha und Omega, der Anfang und das Ende›. Diese Worte sind also in ihrer tiefsten Bedeutung absolut wahrhaftig, ganz notwendigerweise wahrhaftig, und ein grundlegender Faktor in der Geschichte unserer zyklischen Weiterentwicklung.»

Hiernach schwiegen E.K. und ich eine Weile. So manches ging uns im Kopf herum. Wir dachten an die tiefe Wahrheit, die das Sinnbild uns vermitteln wollte. Es bildete den Schlußstein in dem Bogen, den wir uns gebaut hatten, und ich weiß, wir alle waren sehr glücklich, als er uns auf so wundersame Weise in den Weg gelegt wurde.

Später fuhr E.K. in seinem Kommentar fort: «Ich denke immer noch über unsere Entdeckung nach und bin so froh darüber, daß sie sich uns so wundervoll offenbarte. Am Anfang und am Ende ist der Mensch Gott am nächsten, und das in dem Sinne, daß er den reinsten Ausdruck Seines Willens darstellt. Alpha und Omega. Ist es nicht wunderbar, wie treffend diese Zeichnung den Zusammenhang wiedergibt, und das zu einem Zeitpunkt, an dem wir mit unserer törichten, rationalen Betrachtungsweise einfach nicht mehr weiterkamen? Mir ist nun klar, was uns die Sicht trübte: die Vorstellung von Höhe. Wir hatten uns in den Gedanken an den höchsten Punkt der Entwicklung verrannt und geglaubt, daß zwischen diesem Punkt und dem erneuten Abstieg zur Erde buchstäblich noch ein sehr langer Weg liegen müßte. So oft schon wurden wir vor einer falschen Vorstellung der Dimension *Höhe* gewarnt. Ich könnte lachen bei dem Gedanken daran, wie das Schaubild so ganz plötzlich zusammenklappte, um uns wieder einmal auf unmißverständliche Weise eines Besseren zu belehren.

Natürlich gibt es keine räumliche Trennung. Es geht lediglich um die Unterscheidung qualitativer Bewußtseinsgrade. Sobald alle verschiedenen Qualitäten in eine einzige zusammenfallen, wie das bei der Reduktion des Ego zur höchsten wesenhaften Einfachheit geschieht, gibt es nur mehr noch diese eine, für alle gleiche Stufe, die gleichzeitig auch wieder der Ausgangspunkt ist. Hat also das Ego den Zustand höchster Vergeistigung erreicht, rückt es dadurch automatisch wieder in die Reichweite eines gerade neu geschaffenen Embryos, so daß eine Inkarnation möglich, ja eigentlich unumgänglich wird. Nun hoffe ich sehr, daß selbst Scott überzeugt sein wird.»

«Ja, das lasse ich durchgehen», ließ sich Scott vernehmen. «Ich spürte eure Aufregung, und da bin ich. Der Gedanke ist großartig. Er schließt den Kreis. Die Reduktion hin zur größten Einfachheit ist ein im Wesen verankerter Prozeß, weil der dadurch erreichte Zustand der einzig mögliche Ausgangspunkt ist, um eine neue Verbindung mit der physischen Welt eingehen zu können. Diese Erklärung scheint mir jetzt so zwingend zu sein, wie ich es vorher nicht für möglich gehalten hätte. Sicher sind noch viele ungelöste Rätsel übrig. Ich kann mir zum Beispiel sehr gut vorstellen, daß von seiten des Embryos ebenfalls eine entsprechende Anziehungskraft auf den zurückkehrenden Geist ausgeübt wird, so als brauche er ihn als notwendigen Teil seiner selbst und sei von daher bereit, ihn in sich aufzunehmen.

Ich muß sagen, das alles ist kolossal. Wir haben nun den Umriß eines natürlichen, unvermeidlichen Prozesses vor uns, und ich fühle, daß unsere Theorie sehr bald vollständig sein wird.»

Das Ergebnis unserer Arbeit machte uns alle sehr glücklich und zufrieden. Die rasche, eindringliche Verdeutlichung eines Problems anhand einer Zeichnung hatte uns auch zuvor schon weitergeholfen. Die feine, subtile Zeichnung, die hier wiedergegeben ist, steht als ein Beispiel dafür. Sie erschien plötzlich, als wir gerade über E. K.s Zitat: ‹Und sprichst: Kommt wieder, Menschenkinder› nachdachten.

Unser letztes Sinnbild war für uns ein Beweis für die Existenz eines Geistes, zu dem wir manchmal Kontakt bekamen; ein Geist, der sich gewandt und sicher zwischen den verschiedenen Aspekten der Realität hin- und herbewegen konnte und die schwerfällige Mittlerschaft von Worten nicht mehr nötig hatte.

Scott nahm die nächstbeste Gelegenheit wahr, auf das Thema zurückzukommen. Er meinte: «Ich würde gern deine Meinung darüber hören, E. K., wie das Ego es wohl anstellen mag, sich sein Vehikel wieder neu aufzubauen. Es bezieht eine Körperform, doch die hat es sich nicht selber entworfen, denn sie ist das Ergebnis eines langwierigen physikalischen und genetischen Prozesses. Das Ego ist inzwischen zu einem überbewußten spirituellen Prinzip geworden, gleichwohl es seine individuelle Biographie und die entsprechenden Ten-

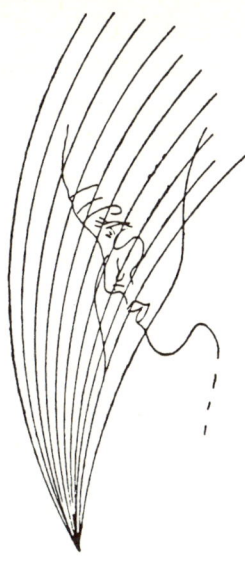

‹Und sprichst: Kommt wieder, Menschenkinder›.

denzen in sich trägt, die Muster seiner früheren Existenzen zu wiederholen, was wir ja schon festgestellt haben. Die Interaktion dieser beiden, des Ego und der physischen Gestalt, die beide mit völlig unterschiedlichem Erbgut behaftet sind, scheint mir eine recht komplizierte Angelegenheit zu sein.»

«Das ist es zweifellos», antwortete E. K. «Ich glaube, daß wir davon ausgehen können, daß sich ein Embryo ohne die Gegenwart eines Ego nicht entwickeln kann. Das Ego ist höchstwahrscheinlich verantwortlich für den Aufbau der Äthergestalt aus der allgemeinen Äthersubstanz. Dieses Modell wird bei der Gestaltung des physischen Körpers zugrunde gelegt, wie Andrew schon erklärt hat. Die Materie, aus der der physische Körper gebildet werden muß, weist ganz bestimmte, genetisch bedingte Potentiale auf. Nur im Rahmen dieser vorgesteckten Grenzen ist das Ego in der Lage, auf das

Werden des Körpers, den es einmal bewohnen wird, Einfluß zu nehmen. Um es so exakt wie möglich auszudrücken: Die Interaktion von Ätherkörper, der vom Ego aufgebaut wird, und physischer Substanz, die ihrerseits genetisch begründete Abwandlungen aufweist, bringt letztendlich als Ergebnis den physischen Körper hervor. Das ist ein wesentlicher, bedeutsamer Faktor, da diese Form einen weitaus längeren Zeitraum überdauern wird als nur ein Erdenleben; sie hat Gültigkeit für die Dauer des gesamten Zyklus; ihre Ausstattung und Beschaffenheit werden das Wesen unter Umständen viele Jahrhunderte hindurch prägen.

Es sieht so aus, als begleite der Ätherkörper das Wachstum des physischen Kindes. Offensichtlich ist er bis zum Eintritt der Reife nur sehr locker mit ihm verbunden. Dann gewinnt das physische Prinzip die Oberhand und nimmt schließlich die Ätherform ganz in sich auf, die von diesem Zeitpunkt an vollständig in die lebendige physische Struktur eingewoben wird.»

«Ich kann mir vorstellen, daß das Ego das letzte Wort bei diesem Körperaufbau hat», meinte Scott. «Während der Wachstumszeit wird es sich bemühen, mit dem neuen Körper etwas zu reproduzieren, das einer abgelegten Form aus einem vergangenen Leben nachempfunden ist. Das würde ein einzigartiges Licht auf einige Probleme der Vererbungslehre werfen. Eine rein biologische Chromosomen-Theorie ist ganz sicher nicht geeignet, der spirituellen Seite unseres menschlichen Erbgutes Rechnung zu tragen. Obwohl sich die Ego-Persönlichkeit den strikten Beschränkungen unterzuordnen hat, die durch das genetisch festgelegte physische Körpermodell gesetzt werden, wird es sich doch während der ganzen Zeit der Wachstumsperiode hindurch bemühen, das Modell seinen Vorstellungen gemäß abzuwandeln.

Das Ätherprinzip breitet sich aus und umgibt den Körper des Kindes. Es ist ein fluidaler Stoff, mit dem das Ego es hier zu tun hat und auf den es einwirkt. Der physische Körper folgt auf den bereits weiter entwickelten Ätherkörper, und man kann sich denken, wie fein dies Gleichgewicht ausbalanciert werden muß: zwischen dem Zug hin zu ererbten Formen, der der Physis innewohnt, und der Neigung des Ego, sein eigenes, ganz bestimmtes Persönlichkeitsmuster zu wiederholen.

Die sehr lose Verbindung des Ätherkörpers zum physischen Körper in der Kindheit verleiht dem Kind Fähigkeiten, die ihm verlorengehen, sobald der Ätherkörper tiefer in die Physis einsinkt. Hast du dir schon einmal die Augen eines Kindes genau angesehen und bemerkt, wieviel mehr es von der immateriellen Welt wahrnehmen kann als ein Erwachsener? Das Kind sieht Hintergründiges, Wesenhaftes, das ihm aus seinem unfreiwilligen Kontakt zur Ätherwelt, die es umgibt, zufließt. Sein Glaube an Feen, Zauberer und Wunder entspringt dieser Verbindung.

Ich denke, daß ein gewisser Lockerungsgrad der Äthersubstanz erforderlich ist, bevor ein Mensch fähig wird, etwas anderes als die physische Welt wahrzunehmen. Bei manchen Erwachsenen geschieht das durch einen Schock oder durch nervliche Spannungszustände, oder es kann wie bei Sensitiven oder Hellsichtigen ein Dauerzustand sein. Für die Mehrzahl der Menschen jedoch ist das Königreich der Kindheit verschlossen, sobald sie erwachsen sind; sie müssen sich mit ihren gewöhnlichen, irdischen Sinnen zufriedengeben, bis der Tod sie wieder in die Freiheit entläßt.»

An diesem Punkt griff Andrew das Thema auf: «Ich kann die Zusammenhänge bei der Entwicklung des Kleinkindes noch ein wenig weiterführen», sagte er. «Ihr habt schon vom Aufbau des Ätherkörpers gesprochen, der vor der Ausbildung der Physis stattfindet, und auch den Zeitraum erwähnt, in dem er das Wachstum des physischen Körpers begleitet, um ihn schließlich ganz in Besitz zu nehmen. Unterdessen sammelt sich der Astralleib in nebelhafter Form um das Kleinkind. Das Ego konzentriert die astrale Trägersubstanz in einem Zentrum, um das sie sich formieren kann; seine Kontrollfunktio-

nen kann es jedoch noch nicht ausüben. Dem Ego steht nun
eine gewaltige Aufgabe bevor. Es muß alle vorhandenen
Kräfte zu einem Ganzen zusammenschweißen und wieder von
neuem lernen, sich in der materiellen Form zu manifestieren.
Denn das Ego kehrt nicht nur aus völlig andersartigen Lebensbedingungen, sondern auch aus weit zurückliegenden Zeiträumen in die Gegenwart zurück. Es hat nun seine Umwelt wieder von Grund auf neu zu meistern, angefangen damit, daß es
die Kontrolle über einen physischen Körper erlangen muß. So
nimmt das Ego-Wesen, das man sich am besten als den Träger
des Persönlichkeitsmusters vorzustellen hat, den sich entwik-
kelnden Embryo in Besitz und beginnt damit, dessen physische, ätherische und astrale Substanzen zu koordinieren. Wie
ihr schon festgestellt habt, nimmt der Ätherkörper den physischen Leib praktisch vorweg; die Entwicklung beider Körper
geschieht in engem Bezug zueinander. Während dieser Zeit
hat der Astralkörper zwar noch keine ausgebildete Form, er
wirkt jedoch mächtig auf die übrigen Substanzen ein, und das
Kind lernt nur in sehr kleinen Schritten, ihn zu gebrauchen und
zielgerichtet einzusetzen. So baut sich das Ego seine neue
Wohnung, wobei das physikalische Erbgut des Körpers seinerseits das Ego beeinflußt und modifiziert.»

«Ich wünschte, ich hätte schon früher etwas von diesem
Gang der Entwicklung gewußt», meinte ich. «Er erklärt so
viele Schwierigkeiten und Probleme, denen man bei der Kin-
dererziehung begegnet. Aber wie ängstlich und vorsichtig
macht dann das Wissen im Umgang mit einem Kind! In gewisser Weise leben und empfinden Kinder so viel wahrhaftiger
als Erwachsene, in anderer Hinsicht brauchen sie so viel Hilfe,
besonders darum, weil sie ihre Gefühle nicht beobachten und
beherrschen können. Ihre Antriebe und Gefühlsimpulse sind
einfach übermächtig.»

«Ja, eigentlich sollten alle Mütter Hellseherinnen sein! Um
ihnen Gerechtigkeit widerfahren zu lassen, muß ich sagen, daß
sie es sehr oft auch sind», erwiderte Andrew. «Siehst du», fuhr

er fort, «kein Kind gerät aufs Geratewohl in irgendeine Familie hinein. Im Gegenteil, es hat eine starke, feste Verbindung zu eben dieser Gruppe von Menschen – oder vielleicht auch nur zu einem einzigen Mitglied dieser Gruppe – und hat nun die Aufgabe, innerhalb dieser neuen Konstellation mit einem bestimmten Problem fertigzuwerden, dessen Lösung es in einem früheren Leben versäumt hat.»

«Das läßt familiäre Beziehungen in einem völlig neuen Licht erscheinen», bemerkte ich. «Einige Familienangehörige scheinen einem so herzlich wenig zu bedeuten, während andere wiederum sehr wichtig für uns sind. Auch ist es möglich, daß ein besonderes Mitglied der Familie in bestimmten Lebensphasen hoch bedeutsam für uns wird, während andere dafür in den Hintergrund treten.»

«Richtig», antwortete Andrew. «Die Bedeutung von Verbindungen innerhalb einer Familie hat ihren Ursprung in vergangenen Lebensumständen. Manchmal denke ich, ob wir unsere alten gemeinsamen Probleme nicht erfolgreicher lösen könnten, wenn uns ihre Hintergründe voll bewußt wären. Wahrscheinlich aber nicht, denn da uns das Wissen um alte Fehler vorenthalten bleibt, können wir unbelastet und mit frischer Kraft darangehen, sie dieses Mal wiedergutzumachen. Dabei kommt mir gerade unsere kleine Gruppe in den Sinn. Wir arbeiten jetzt schon geraume Zeit eng verbunden und in gutem gegenseitigen Einverständnis zusammen. Ich würde wirklich gerne wissen, wie und in welchem Verhältnis zueinander wir uns das nächste Mal zusammenfinden werden?»

Hier nun fing ich ein Kichern von Scott auf. «Ich sehe dieses nächste Mal schon plastisch vor mir!» Und dabei übermittelte Scott uns eine so komische Abfolge absurder Möglichkeiten, in der uns allen völlig unsinnige, haarsträubende Rollen zufielen, daß unser Gespräch in schallendem Gelächter endete. Er besaß die einzigartige Gabe, Reihen von Gedankenbildern in blendender Deutlichkeit vorzuführen und sich darin auf alle möglichen Arten als quirlige, tatkräftige und unternehmungslustige Karikatur seiner selbst zu präsentieren. Seine diesmalige Vorstellung hauseigener Absurditäten setzte ernsthafter Arbeit zumindest für den Augenblick ein Ende.

Später nahm Andrew den Faden wieder auf: «Je länger ich darüber nachdenke, was Elternschaft so alles mit sich bringt, desto mehr staune ich über dieses tapfere und zugleich so ängstliche Geschenk, das das Leben für uns bereithält. Alles untersteht einer Notwendigkeit weit jenseits unseres bewußten Verständnisses und regiert doch unseren Fortschritt von Zeitalter zu Zeitalter. Weiter und immer weiter müssen wir gehen, bis alles Schlechte in uns getilgt sein wird, wir von allen Widersprüchlichkeiten frei und mit uns selber eins sein werden und Frieden gefunden haben. Nirgendwo gibt es ein Bleiben für uns, bevor wir nicht einen Zustand erreicht haben, der dem der reinsten Liebe und Freude so nahe kommt wie nur irgend möglich. Im wahrsten Sinne sollen wir wieder zu kleinen Kindern werden. Diese wesenhafte Reinheit und Lauterkeit ist das Ziel eines jeden langen Lebenszyklus.

Ich glaube, ich verstehe jetzt langsam das leidenschaftliche Verlangen, mit dem wir alles das, was schön ist, in uns aufnehmen. Es ist das Heimweh nach dem himmlischen Zuhause, nach der niemals ganz vergessenen Seligkeit, die wir bei der Inkarnation zurücklassen mußten. Ich bezweifele, daß selbst die schlechteste, verlorenste und unsteteste Seele dieses Verlangen jemals wirklich verlieren kann, und früher oder später treibt es sie zurück auf den steilen Pfad, der hinauf ins Vaterland führt.

Das auf die Erde zurückkehrende Ego jedoch hat sich in sein Exil zu fügen; es muß eine Welt reinster Liebe mit der harten, mühevollen Existenz im Fleische vertauschen. Ist es ein Wunder, daß es die Sehnsucht nach der gewohnten Atmosphäre der Seligkeit und Liebe mit hinunterbringt? Die Befriedigung dieses Bedürfnisses ist für ein neugeborenes Kind ebenso wichtig wie die Nahrung, die sein Körper braucht. Wie begierig drängt sich ein Kind zu einem Menschen, der ihm ein liebevolles

Lächeln schenkt, wie sonnt es sich in diesem Einfluß, und wie blüht es auf, erhält es genügend von dieser Nahrung, die seinen Astralkörper gesund erhält! Das vorrangige Bedürfnis eines Kindes also ist es, eine Liebesquelle zu finden, die es nährt, und sich an ihr häuslich niederzulassen. Es durchforscht seine Umgebung auf der Suche nach ihr ebenso intensiv, wie es nach der Muttermilch strebt.

Eine Aufgabe des Ego ist es ja, die Interaktion mit den physischen Anteilen innerhalb seines Körpers zu erlernen, was in gleichem Maße auch für seine neuen Lebensbedingungen in der Außenwelt gilt. Selbst uns erscheint Materie als ein äußerst schwerfälliger, träger Stoff, und was das Geistwesen des Ego betrifft, muß die hoffnungslos dumpfe, widerspenstige Materie die Seele mit Gefühlen verzweifelter Hilflosigkeit erfüllen. Darin sehe ich die Ursache jener tief verwurzelten elementaren Lebensangst, der kein menschliches Wesen entgehen kann. Unterhalb unserer Bewußtseinsschwelle gähnt dieser Abgrund der Angst. Ihm entsteigen die allermeisten der Gemütszustände, die wir als negativ oder schlecht bezeichnen.

Nun trifft das Kind aber allerorten und bei jeder Gelegenheit auf frustrierende Hemmnisse. Sein physischer Körper ist viel zu schwerfällig und zu fest strukturiert, seine Hilflosigkeit den Umständen gegenüber ein ständig fühlbarer Zustand. Sein Wünschen und Wollen (das Ego, das seine Kontrollfunktionen ausüben möchte) wird selbst von denjenigen ständig blockiert und enttäuscht, die es liebt – mit der Konsequenz, daß Angstgefühle und Aggressionen kontinuierlich in das Unterbewußtsein abgedrängt werden. Fügt man dem noch das im wahrsten Sinne unstillbare Verlangen nach Liebe hinzu, dann hast du die Grundlagen allen Leidens und aller Bosheit vor dir.

Natürlich bedingt die Angst auch andere negative Eigenschaften wie Egoismus, Selbstbehauptung auf Kosten anderer oder Reizbarkeit. Es sieht wirklich ganz danach aus, als sei die Angst die Mutter aller menschlichen Übel. Daher liegt es auf der Hand, daß die Heilung aller psychischen Mißstände in der liebevollen Zuwendung und Geborgenheit liegt, die das wiederkehrende Ego als sein Recht für sich fordert. Hat es die Möglichkeit, sich in einem Kind zu verkörpern, dessen Umwelt beiden Aspekten gerecht wird und das sein junges Leben glücklich und behütet genießen darf, ist damit allem Negativen und Bösen die Gelegenheit genommen, in den unbewußten Schichten des Astralkörpers ihr Unwesen zu treiben und das Bewußtsein durch alle späteren Erfahrungen hindurch zu beeinträchtigen.»

Hier ließ sich Scott vernehmen: «Dazu möchte ich noch etwas sagen. Ich bin der Überzeugung, daß der Lebenskampf der Schöpfer der menschlichen Form ist. Die Verhaltensmuster, die den Reichtum und den Wert einer Persönlichkeit erst ausmachen, lassen sich auf keine andere Weise erzeugen als durch die Reaktionen auf die Hindernisse, die sich dem Ego bei jeder Gelegenheit in den Weg stellen. Gäbe es diese Blockaden nicht, würde es sicherlich seine Schönheit und Reinheit behalten, aber es wäre ungestaltet, charakterlos und damit, so meine ich, weit weniger wertvoll.

Ganz sicher liegen gerade in diesen subtilen, hochkomplizierten und einzigartigen Persönlichkeitsmustern unsere höchsten Werte. Mit unserem Kampf gegen die Widerstände des Lebens schaffen wir alle immerfort etwas Neues in der Welt der Erscheinungen, während wir, gäbe es diese Frustrationen nicht, zur Übereinstimmung mit einer idealen, aber wohl recht langweiligen Struktur hin tendieren würden.

Das soll nun nicht heißen, daß ich übler Lebensführung das Wort rede – bei weitem nicht. Auch ohne die von Menschen produzierten Mißlichkeiten gibt es mehr als genug Mühsal und Schwierigkeiten im Leben, allein schon durch das Spannungsverhältnis zum Fleisch und die schwerfällige Materie des Lebensumfeldes. Dafür sorgt schon die Natur selbst.

Wie dem auch sei, ich gebe meine Stimme der großen Chance, die in diesen Kämpfen liegt, der Freude über bestandene Prüfungen und dem Ringen um die Herrschaft über den eigenen Körper und die Materie. Alles das ist von sehr großem Wert, denn ohne diese Übungen hätte der Mensch keine Gelegenheit, einige der edelsten Qualitäten entwickeln zu können, die es gibt – Mut, Ausdauer und die Liebe zum Abenteuer.»

12. KAPITEL

Wie frühere Existenzen
unser Unbewußtes beeinflussen

«Die Rückkehr des Ego in einen menschlichen Körper, aufgeladen mit den Zeugnissen vieler vergangener Existenzen, beleuchtet auf ganz interessante Weise die modernen Theorien über das Unbewußte im Menschen», meinte ich zu Andrew.

«Eure Psychologen hätten sehr viel zu tun, würden sie allein nur die Inhalte eines einzigen Erdenlebens aus dem Unterbewußtsein abrufen und sich mit ihnen auseinandersetzen», antwortete er.

«Sicher», gab ich zurück. «Sie stoßen zunächst auf Schichten verschütteter Erfahrungen, die aus der Kindheit herrühren. Geht es jedoch noch tiefer hinunter, weisen ihre Fallstudien plötzlich Material recht eigenartiger Färbung auf, das bis zu einem gewissen Grad geradezu archaisch und phantastisch anmutet. Es ist äußerst schwierig, es mit Kenntnissen und Erfahrungen des gegenwärtigen Lebens in Verbindung zu bringen. C. G. Jung berichtet über Fälle, in denen beispielsweise ein Geistesgestörter ein bestimmtes Symbol oder einen Begriff gebraucht, der nirgendwo anders als in den Mythologien längst verflossener Zeitalter zu finden ist, in den Zeugnissen Altägyptens oder auch in denen der Chaldäer oder Inder. Jung ist fest davon überzeugt, daß sein Patient niemals zuvor in der

Lage gewesen ist, sich derart ungewöhnliche Kenntnisse anzu-
eignen. Dieses geheimnisvolle Wissen des Unterbewußtseins
beeindruckte ihn so nachhaltig, daß er eine Theorie erarbeitete,
um seine Ergebnisse in konkrete wissenschaftliche Zusammenhänge zu bringen. Er meint, diese Phänomene seien durch
die Übertragung seelischer Inhalte durch Vererbung innerhalb
der verschiedenen Völker und Rassen entstanden und in einem
Teil des Unterbewußtseins wirksam, das er das ‹kollektive
Unbewußte› nennt. Er nimmt an, daß alle Menschen gemeinsam aus dieser einen Quelle schöpfen. Wie *Erfahrung* durch die
Zeiten weitergegeben werden kann, bleibt allerdings ein Geheimnis, da die Biologen heutzutage die Vorstellung weit von
sich weisen, daß neben Charaktereigenschaften auch Erfahrungen auf die Nachkommen übertragen werden können.»
«Hm», ließ Andrew sich vernehmen. «Ich denke, die meisten
Probleme kommen aus der Angewohnheit, den Menschen in
‹Geist› und ‹Körper› auseinanderzudividieren – ihm gleichsam
den Kopf abzuschlagen und zu glauben, dieser Kopf führe nun
ein grundlegend anderes Dasein als der Rumpf, zu dem er gehört. Es wird auch nicht besser, wenn du versuchst, dir ‹Geist›
als etwas vorzustellen, das außerhalb des Körpers existiert und
unabhängig von ihm arbeitet. Dann kommen eure Monisten
daher, tun alles das als Dualismus ab und bieten ihrerseits die
Hypothese an, die Funktionen des Geistes seien das Ergebnis
rein mechanischer biologischer Prozesse im menschlichen
Körper. Und so produziert ihr einen Unfug nach dem anderen.
Unsere Analyse des Menschen nach den Aspekten des
Physischen, Ätherischen, Astralen und der Ego-Bestandteile
macht es überflüssig, ihn in Körper und Geist aufzuspalten.
Statt dessen haben wir die Konzeption des vierfachen Körpers;
in ihr ist der ganze Mensch enthalten mit allen seinen Lebensäußerungen mentaler oder physischer Art. Er ist imstande, auf
vielen Ebenen aktiv zu werden, je nachdem, welcher seiner
vier Körper gerade überwiegend angesprochen wird. Diese in-

einander verwobenen Formen bedingen sich gegenseitig, und keine von ihnen kann unabhängig von den anderen agieren.

Wird das Ego auf die ätherisch-physikalische Ebene ausgerichtet, werden in der Hauptsache körperliche Sinneswahrnehmungen ausgelöst. Dabei kommt es aber auch immer zu einer Modifikation des Astralkörpers und des Ego selbst. Nehmen wir an, du verletzt dich versehentlich. Überwiegend teilt sich dir dieses Ereignis durch die physisch-ätherische Schmerzempfindung mit, es ist aber möglich, daß darauf auch eine emotionale Reaktion wie Betroffenheit oder Ärger folgt. Das Ego tut das Seine ebenfalls hinzu und läßt dich erkennen, wie es überhaupt zu dieser Verletzung kommen konnte und wie sie sich in Zukunft vermeiden lassen kann.

Hast du es mit Wünschen und Gefühlen zu tun, ist der Astralkörper das Zentrum der Aktivität. Dabei kommt es aber wiederum zu deutlichen Reaktionen der Physis und des Ätherkörpers, wobei das Ego gleichzeitig die Bedeutung deiner jeweiligen Gefühle überdenkt. Selbst wenn du mit den höchsten Gedankenkräften arbeitest, die dir zur Verfügung stehen – Imagination und Intuition –, werden dabei doch auch allen anderen Körpern Energien zur Unterstützung dieser Leistung entzogen. Müssen schwierige intellektuelle Aufgaben gelöst werden, wird der Astralkörper oft dringend gebraucht. Es werden ihm nämlich Kräfte abverlangt, um das *Interesse* an der Beschäftigung wachzuhalten; das ist die emotionale Seite intellektueller Betätigung. Im allgemeinen erschöpft und verausgabt sich der Astralkörper völlig bei solchen Gelegenheiten.

Dieses viergestaltige Wesen deckt die ganze Skala physischer und mentaler Aktivitäten des Menschen ab. Damit ist jedes weitere Rätselraten um die vieldiskutierte Geist-Körper-Beziehung überflüssig geworden; auch die kunstvoll konstruierten Theorien, zu denen dieses Problem Anlaß gab, sind bedeutungslos. Das Gehirn als der Speicher aller Erfahrungen existiert ebenfalls in vierfacher Ausfertigung. Es funktioniert

auf jeder Stufe und braucht somit nicht als isolierte Einheit betrachtet zu werden. Setzt man erst einmal der Trennung von
Geist und Körper ein Ende, wird in allen menschlichen Erfahrungen der *eine* Körper in seiner Ganzheit sichtbar, wie er auf
der einen oder anderen seiner Energieebenen am Werke ist.

Wir halten also fest: Das menschliche Wesen ist ein Organismus, der auf vier Erfahrungsebenen in Aktion tritt, weil keine
seiner Aktivitäten auf einer Stufe isoliert bestehen kann.»

«Ich stelle mir das Ganze wie ein vierstöckiges Gebäude
vor», bemerkte ich, «mit dem Ego als Hausbewohner, der alle
Stockwerke benutzen kann, ganz wie er es gerne möchte.»

«Das ist kein besonders guter Vergleich», erwiderte Andrew. «Energien lassen sich nicht auf ein Stockwerk beschränken. Stellt das Selbst beispielsweise im Dachgeschoß etwas an,
wirkt sich das auch auf die Einrichtung im zweiten und ersten
Stockwerk aus, und selbst im Keller wird die Störung spürbar.
Nein, der Vergleich mit einem Haus hinkt, weil die Trennung
der einzelnen Erfahrungsebenen keine vollständige ist.

Laß uns einmal sehen, was dabei herauskommt, wenn wir
diese vier Energieebenen mit dem Unbewußten in Verbindung bringen. Ich will versuchen, diese Vorgänge unter bei
euch gängigen psychologischen Gesichtspunkten zusammenzufassen. Das Unbewußte denken sich die Psychologen für gewöhnlich als ein mit Emotionen angefülltes Reservoir. Sein
Inhalt besteht zumeist aus verdrängten Erinnerungsbruch-
stücken, die nicht bewußtgemacht werden können und darum
einen Gärungszustand unterhalb der Bewußtseinsschwelle
verursachen. Ständig versuchen diese Inhalte, ins Bewußtsein
hinaufzugelangen und dem Zensor durch die Finger zu schlüp-
fen, um aktiv werden zu können. Wann immer sich ihnen ein
solches Ventil bietet, beeinflussen sie das bewußte Verhalten
zwar nicht direkt, aber äußerst wirkungsvoll. Diesem gefährlichen, verborgenen Stoff gelingt es immer dann, einen
Durchschlupf zu finden, sobald wir uns von einem Impuls beherrschen lassen, der nicht durch die Kontrolle des kritischen

Verstandes gegangen ist. So ein Ausrutscher passiert immer dann, wenn wir unmäßig und leidenschaftlich auf eine Angelegenheit reagieren, deren reale Bedeutung unsere Hitze in keiner Weise rechtfertigt.

In Fällen von Neurosen oder Irrsinn kann man davon ausgehen, daß das Unbewußte die Oberherrschaft über das Wesen des Menschen gewinnen konnte, allen höheren Kontrollmechanismen der Vernunft und des Bewußtseins zum Trotz. Es ist nun in der Lage, seine hochexplosiven, oft äußerst gefährlichen Inhalte ungehindert ausleben zu können. Ist das ein aussagefähiger Abriß aus der psychologischen Praxis?» fragte Andrew.

«Ja doch, ich denke schon. Die Betonung liegt dabei wohl hauptsächlich auf der Unterdrückung und Pervertierung sexueller Instinkte, wenn auch Alfred Adler die Bedeutung des Machttriebes höher bewertet. C. G. Jung sieht diese Probleme etwas allgemeiner und schiebt schließlich einen Teil der Verantwortung dem kollektiven Unbewußten in die Schuhe.»

«Es ist absolut nicht nötig, das Übel auf irgendeinen bestimmten emotionalen Antrieb zu begrenzen», meinte Andrew. «Die ganze Gefühlsnatur des Menschen sollte beim Studium des Unbewußten berücksichtigt werden, denn es lebt seine Inhalte durch alle möglichen Triebe und Begierden aus. Um das Problem zu begreifen, müssen wir uns erst einmal klar machen, was wir unter ‹Erinnerung› verstehen. Ihr seid bis heute nicht in der Lage, dieses Wort genau zu definieren.

Die Fähigkeit, sich Vergangenes ins Gedächtnis zurückzurufen, entsteht durch die Wiederbelichtung bestimmter Aufzeichnungen in allen Körpersubstanzen. Jede Körperstruktur speichert ihren ganz spezifischen, unzerstörbaren Index ihrer Handlungen und Erfahrungswerte. Jede Erfahrung, jedes Ereignis innerhalb einer Lebensspanne bringt seine eigenen Schwingungssysteme in der physischen, ätherischen und astralen Gestalt hervor, und diese Schwingungen haben so lange Bestand wie die Substanz, in der sie aktiv sind.

Wenn du dich an etwas erinnerst, wählt dein Ego-Bewußtsein bestimmte Schwingungen in der physischen, ätherischen
und astralen Körpersubstanz aus und belichtet sie. Zu jeder
Zeit waren sie dort abrufbereit zu deiner Verfügung, doch du
hast dich ihrer nicht bedient, du hattest sie ‹vergessen›. Die besondere Qualität des irdischen Erinnerungsvermögens nun
beruht auf der Zusammenarbeit zwischen den drei Aufzeich-
nungsebenen; wenn alle drei den entsprechenden Vorgang gespeichert haben, ist die Erinnerung perfekt, und das vergessene
Erlebnis kehrt in allen Einzelheiten klar und deutlich ins Bewußtsein zurück. Es kommt jedoch vor, daß nur ein oder zwei
deiner Wesensprinzipien an einer Erfahrung beteiligt sind, so
beispielsweise, wenn du etwas tust und nicht richtig bei der Sache bist – deine Gedanken (Astral-Ego) sind anderswo. Die re-
sultierende Aufzeichnung ist also auf einer oder zwei Ebenen
unvollständig, und für das Ego wird es sehr schwierig, wenn
nicht unmöglich sein, dir die Begebenheit wieder in die Erinnerung zurückzuholen.

Die Kindheit ist ein gutes Beispiel für diese Art bruchstück-
hafter Erfahrung. Der physische und der Ätherkörper erfüllen
von Anfang an ihre Funktionen, doch ist die Verbindung mit
dem Astralkörper noch sehr unregelmäßig, und das Ego ist
noch nicht fähig, seine Kontrollaufgaben zu erfüllen. Zu dieser
Zeit kommen sehr viele Aufzeichnungen in den astralen und
ätherisch-physischen Substanzen des Kindes zustande, auf die
das Ego jedoch keinerlei Einfluß nehmen kann, da sie lediglich
aus Fragmenten bestehen. Vom frühesten Säuglingsalter an
werden diese unvergänglichen Zeugnisse in jeder Körpersubstanz gespeichert, doch keinen dieser Erfahrungswerte kann
das Bewußtsein erhellen.

Hat das Bewußtsein, also das Ego, den Kontakt zu den anderen Prinzipien vollständig aufgenommen, werden emotionale Inhalte in den meisten Fällen oberhalb der Bewußtseinsschwelle registriert, so daß sie dem Gedächtnis wieder zu-
geführt werden können. Das ist die Funktion des Ego in sei-

nem rückschauenden Aspekt. Gerade hier, in diesen frühen, verschütteten Erinnerungen, ganz besonders in denen emotionaler Prägung, die der Astralsubstanz eingebrannt sind, vermuten die Psychologen den Wurzelgrund des Unbewußten. Abgründig genug sind sie gewiß, beunruhigend ebenfalls, diese frühen Erinnerungen, aber sie sind bei weitem nicht alles, was das Unbewußte zu bieten hat.»

«Es ist allgemein bekannt, daß qualvolle Erinnerungen die Tendenz haben, *zum Segen* für den betreffenden Menschen unter die Stufe dessen hinabzusinken, was vorsätzlich ins Gedächtnis zurückgeholt werden kann, selbst dann, wenn diese Erfahrungen bei vollem Bewußtsein gemacht wurden. Was meinst du dazu?» fragte ich.

«Es gibt Erlebnisse, die dem Stoff des Astralkörpers schmerzhafte, gefährliche Wunden zufügen. Es ist schwierig, diese Wunden zu heilen, sie können zu Krankheiten, Deformierungen und akuten Beschwerden führen. Eine solche Wunde an deinem physischen Körper würdest du unter allen Umständen zu berühren vermeiden wollen und peinlichst achtgeben, daß es auch andere nicht tun, denn dein Verstand läßt dich einsehen, daß man mit Wunden sorgsam umgehen muß. Nun ist aber der Astralkörper ein sehr sensibles Gebilde. Du wirst verstehen, mit welcher Schärfe ihn alles berührt, sobald du nicht länger mehr eine physische Form hast, die die Wucht seiner Reaktionen abschwächt. Der Astralkörper untersteht nur in sehr geringem Maße der Kontrolle der Vernunft – weit weniger, als du gerne zugeben würdest. Die Vernunft ist sehr viel häufiger sein Sklave als sein Meister. Empfängt der Astralkörper eine tiefe, schmerzhafte Wunde, verlangt es ihn natürlicherweise danach, jede Berührung dieser Wunde zu vermeiden. Die Stelle, an der die quälenden Schwingungen wirksam sind, wird tabuisiert. Das Ego ist dann möglicherweise nicht in der Lage, diese bestimmte Zone zu belichten, weil der negative Drang, die Sache zu ignorieren, zu stark ist. Bleiben solche Wunden und Störfaktoren im Ver-

borgenen, können sie im allgemeinen für ein ganzes Leben zu
ständigen Quellen unbewußter Nöte und Schwierigkeiten
werden. Wenn ich als Arzt nun deinen Astralkörper untersu-
che, weil du krank bist und Beschwerden hast, muß ich nach
diesen alten Verletzungen forschen und versuchen, sie auszu-
kurieren. Du selbst kannst sie *heilen,* und zwar in dem Augenblick, in dem du aufhörst, vor ihnen davonzulaufen. Wenn du
dich dem Verständnis und der Liebe öffnest, bist du fähig,
deine Reaktionen diesen alten Schäden gegenüber unter Kontrolle zu bringen. Ihnen ist nicht beizukommen, wenn du
ihnen mit Unwillen und Abscheu begegnest. Das bewirkt lediglich, daß die Wunde zu allem Übel auch noch zu eitern beginnt und so mit der Zeit dein ganzes Wesen vergiftet. Wir
können diese Verletzungen behandeln, und zwar mit bestimmten Emanationen aus unseren eigenen Körpern, doch
ohne die Mithilfe des Patienten ist an eine erfolgreiche Heilung
nicht zu denken.»

«Wenn unsere Psychologen Methoden wie Gedanken-As-
soziationen oder auch Hypnose anwenden, um solche Schäden
ins Bewußtsein zu zwingen und den Patienten dazu zu bewegen, ihnen direkt ins Gesicht zu schauen und sie zu akzeptieren,
dann sind sie mit ihrer Arbeit also auf dem richtigen Weg?»
fragte ich.

«Auf dem einzig richtigen Weg. Haben sie ein solches
Trauma mit Erfolg kuriert, haben wir allen Grund, ihnen sehr
dankbar zu sein, denn andernfalls hätte die Heilung des Patienten aufgeschoben werden müssen, und diese Aufgabe wäre
dann nach seinem Tode uns zugefallen.

Einen Punkt muß ich noch hinzufügen. Viele astrale Verletzungen heilen ganz von selbst. Sogar schwere Störungen tun
dies, wenn sie nicht durch Abwehrhaltungen zu Dauerschäden
gemacht werden. Ich habe es durchaus wörtlich gemeint, als
ich von eiternden astralen Geschwüren sprach. Diese Eiter-
herde sind auf Abwehr und Verbitterung zurückzuführen, und
keine Wunde kann heilen, so lange sie voller Keime ist. Es ist

vollkommen richtig und gut, alte Kränkungen zu vergessen, sobald die Wunden, die sie verursacht haben, zugeheilt sind. Eine andere Sache aber ist es, sie aus Wut oder Angst unter die Bewußtseinsschwelle zurückzudrängen. Ist das der Fall, sinken sie tief hinab in unzugängliche Regionen und treiben dort mit Ausdauer und in höchst gefährlicher, giftiger Manier ihr Unwesen. Vielleicht kannst du dir die Qualen vorstellen, die sie nach dem Tode verursachen, wenn das Astralbewußtsein ihnen ausgeliefert ist.»

«Unter diesem Gesichtspunkt wird das Gebot, man solle seinen Feinden vergeben, Teil einer äußerst praktischen medizinischen Beratung. Es ist keineswegs mehr nur ein moral-theologisches Dogma, das man nicht unbedingt ernst zu nehmen braucht», bemerkte ich.

«Ja, die Lehren Christi haben einen unmittelbaren, notwendigen Bezug zu Gesundheit und Wohlbefinden. Wie wahr diese Zusammenhänge sind, erleben wir hier täglich bei unserer Arbeit. Ich wünschte nur, euch auf der Erde leuchteten diese Tatsachen ein», schloß Andrew.

«Wenn bei dir nun keine Unklarheiten mehr über die Struktur unseres vierfältigen Körpers und die Funktionen jedes seiner Elemente bestehen, können wir ja eigentlich im Thema weitergehen und untersuchen, was das Ego mit zurück in sein neues Leben bringt», meinte Andrew. «Um diesen Punkt richtig verstehen zu können, müssen wir uns die Entwicklung vergegenwärtigen, die auf den physischen Tod folgt.

Der physische Körper bleibt auf der Erde zurück, und das Abstreifen des Ätherkörpers erfolgt schon sehr bald nach dem physischen Tod, wie du ja schon weißt. Diese beiden Körper waren Instrumente der Persönlichkeit und trugen jeweils auf ihre ganz besondere Weise zu ihrem Ausdruck und ihrer Bedeutung bei. Der Besitz eines schönen, anziehenden Körpers zum Beispiel prägt die Emotionen und das Ego des Menschen und drückt ihnen den Stempel ganz bestimmter Empfindungen und Gedanken auf; ein gesunder Ätherkörper erhöht die

Intensität des Energieflusses. Diese wesentlichen Ausdrucksformen der beiden abgelegten Körper werden nun zu Bestandteilen von Astralkörper und Ego. Also gehen ihre wesenhaften
Aspekte mit hinüber ins neue Leben, obwohl der materielle
Aspekt dieser Körper verlorengegangen ist.»

«Bitte, nicht ganz so schnell. Ich versuche nämlich gerade,
diesen Vorgang mit den Schwingungssystemen in Verbindung zu setzen, die ja fortwährend durch jede neue Erfahrung
hervorgebracht werden», warf ich dazwischen.

«Gut», erwiderte Andrew. «Zuvor sprachen wir vom materiellen Erscheinungsbild. Die Schwingungen, die in den ersten
beiden Körpern entstehen, sind, wie du weißt, auch im Astralkörper und im Ego wirksam. Hier jedoch können sie lediglich
als Gefühle und Gedanken gespeichert werden und bilden die
überdauernde Form von Erinnerungsinhalten, wie wir sie alle
kennen. Nehmen wir an, dein Körper erleidet eine Verletzung.
Dein Ätherkörper registriert die daraus entstehenden Schmerzen. Willst du dir nun diesen Vorfall ins Gedächtnis zurückrufen, kannst du nur noch die Gefühle, die ihn begleitet haben,
beispielsweise die Angst oder den Ärger über die Situation,
und die Gedanken, die du dabei gehabt hast, nachvollziehen –
das sind die typischen Reaktionen des Astralkörpers und des
Ego und auch die einzigen Formen von Erinnerung, die dir
noch möglich sind.

Nun zurück zu der Entwicklung im Jenseits. Die Zeitspanne, die wir in den astralen Regionen verbringen, ist normalerweise die längste im gesamten Zyklus. Mir scheint es so,
als seien die Reinigung und Vervollkommnung des Emotionalkörpers hier unsere wichtigsten Aufgaben. Schließlich wird
auch der vollkommene, prachtvolle Astralkörper zurückgelassen werden müssen. Doch bevor dieses Flammengewand
des Geistes endgültig beiseite gelegt werden kann, muß es die
Essenz aller wesenhaften Faktoren seines ganzen langen Le-
bensweges an das Ego weitergeben und ihm alle emotionalen
Erfahrungen und Erlebnisse einprägen. Das Ego bewahrt

diese Inhalte als wesenhaften Grundstoff in sich auf, und mehr noch, es behält seine besondere Fähigkeit der Intuition, die die Gefühlsform der Gedanken ist – eine Energie, die durch das Zusammenspiel von Astralkörper und Ego zustande kommen konnte. Doch obwohl beide Prinzipien an der Ausbildung dieser Fähigkeit gearbeitet haben, kann das Ego allein sie jetzt in einer viel reineren, effektiveren Art und Weise nutzen als jemals zuvor.

Ich habe jetzt eine Stufe erreicht, auf der die Klärung und Läuterung meiner irdischen Vergangenheit so gut wie abgeschlossen sind; ich fange gerade damit an, mir meine vorangegangenen Existenzen zu vergegenwärtigen und bemühe mich darum, sie zu verstehen. Diese alten Aufzeichnungen lagen jetzt lange genug in meinem Unterbewußtsein begraben; das Ego war jedoch solange noch nicht in der Lage, ihre tieferen Geheimnisse ans Tageslicht zu fördern, bis ich nicht mit meinem letzten Dasein ins reine gekommen war und es dem Bewußtsein möglich werden konnte, sie zu beleuchten. Wann immer ich mir nun zwischen den aktuellen Geschehnissen und der Arbeit des Tages ein wenig Zeit gönnen kann, wandern meine Gedanken in die Zeiten zurück, und Eindrücke aus den längst verflossenen Tagen anderer Existenzen rücken langsam in mein Blickfeld, wandeln sich und lösen sich in anderen auf. So werde ich nach und nach vertraut mit ihren Ereignissen und deren Hintergründen.

Ich muß so etwa 500 Jahre hier verbracht haben, bevor ich 1890 wieder zur Erde zurückkehrte, und ich wäre wirklich sehr froh, wenn mir dieses Mal wieder ein ähnlich ausgedehnter Aufenthalt hier beschieden sein würde. Bei anderen Leuten kann es natürlich noch länger dauern. Es ist durchaus möglich, daß an die 2000 Jahre vergehen, ehe die Endstufe, die äußerste Verfeinerung des Ego, schließlich erreicht ist. Bis heute habe ich allerdings jene geheimnisvolle Notwendigkeit noch nicht ganz verstanden, die den Geist wieder zur Erde zurückdrängt. Ich gebe mich aber mit der Überzeugung zufrieden, daß dieser

Zyklus sein folgerichtiges, natürliches Ende erreicht haben
wird, sobald es Zeit ist.» Mit diesen Worten verschwand Andrew.

Ich war sehr froh darüber, daß ich nun die Theorie vom
vierfachen Körper mit den bekannten Thesen unserer Vererbungslehre verbinden konnte. Daß sie wirksam sind, wissen
wir, daß sie jedoch eine zufriedenstellende Erklärung für unser
gesamtmenschliches Erscheinungsbild liefern können, erschien mir doch immer sehr zweifelhaft. Die Übertragung
physischer Merkmale über eine lange Ahnenreihe bestimmt
offensichtlich die äußere Erscheinung und beeinträchtigt
jedenfalls den Selbstausdruck des zurückkehrenden Ego. So
trägt also jeder Mensch zwei Arten von Erbanlagen in sich;
zum einen durch eine lange, physisch festgelegte Ahnenkette,
zum anderen durch eine lange Reihe von Ego-Inkarnatio-
nen. Jede Wiedergeburt macht Veränderungen in einem seit
Menschenaltern bestehenden Persönlichkeitsmuster möglich,
und zwar durch das Vermächtnis eines physischen Körpers.

Jede neue Wiedergeburt bringt der Persönlichkeitsstruktur
des Ego einen Zugewinn an Sinnerfüllung und Erfahrungs-
reichtum; es gewinnt dadurch in immer stärkerem Maße die
Fähigkeit, den materiellen Körper zu einem angemessenen,
würdigen Ausdrucksmittel für den in ihm wohnenden Geist
umzuformen. Bei jeder Reinkarnation ist das neue Element
ganz wundervoll auf das Wesen zugeschnitten, um dem Ego
die Chance zu geben, seiner langen Lebensgeschichte ein
neues, besseres Kapitel hinzuzufügen. Dabei bleibt die individuelle Persönlichkeit durch alle aufeinanderfolgenden Existenzen immer als sie selber erkennbar, wird aber im Laufe
eines jeden neuen Erfahrungszyklus um viele neue Erkenntnisse bereichert.

So kehrt das Ego in einen neuen Körper zurück, durch ein
neues Umfeld begrenzt, und muß versuchen, ein neues irdisches Schicksal wieder zu einem guten Abschluß zu bringen.

Später kam Andrew noch einmal auf das Thema zurück.

«Äonen mußten vergehen, bevor dieser vierfältige Körper des Menschen in Erscheinung treten konnte. Zeugnisse für einen evolutionären Prozeß finden wir in der Entwicklung des menschlichen Körpers, doch das ist nur die physische Seite der Geschichte. Das Studium zweifelhafter menschlicher Überreste kann uns weit weniger Aufschluß geben als das der Embryologie. Das Ego als der Weichensteller der menschlichen Existenz bringt alle eingelagerten Hintergründe und Bedeutungen der ganzen Kette von Erdenleben mit sich zurück und beginnt, auf den sich entwickelnden Embryo einzuwirken. Dieser wiederholt die frühen Stadien jener Kette. Das Band evolutionärer Zeiten wird vom Beginn an aufgerollt. Es führt über die Stufenleiter tierischer Formen, die nach neun Monaten durchlaufen ist, bis schließlich die menschliche Gestalt auf der Bildfläche erscheint. Die Geburt bezeichnet den Punkt, an dem das aufgerollte Band die authentische menschliche Erscheinungsform erreicht. Doch das ist keineswegs das Ende dieser langen Schnur, da das Ego vielleicht schon sehr oft wieder zur Erde zurückgekehrt ist, seit es zum allererstenmale die Gestalt eines Menschen annahm; auch das muß rekapituliert werden, bevor das Kind zu einem Erwachsenen heranreift, denn auch diese vergangenen Existenzen sind im Ego aufgezeichnet. Nach der Geburt nun kommt ihre Zeit, und sie beginnen, ihren Einfluß auf das neue Dasein auszuüben.»

«Psychologen und Pädagogen sind schon auf diesen Wiederholungsprozeß bei Kindern aufmerksam geworden. Man hat bereits versucht, ihn mit Jungs kollektivem Unbewußten in Verbindung zu bringen», meinte ich. «Es besteht kein Zweifel darüber, daß Kinder Phasen durchlaufen, die unschwer zu erkennen sind und die die Menschheitsgeschichte zu reflektieren scheinen.»

«Für uns handelt es sich dabei um die Wiederholung der früheren irdischen Existenzen eines jeden Individuums und um die Gewohnheit des Ego, seine vergangenen Inkarnationen aufzuarbeiten.»

«Das vereinfacht das Problem natürlich ganz wesentlich», bemerkte ich, «denn mit Jungs Theorie bekommt man einige Schwierigkeiten im Hinblick auf die Art und Weise, wie die kollektiven Inhalte weitergegeben werden sollten. Aufgrund eigener Erfahrungen bin ich völlig sicher, daß das heranwachsende Kind ganz bestimmte Verhaltensphasen durchlebt, Perioden, nach denen sich seine Einstellung zum Leben wesentlich ändert, während es schon in die nächste Phase eintritt. Solche Veränderungen zeigen sich in seiner Art zu sprechen, in seinen Spielen und in seinen Träumen. Diese Erscheinungen aber gehen vorüber und verschwinden zur gegebenen Zeit wieder, sobald sie Gelegenheit hatten, sich voll auszuleben. Werden sie zu stark blockiert, können sie als etwas auftreten, was gemeinhin ‹kindliche Fixierung› genannt wird. Die Entwicklung stagniert dann auf dieser Stufe, und die kindliche Verhaltensweise wird sehr wahrscheinlich mit ins Erwachsenenalter hinübergenommen, und das oft mit sehr bedauerlichen Konsequenzen.»

«Und genau hier liegen unsere Beweise für jene Wiederholungen nach der Geburt», sagte Andrew. «Das Kind durchlebt in seinen Spielen, seinen Tagträumen, Phantasien und in den Träumen während des Schlafes alle gespeicherten Vorgänge und Hintergründe eines jeden Erdenlebens. Ich glaube, daß dieser Prozeß abgeschlossen sein muß, bevor die jugendliche Energie mit ganzer Kraft auf die Erfahrungen gerichtet werden kann, die das gegenwärtige Leben bereithält. Kann sich der Mensch frei und unbelastet dem Heute zuwenden, steht er am Beginn seiner Reifezeit. Verlief der Wiederholungsprozeß ungestört und reibungslos, können die verborgenen Zeugnisse vergangener Existenzen ruhig und sorglos im Unbewußten schlummern, ohne das Gemüt des Kindes mit alten Ängsten zu beschweren. Freude und Triumph, Furcht und Kummer werden innerhalb der neuen Umgebung im Spiel freigesetzt. Alte Ängste stellen sich als unbegründet heraus und werden zerstreut. Wo sie jedoch nicht in dieser Weise spielerisch zum Ausdruck kommen können, ist deutlich zu beobachten, daß sie im Unbewußten aktiv bleiben und die gegenwärtigen Erfahrungen beeinträchtigen und stören.»

«Bestimmte Formen dieser Wiederholung sind unübersehbar», warf ich ein. «Die Angst vor Dunkelheit zum Beispiel oder die Furcht vor wilden Tieren in der Zeit, wenn es ein schaurig-schönes Vergnügen ist, beim Spielen mit Löwen und Tigern zu kämpfen. Auf diese Weise wird echte Angst in harmlose Spiele verwandelt, die nicht länger mehr ernstgenommen werden müssen.»

«Richtig, man kann sicher eine ganze Reihe solcher Wiederholungen erkennen, wie sie für gewöhnlich im Gemüt eines Kindes auftauchen. Dabei können jedoch große Unterschiede bestehen, weil es keine zwei Menschen gibt, die ein völlig gleiches Leben geführt haben, selbst nicht unter ähnlich primitiven Bedingungen. Wichtig ist die Tatsache, daß sich das Kind viele unbewußte Aufzeichnungen im harmlosen So-tun-als-Ob von der Seele spielt; es lebt sie aus, ohne eine Ahnung von ihrer wahren Bedeutung zu haben. Das ist die ungefährliche Katharsis alter Ängste und Ärgernisse, die sonst vielleicht dem Erwachsenen das Leben schwer gemacht hätten.»

«Unter diesem Blickwinkel wäre das Studium von Kinderspielen sicher eine faszinierende Angelegenheit, seien es nun gesellige Spiele oder solche, die das Kind für sich allein spielt», meinte ich.

«Ganz bestimmt. Manchmal sucht sich gefährliches Material auch in den Träumen des Kindes einen Ausweg. Jedes Kind trägt solch heiklen Stoff mit sich herum, der auf irgendeine schlimme, grauenvolle Erfahrung in einem vergangenen Leben zurückgeht, und dann ist es Aufgabe der Eltern, Geduld für das seltsame, oft recht unangenehme Gebaren aufzubringen, das sie mit sich bringen kann. Die Lösung des Problems liegt einfach darin, die Phantasien und Aktivitäten des Kindes beim Spiel uneingeschränkt zuzulassen und nur dann ein Machtwort zu sprechen und die Zügel anzuziehen, wenn sie ganz offensichtlich die Gemeinschaft gefährden oder sonstwie schädlich sind.

Noch etwas anderes wurde mir klar, als ich im Rückblick die Tage meiner eigenen Kindheit erreichte. Man hat mit dem Teil seines Lebens abgeschlossen, der stets für das Bewußtsein offenlag, und dann kommen die frühen Stadien der Kindheit mit ihren ganz besonders scharfen, aber äußerst verworrenen, chaotischen emotionalen Prägungen zurück in den Erfahrungsbereich. In der Tat haben wir es hier nun mit dem berühmten Freudschen Unbewußten zu tun. Dabei machte ich eine eindrucksvolle Entdeckung, und zwar eine, die noch nachdrücklicher auf die Notwendigkeit hinweist, mit Kindern möglichst sanft und nachsichtig umzugehen. Ich stellte fest, daß die Gefühlsreaktionen jener frühen Tage – Reaktionen, die niemals im herkömmlichen Sinne das Bewußtsein erreicht haben – von ungeheurer Intensität waren. Tatsächlich verblassen die turbulentesten Stürme unseres späteren Lebens gegenüber der Gefühlsintensität, derer ein ganz kleines Kind fähig ist. Da das Ego noch nicht die leiseste Möglichkeit ihrer Kontrolle besitzt, wirken sich die Emotionen offenbar fürchterlich aus. Das Kind empfindet Qualen, ätzende Frustrationen, verzehrende Eifersucht und Martern ständiger Leidenschaft und Begierde.

Lege jetzt bitte eine kleine Pause ein und versuche einmal, dir den Kampf vorzustellen, den ein Kind in seinem Hunger nach Liebe und Anerkennung und in seinen Reaktionen auf neue Ängste und Bedrohungen auszufechten hat. Ich glaube, ich galt allgemein als ein glückliches, zufriedenes Kind, und doch war da ein Vulkan von Gefühlen, der die meiste Zeit über in mir in heftiger Tätigkeit war.»

Andrew schlug vor, die Reihe wiederholter Erdenleben, aus der der Mensch von heute hervorgegangen ist, in Form eines Schaubilds darzustellen. Er meinte: «Entwickele eine Skizze, die die bewußten und unbewußten Ebenen der Seele von Leben zu Leben zeigt, und in der die zunehmende Komplexität der unbewußten Anteile deutlich wird. Fange mit der Stufe an, auf der zum erstenmal ein menschlicher Organismus in Erscheinung tritt. Die unbewußten Schichten enthalten hier lediglich Aufzeichnungen tierischer Erfahrungen, die vor der Geburt wiederholt werden. Zeige dann, wie das Leben Schicht auf Schicht türmt, um schließlich die wundervolle seelische Konstruktion des modernen Menschen hervorzubringen.»

Auf diesen Vorschlag hin entstand das nachfolgend abgebildete Diagramm.

1. Zyklus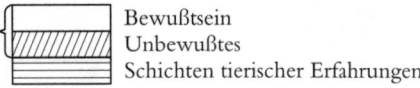

Es folgt der 2. Zyklus, der der tierischen Schicht die erste Stufe menschlicher Erfahrungen aus dem vorangegangenen Zyklus beifügt.

2. Zyklus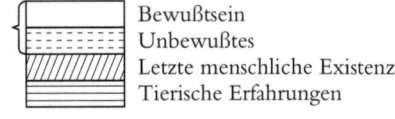

In der Reihenfolge geht es dann weiter wie folgt:

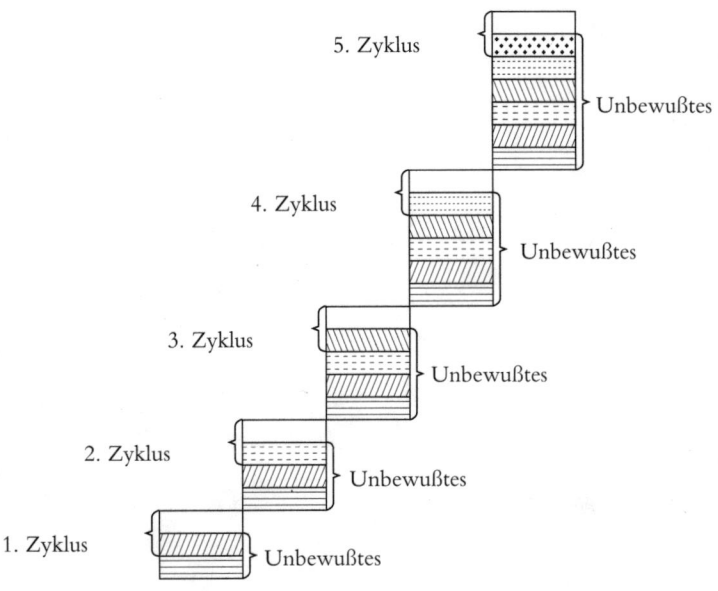

In dieser Reihe sind vier Existenzen wiedergegeben; in den folgenden Leben werden von ihnen keine aktuellen Erinnerungen mehr vorhanden sein, sondern nur unklare emotionale Aufzeichnungen im unbewußten Astralkörper.

13. Kapitel

Einsicht in vergangene Erdenleben und in wiederkehrende menschliche Beziehungen

Andrew ging nun an die Einlösung seines Versprechens, mir etwas von dem Bilderbogen längst vergangener Zeiten zu zeigen, der sich ihm allmählich in Visionen zu offenbaren begann. Seine Geschichte vervollständigte meine Kenntnisse über Andrews Leben und Charakter, klärte Unstimmigkeiten in seinem Verhalten auf, die mir immer ein Rätsel geblieben waren, und verdeutlichte viele verborgene Motive und Hintergründe seiner Persönlichkeit.

Ich hatte gemeint, ihn ganz genau zu kennen. Wir wuchsen miteinander auf und teilten jahrelang gemeinsame Interessen und Ziele. Doch es war da – wie in der Beziehung zu vielen unserer Freunde auf der Erde – immer ein seltsames Gefühl des Getrenntseins, ein Gespür von etwas Rätselhaftem, das selbst in der intimsten Beziehung empfunden werden kann. Mir wurde allmählich klar, daß dieses Unbekannte, das wir im anderen spüren, mit der verborgenen Geschichte seiner Vergangenheit zu tun haben muß – einer Vergangenheit, an der man selbst vielleicht keinen Anteil haben durfte.

Obwohl unerkannt und unerforscht, wirken diese Persönlichkeitsanteile doch spürbar fort und sorgen für die großen Unbekannten innerhalb jeder Verbindung. Ich glaube, es ist diese Vergangenheit, an der man nicht teilhaben konnte, die uns zu der Überzeugung gelangen läßt, letztendlich doch allein zu sein, und weil uns der Grund für diese innere Isolation verborgen bleibt, macht sie uns oft so traurig. Dann beklagen wir, wie wenig wir oft selbst von denen wissen, die uns die Nächsten und Liebsten sind. Intuitiv erfassen wir, daß ein großer Teil der Persönlichkeit unserer Freunde abgetrennt von uns ein Eigenleben führt, das unzugänglich unterhalb der Bewußtseinsschwelle dahinfließt. Vielleicht ist es das erste Leben, in dem zwei Menschen es miteinander zu tun bekommen, und so können sie nur jeweils an der aktuellen Wesensschicht des anderen teilhaben.

Auf der anderen Seite aber gibt es Männer und Frauen, die sich schon auf den ersten Blick wiedererkennen. Dieses intuitive Erfassen und spontane Zutrauen zum anderen kommen aus unergründlichen Tiefen; augenblicklich ist da ein Gefühl ruhiger Sicherheit, das beim besten Willen nicht dem kurzen Sichkennen auf der Erde zugeschrieben werden kann. In solchen Beziehungen gibt es keine ungelösten Probleme, keinen Grund für lange Erklärungen. Das Beisammensein, der gegenseitige Austausch sind leicht und mühelos von Anfang an. Fast jeder Mensch war sicherlich einmal in der glücklichen Lage, das erfahren zu dürfen. Wo aber eine solche Begegnung zu einer engeren Beziehung heranreift, kommt es zu Verbindungen, die für alle die großen Liebesgeschichten der Vergangenheit stehen. Sicher wird Andrew mir erklären, daß das Menschen sind, die sich in früheren Existenzen schon gekannt und geliebt und alle Probleme und Hindernisse auf dem Wege zur harmonischen Gemeinsamkeit ausgeräumt haben. Sie sind unterhalb der Bewußtseinsschwelle ebenso vereint wie an der Oberfläche, und kein verstecktes, dem anderen nicht zugängliches Geheimnis kann ihre Beziehung trüben.

Doch hier ist Andrews nächste Mitteilung: «Ich hoffe, ich habe beim letzten Mal klarstellen können, daß alle unbewußten Inhalte im Laufe des Rückerinnerungsprozesses erforscht werden müssen. Ich war an dem Punkt stehengeblieben, an dem die Aufzeichnungen die stürmischen, chaotischen Erfahrungen der frühen Kindheit erreichten. Eine Weile danach tauchten Eindrücke auf, die weiter zurückliegenden Ereignissen angehörten; wie durch einen trüben Schleier, aber doch klar und eindeutig erkannte ich andere Menschen, andere Sitten und Gebräuche, andere Gegenden. Ich stellte fest, daß man sich selbst in diesen Szenen keineswegs objektiv handeln sieht. Man ist zwar dort, fühlt und bewegt sich in dieser fremden Umgebung, doch das persönliche Bewußtsein hat sich verändert. Es ist ein subtiler Unterschied in der Weltanschauung und den Sympathien, die man hegt, spürbar, der sich nur sehr schwer erklären läßt. Man handelt auf dem Schauplatz der Vergangenheit und ist sich dabei doch stets seiner gegenwärtigen, weiter fortgeschrittenen Persönlichkeit bewußt. Das Selbst tritt so in den verschiedensten Kostümierungen auf, und man erkennt, daß man in jenen Tagen Gewohnheiten, Gedankengänge und Verhaltensweisen besaß, die recht oft sogar dem Wesen des heutigen Menschen völlig fremd sind.

Ich habe Menschen gekannt, die an solchen Kenntnissen aus ihrer Vergangenheit zerbrochen sind. Sie mochten in ihrer letzten Inkarnation ein solides, respektables Leben geführt haben, und dann ist es äußerst hart für sie, sich selbst in einer roheren, gewalttätigen Phase ihrer langen Existenz erleben zu müssen. Eines der erstaunlichsten Dinge, mit denen man konfrontiert werden kann, ist der Wechsel des Geschlechtes, obwohl das keine zwingend notwendige Erfahrung sein muß. Ich überlasse es deiner Vorstellungskraft, sich die Selbstenthüllungen zu vergegenwärtigen, die hingenommen und akzeptiert werden müssen. Es kann jedoch kein Zweifel darüber bestehen, daß wir in diesem verschütteten Material die Spuren vor uns haben, die uns die Erklärung für unsere Lebenseinstellung und die oft seltsamen Widersprüchlichkeiten in unserem Verhalten liefern, die so gar nicht in das übrige Muster passen wollen. Glücklicherweise sind diese älteren Erinnerungen nicht mit Emotionen aufgeladen wie die vorangegangenen; sie gehen vorüber wie ein Traum und besitzen doch gleichzeitig so viel mehr Bedeutung und Sinnhaftigkeit als ein Traum. Der Grund dafür ist darin zu suchen, daß sie dem Ego-Gedächtnis entspringen und nicht länger mehr mit einer astralen Erinnerung verbunden sind. So enthüllen sie deutlich lediglich ihre hintergründige Bedeutung.

Doch noch etwas anderes muß durchlebt werden: Hat man sich zu Taten aus vergangenen Existenzen zu bekennen, die den Menschen in Schuld und Scham verstrickten, erlebt man sie sozusagen *von innen* und nicht vom Standpunkt eines Beobachters aus. Der Mensch kann feststellen, daß seine Motive kaum jemals nur negativer Natur waren. Glücklicherweise nimmt er lediglich die Bedeutung seiner Handlung wahr, so wie das Selbst sie registriert hat, und nicht die Reaktionen anderer auf sie.»

«Diese Rückschau muß ja derartig faszinierend sein, daß ich mich allen Ernstes frage, wie du es bei all diesen eigentümlichen Bildern aus der Vergangenheit fertigbringst, den Kontakt zur Gegenwart nicht zu verlieren», meinte ich.

«Mein Alltagsleben läuft ab wie gewöhnlich», antwortete Andrew. «Was ich gerade schilderte, ist mein Gedankenleben, meine subjektive Erfahrungswelt. Das mag sich kompliziert anhören, ist es in der Praxis aber nicht. Es ist ein faszinierendes Studium, ganz wie du gesagt hast, aber du hast die Bedeutung dieses Prozesses anscheinend noch nicht ganz begriffen.

Indem ich mir mehr und mehr von mir selbst zu eigen mache, werde ich mit der Zeit ein immer vollständigeres Individuum. Gewinne ich Einsicht in den unbewußten Teil meines Wesens, erweitert sich mein Persönlichkeitsbereich, und ich besitze dadurch schließlich mehr Kraft und Gewalt über mein Leben. Habe ich erst meine Vergangenheit voll und ganz erforscht und akzeptiert, werde ich ein vollständiger Mensch sein, da dann die Lebenskräfte freigesetzt sind, die bis dahin in meinem unbewußten Selbst eingeschlossen waren und mir nun zum bewußten Umgang zur Verfügung stehen.»

«Ich verstehe», sagte ich. «Das ist Jungs Traum vom vollendeten, ganzen Menschen. Und doch hat er gemeint, es sei so gut wie ausgeschlossen, als irdischer Mensch eine solche Kontrolle über das Unbewußte ausüben zu können. Ich glaube, wenn du erst einmal alle Kräfte aus den entferntesten Bereichen deiner Persönlichkeit zusammengezogen hast, wirst du mir unheimlich sein.»

«Wir alle müssen diesen Prozeß durchlaufen, und diejenigen, die die längste Kette irdischer Existenzen und damit auch die meisten Hintergründe zu bewältigen haben, verfügen über die größten Kraftreserven von allen. Ich habe gerade eben erst damit begonnen, meine letzten beiden Erdenleben aufzuarbeiten, und es werden sicherlich noch etliche folgen müssen. Soll ich dir etwas über diese zwei Inkarnationen erzählen?»

«Ach ja, bitte, Andrew. Genau das möchte ich», antwortete ich.

«Ich wurde zweimal als Engländer geboren», fuhr Andrew fort, «das letzte Mal im späten 19. Jahrhundert, wie du ja weißt, und davor so ungefähr um die Mitte des 15. Jahrhunderts. Es liegt also ein vergleichsweise kurzer Zeitraum zwischen diesen beiden Existenzen – tatsächlich weniger als 500 Jahre. Als ich mir dieses Leben im 15. Jahrhundert ins Gedächtnis zurückzurufen begann, erlebte ich, wie ich zu einem Kriegszug aufbrach, doch mit Pfeil und Bogen statt mit Gewehr. Ich sah gewappnete Reiter durch eine Landschaft reiten, die mir vertraut war. Es war in Frankreich, doch das Frankreich eines früheren, roheren Zeitalters. Auch damals war ich ein englischer Soldat, der in Frankreich focht; wir hatten eine merkwürdige Angst vor unserem Feind, von dem wir glaubten, er sei mit dem Teufel im Bunde. Sicherlich würde er uns in der Schlacht vernichtend schlagen. Für mich persönlich war es ein aktives und keineswegs unglückliches Leben mit einer ganz ähnlichen Einstellung wie im letzten. Ich war fröhlich im

Kreise meiner Kameraden und recht beliebt. Grund zum Unglücklichsein hatte ich nur bei dem Gedanken an eine Frau in England, der gegenüber ich mich nicht besonders gut benommen hatte, weil ich mein Leben so lebte, wie es mir gerade in den Kopf kam. Nun, es war ein sehr kurzes Leben und endete auf die gleiche Weise und fast im gleichen Alter wie das letzte, und wieder auf einem Schlachtfeld in Frankreich.

Ich habe sehr viel über diese seltsame Wiederkehr des gleichen Themas nachgedacht und bin fest davon überzeugt, daß nichts Zufälliges dabei im Spiel ist. Zuerst glaubte ich, daß die Wiederholung desselben Beweggrundes – Patriotismus – mich zu dem militärischen Leben und dem kurzen, aufregenden Kriegsabenteuer getrieben hatte, weil mein Ego in diesem besonderen Lebensmuster seine größte Erfüllung finden konnte; jetzt aber erkenne ich, daß noch anderes dabei eine Rolle spielt. Als ich nämlich die beiden Existenzen miteinander verglich, entdeckte ich die Wiederholung vergangener Erfahrungen. Du erinnerst dich sicher, daß ich bis zum Alter von 21 Jahren ein sehr pazifistisch eingestellter junger Mann war?»

«Ja», bestätigte ich, «so bist du mir am nachhaltigsten in Erinnerung.»

«Und da, ganz plötzlich und ohne ersichtlichen Grund, setzte ich es mir in den Kopf, einer territorialen Vereinigung beizutreten. Ich legte mir selbst ganz ausgezeichnete Gründe dafür zurecht wie die Notwendigkeit körperlichen Trainings, männlicher Kameradschaft und so weiter, doch der wirkliche Antrieb hatte damit nicht das geringste zu tun.»

«Du hast recht», sagte ich. «Ich habe dich lange Zeit gekannt und bin niemals auf den Gedanken gekommen, dich mit solchen Interessen in Verbindung zu bringen. Dann hast du uns plötzlich alle mit deiner Entscheidung vor den Kopf gestoßen. Aber ich habe dich so sehr bewundert und gedacht, alles, was du tust, hätte schon seine Richtigkeit.»

«Ja, aber begreifst du denn nicht? Das war der Punkt, an dem mein vorheriges Leben mich überrumpelte! Der Impuls, Soldat zu werden, wiederholte sich gerade zu dem Zeitpunkt, als ich das Mannesalter erreichte. In Friedenszeiten hätte er sich sicher vergleichsweise harmlos ausgewirkt, 1913 aber verband er mich gerade rechtzeitig mit dem Militärapparat. Daher war ich, als 1914 der Krieg ausbrach, ein halbwegs ausgebildeter Soldat und wurde der kämpfenden Truppe einverleibt.

Das war Karma in seinem vergeltenden Aspekt: ein vergangenes Leben, das verändernd in das gegenwärtige eingreift, und das gerade im richtigen Augenblick, um ein ähnliches Muster herbeiführen zu können. Ich bin fest davon überzeugt, daß die Wiederholung ein machtvolles karmisches Instrument ist, um von Leben zu Leben wiederkehrende Themen auszulösen.

Siehst du, dieser Drang aus meinem Leben im 15. Jahrhundert machte sich erst bemerkbar, als ich schon fast erwachsen war. Das ist der Beweis dafür, daß der Wiederholungsprozeß nicht bereits während der Jugend beendet wird, sondern bis ins Erwachsenenalter hinein andauert. Wahrscheinlich bezeichnet die Krise, die durch diesen letzten Einbruch der Vergangenheit in die Gegenwart hervorgerufen wird, den Zeitpunkt, an dem die Reife erreicht ist; von nun an ist das Ego frei und fähig, seine gebündelten Energien den aktuellen Angelegenheiten des Lebens zu widmen. Es bedeutet ebenfalls, daß die vorangegangene Existenz als letzte Phase der Wiederholung den größten Einfluß auf die Festsetzung des vorherrschenden Grundthemas im gegenwärtigen Leben hat. Es erklärt auch das charakteristische Verhalten von Jugendlichen, mit dem Leben herumzuexperimentieren, und ihre Schwierigkeiten, einen festen Beruf zu wählen, bevor sie endgültig frei sind von den Einflüssen vergangener Existenzen.»

«Wenn dieses letzte Leben seine Wirkungen auf dich ausübte, als du 21 warst, dann möchte ich gerne etwas über das Leben hören, das dich vor dieser Zeit beeinflußte. Kannst du mir etwas über die Existenz erzählen, die der im 15. Jahrhundert vorausging?» fragte ich.

«Ich habe keine Ahnung, wie lange Zeit dieses andere Leben zurückliegen mag. Ich kann nur soviel sagen, daß es irgendwann zur Zeit des alten Roms stattfindet, und daß das Ich, dessen Mittelpunkt es ist, einem Sklaven gehört, oder besser gesagt einer Sklavin. Es sieht so aus, als hätte ich dieses Leben als Sklavin gelebt. Ganz ohne Zweifel war ich glücklich und wurde trotz meiner Stellung gut behandelt. Dieses weit zurückliegende Leben beginnt aber gerade erst, sich mir zu enthüllen, und es ist sicher besser zu warten, bis mir die ganze Geschichte vor Augen steht, bevor ich mich weiter darüber verbreite. Ich kann aber zu dem Thema noch etwas berichten, was ich hier erlebt habe. Das Folgende zum Beispiel ist die Skizze einer Gruppe von Familienangehörigen. An ihr wirst du sehen, wie sich Karma innerhalb einer Gruppe und in den ihr zugehörigen Individuen auswirkt.

Stelle dir diese Gruppe zuerst in ihrer modernen Zusammensetzung vor. Es ist eine englische Familie der Mittelklasse, in der die Mutter den vorherrschenden Einfluß hat. Sie ist eine energische, derbe Person mit männlichen Gesichtszügen und buschigen Augenbrauen; sie ist lebensklug und besitzt eine gewisse Bildung. Ihr eiserner Wille und ihr Organisationstalent machen sie zum unbestrittenen Oberhaupt der Familie. Sie ist streng, konservativ, doch auch gütig und tief religiös. Sie hat vier Söhne, von denen der älteste sich schon in jungen Jahren von ihrer Vormundschaft befreite und fähig ist, sich ihrer Einflußnahme zum Trotz ein eigenes Lebensmuster zu schaffen. Zwischen dem zweiten Sohn und der Mutter jedoch besteht eine ungewöhnlich starke Bindung, und er bleibt unter ihrem Einfluß bis ins Mannesalter hinein, ja eigentlich bis zu seinem frühen Tod im Krieg. Der dritte Sohn fügt sich den mütterlichen Wünschen in noch stärkerem Maße. Der Jüngste aber, ein anziehendes Kind, das so hübsch ist, daß es oft für ein Mädchen gehalten wird, ist nicht annähernd so leicht zu lenken. Er ist der besondere Liebling und Spielgefährte des zweiten Sohnes, der den Jungen durch seine Kinderzeit hindurch regelrecht bemutterte und oft vor den strengen Strafen der Mutter bewahrte; er ist allgemein bekannt als ‹Micks Baby›. Nur ein einziges Mal läßt ihn sein Beschützer im Stich. Der Junge haßt es, in die Schule zu gehen und lernen zu müssen. Einmal läuft er völlig durcheinander von zu Hause fort. Natürlich wird er zurückgebracht, doch dieses Mal kann selbst Mick ihm sein Verhalten nicht verzeihen. Der große Krieg fordert zwei Opfer aus dieser Familie, den zweiten und den jüngsten Sohn.

Kommen wir nun zum zweiten Sohn zurück, der inzwischen die nachtodliche Phase erreicht hat, in der die fernere Vergangenheit ins Blickfeld zu rücken beginnt. Er findet sich in römischer Zeit wieder, und seine Familie besteht aus unseren Bekannten, die jedoch jetzt völlig andere Rollen spielen. Leicht erkennt man die spätere Mutter wieder, und zwar im Vater, einem finsteren, stoischen römischen Bürger mit stark ausgeprägten Leidenschaften. Er besitzt eine Sklavin, die er zärtlich liebt, und eine Mutter, zu der eine starke Bindung besteht. Nun aber erkennt sich der zukünftige zweite Sohn in jener Sklavin wieder und seinen geliebten kleinen Bruder als sein eigenes, angebetetes kleines Töchterchen. Die Mutter des römischen Bürgers ist später das älteste Kind in einer modernen Familie. Der anziehende Impuls scheint von dem römischen Vater ausgegangen zu sein, der innerhalb der modernen Familie als Mutter wiedergeboren wurde. Er brachte folgende Personen zurück in seine Reichweite: den Geist seiner Mutter in Gestalt des ältesten Sohnes; seine Frau, die Sklavin, als zweitältesten Sohn; letzterer zog seine kleine Tochter wieder an sich. Alles, was sich in den Familienverhältnissen der neuzeitlichen Gruppe also abspielte, kündigte sich bereits durch die Beziehungen der Mitglieder untereinander in der Vergangenheit an.»

«Ich weiß wirklich nicht, ob ich darüber lachen oder weinen soll, Andrew. Ich erkenne zwar das Bild wieder, doch die Bedeutung der Personen, so wie sie mir vertraut sind, ist plötzlich so neu durch ihre vergangenen Rollen, daß es mich doch ziemlich erschüttert.»

«Genau das ist der Effekt, wenn die Betonung plötzlich auf der *Bedeutung* von Dingen und Menschen liegt. Es ist die Art geistiger Erweiterung, wie wir sie hier täglich erfahren dürfen. Du siehst also, je tiefer man in die hintergründige Bedeutung der Dinge hinabtaucht, desto tiefer und reicher wird das Leben. Es ist ein kleiner Vorgeschmack der Lebensfülle, von der wir dir schon so oft erzählt haben.

Doch hier ist noch eine andere Gruppenstudie. Es gab einmal zwei Brüder, die nicht gut aufeinander zu sprechen waren. Ihr ganzes irdisches Leben lang lagen sie sich in den Haaren. Als sie starben, ging jeder von ihnen dankbar seines Wegs, und doch konnten sie es nicht vermeiden, sich hier wiederzutreffen. Jetzt jedoch waren sie in der Lage, den Grund für ihre Uneinigkeit zu erkennen: Sie fanden heraus, daß sie in einem früheren Leben die Frauen ein und desselben Mannes und entsetzlich eifersüchtig aufeinander gewesen waren. Nachdem sie nun endlich die Bedeutung ihrer Streitereien durchschaut hatten, söhnten sie sich miteinander aus und kehrten geradewegs wieder zur Erde zurück. Die alte Anziehungskraft zog sie wieder in dieselbe Familie, doch dieses Mal wurden sie als Bruder und Schwester geboren. Durch diese Verbindung nun war ihnen eine ideale Gelegenheit beschert, die verwickelten Bezüge und Widersprüche ihres Karma aus der Welt zu schaffen, und so konnten sie in ihrem letzten gemeinsamen Leben frei und unbelastet miteinander umgehen. In diesem Falle sehen wir die Klärung einer schwierigen, mit Schuld und Vorwürfen belasteten Verbindung, bei der es einfach nicht gelingen wollte, eine Angleichung der Fronten herbeizuführen. Hat sich die Beziehung jedoch stabilisiert und sind die beiden schließlich von ihrer Schuld gereinigt, kann sich der karmische Knoten lösen, und die beiden können in Frieden auseinandergehen, wenn sie es wünschen.

Ich könnte dir noch viele andere Beispiele geben von der Art und Weise, wie das Karma für die Befreiung der Seele von allen negativen Verbindungen sorgt, aber vielleicht ist schon genug darüber gesagt worden. Auf alle Fälle geht es hierbei um einen Prozeß von allerhöchster Bedeutung; er spielt eine überragende Rolle bei der Bewältigung des Bösen in jeder individuellen Existenz.»

«Dann glaubst du also, daß wir so lange weitermachen müssen, bis alle unsere Beziehungen gelöst und keine Schuldgefühle mehr vorhanden sind? Das ist ein strenges Evangelium! Immer dann, wenn wir einem anderen ein Unrecht zufügen, schmieden wir uns die Kette, die uns wieder zu ihm zurückzieht.»

«Richtig. Wir müssen lernen, unser ‹Leben› im Zusammenhang mit dieser ganzen Kette von Existenzen zu sehen. Jedes Glied dieser Kette ist nur ein kleiner Zwischenfall in dem großen Dasein, für das wir verantwortlich sind. Karma ist in Wahrheit lediglich der fortlaufende hintergründige Sinn, der alle Zwischenspiele miteinander verbindet und sie zu einem Ganzen zusammenschweißt.»

«Ich bin wirklich froh, daß ich die ganze Geschichte meiner Vergangenheit noch nicht kennenlernen muß; ich fühle mich für diese Sicht der Dinge noch nicht gewappnet genug. Ich vermute, daß ein weitaus umfassenderes Bewußtsein und die reinere, verfeinerte Lebensqualität, die du erreicht hast, notwendig sind, bevor man sie in der richtigen Art und mit Gleichmut ertragen kann.

Blinde, unglückselige Zufälle, zerbrochene Hoffnungen, die losen Enden unerfüllter Beziehungen – das alles muß unsere Seelen nicht weiter mehr quälen, wenn wir sterben. Alles wird wiederkommen und sich in das fortlaufende Muster einfügen, und der Aufschrei ‹Zu spät› wird uns nicht länger mehr peinigen. Immer wird es Gelegenheiten geben, unsere Fehler und Vergehen wiedergutzumachen. Reue hat eine weitaus höhere Bedeutung gewonnen, da tiefe, echte Buße fortwährend unser Wesen verändert. Sie gibt uns die wunderbare Chance, der gleichen Versuchung beim nächsten Mal zu widerstehen und die Entschädigung leisten zu können, die dieses Leben uns vielleicht verweigert.»

14. KAPITEL

Die Bedeutung der Reinkarnation für die Geschichte

Die praktische Anwendung der Reinkarnationstheorie warf viele Fragen auf; als E. K. und ich das nächste Mal zusammenkamen, machten wir sie daher zum Gegenstand unserer Diskussion.

«Ich bin beileibe kein Mathematiker, doch finde ich, daß der zahlenmäßige Aspekt unserer Theorie einmal näher beleuchtet werden muß», meinte ich. «Wenn kein Mensch geboren werden kann ohne ein wiederkehrendes Ego, das sich mit dem Embryo vereint – wie läßt sich dann die ständig wachsende Zahl der Weltbevölkerung erklären?»

«Zu diesem Punkt ist mir schon einiges eingefallen», antwortete E. K., «und ich sehe mehrere Faktoren, die relevant sind. Betrachte zuerst einmal die Tatsachen, wie sie sich auf der Erde darstellen. Primitive Völkerschaften waren Naturkatastrophen größten Ausmaßes unterworfen – Erdbeben, Überschwemmungen, Eiszeiten, dem Absinken ganzer Landmassen ins Meer und so weiter. Wir wissen nicht, wie zahlreich die Menschen jener Tage waren, doch ist es unter primitiven Bedingungen nur zu wahrscheinlich, daß nur sehr wenige der neugeborenen Kinder auch wirklich das Erwachsenenalter erreicht haben. Eine hohe Sterberate bedingt eine geringe Weltbevölkerung, der eine entsprechend große Anzahl von Seelen in den nachtodlichen Bereichen gegenübersteht. Diese Vielzahl von Wesen wird nun immer und immer wieder Gelegenheit gesucht haben zu reinkarnieren; waren die Bedingungen dazu ungünstig, dürften sie genauso oft das Säuglingsalter nicht überlebt haben. So korrespondieren die Schwankungen in der Zahl der Erdbevölkerung stets mit der Anzahl der hier lebenden Wesenheiten; gab es hier mehr Menschen, existierten entsprechend weniger auf der Erde und umgekehrt. Ich glaube, daß die Gesamtsumme aller lebendigen Seelen durch die Zeitalter hindurch exakt die gleiche geblieben ist; das Leben wechselt, wie jede andere Form von Energie auch, nur seine Gestalt und tritt einmal auf der irdischen Ebene, ein andermal hier auf der Seite des Jenseits in Erscheinung.

Es gab noch verschiedene andere Strömungen, die wiederkehrendes Leben mit sich führten; sie mögen zu einer bestimmten Zeit in den irdischen Strom eingemündet sein und zum Anwachsen der Bevölkerung beigetragen haben. Es ist unwahrscheinlich, daß es auf den anderen Planeten unseres Sonnensystems Leben im irdischen Sinne gibt; es ist jedoch erwiesen, daß sie von Geistwesen bewohnt sind, die sich in der Regel nicht mehr in einem irdischen Körper zu inkarnieren brauchen. Für andere Geistwesen wiederum ist das Leben auf der Erde im höchsten Grade fesselnd und interessant. Sie beeinflussen es, überwachen seine wichtigsten Entwicklungsstadien und nehmen von Zeit zu Zeit das größte Opfer auf sich, nämlich das, in seine finsteren Daseinsbedingungen hinabzusteigen, um dadurch einen noch direkteren Einfluß nehmen zu können. Es ist sehr wahrscheinlich, daß ein zwar geringer, aber regelmäßiger Zuwachs zur Anzahl der Erdenmenschen aus diesen Sphären erfolgt. Viele der großen spirituellen Führer der Menschheit kamen von dorther.»

«Danke vielmals, E. K. Das erklärt schon einiges. Es wird heutzutage bereits zugestanden, daß es auch in anderen Sonnensystemen bewohnte Planeten geben könnte, was freilich noch weitere Wechselbeziehungen denkbar macht. Jetzt aber habe ich noch eine andere Frage. Was geschieht zum Beispiel mit den Rassen, die systematisch ausgerottet wurden, wie das Volk der Tasmanier, und was ist mit den ausgestorbenen oder sterbenden Stämmen der Indianer in Amerika oder der australischen Aborigines?»

«Du meinst, daß diese Seelen schwerlich zu ihren angestammten Völkern zurückkehren können, und fragst dich, was mit ihnen geschieht, sobald sie wieder zur Erde zurückmüssen?»

«Ja», antwortete ich. «Was immer auch dafür verantwortlich sein mag, daß ganz bestimmte Rassen aussterben – man muß es in Beziehung zur Möglichkeit setzen, wiedergeboren zu werden. Wie können diese Menschen zur Erde zurückkehren, wenn ihr Volk ihnen keine physischen Körper mehr zur Verfügung stellen kann?»

«Du kannst sicher sein, daß sie zurückkommen, wenn die Zeit dafür reif ist, wobei im Falle eines primitiven Volkes das zeitliche Intervall recht kurz sein kann. Ich neige zu der Annahme, daß gerade die Tasmanier, ein Volk, das vollständig und unbarmherzig ausgerottet wurde, wie durch eine Ironie des Schicksals in den Reihen ihrer Eroberer und Mörder wiedergeboren werden. Gerade auf Menschen einer primitiven Entwicklungsstufe übt die alte, gewohnte Umgebung eine starke Anziehungskraft aus, und darum kehren sie mit großer Wahrscheinlichkeit wieder in ihr angestammtes Land zurück und bewohnen dort jede physische Gestalt, derer sie habhaft werden können.»

«Das ist wirklich interessant», bemerkte ich. «Ich erinnere mich, daß C. G. Jung im Zusammenhang mit den Indianern große physische und psychologische Parallelen zwischen ihnen und dem modernen amerikanischen und kanadischen Menschentyp feststellt. Er weist dabei unter anderem auf die Kopfform, die hageren Gesichtszüge, die schmalen Lippen hin. Auch führt er aus, daß der weiße Mann dazu neigt, indianische Wertvorstellungen anzunehmen, und, was noch bemerkenswerter ist, sich indianische Symbole zu eigen zu machen, was auf eine tief wurzelnde Verbindung zwischen den Kulturen im Bereich des Unbewußten hindeutet. Jung setzt diese Tatsachen zu seiner Theorie des kollektiven Unbewußten in Beziehung und erklärt diese Ähnlichkeiten auch mit dem Einfluß bestimmter geographischer Gegebenheiten, die durchaus in der Lage sein sollen, besondere Menschentypen hervorzubringen oder zu modifizieren.»

«Jedenfalls ist das Leben auch nicht annähernd so ungerecht und grausam, wie es aus der rein irdischen Sicht erscheinen mag. Es ist ein ausgleichender Faktor am Werke, über den ich persönlich sehr glücklich und froh bin. Wäre die Reinkarnation eine allgemein anerkannte Tatsache, müßten ihre Fakten in allen Lebensbereichen als entscheidende Argumente gewertet werden.»

«Du glaubst also, daß man sich in der Regel innerhalb ein und desselben Volkes und desselben Landes wiederverkörpert?» fragte ich.

«Wie ich schon sagte, erfolgt die Rückkehr unter vielen verschiedenen Gesichtspunkten, die dem Affinitätsgesetz unterliegen. Vermutlich wäre es daher mit einigen Schwierigkeiten verbunden, wollte sich ein fortgeschrittenes Ego in einem physischen Körper inkarnieren, der einer wenig hochentwickelten Gesellschaft entspringt; dem Austausch in bezug auf Volk und Nationalität sind also gewisse Grenzen gesetzt. Innerhalb dieser Begrenzungen können aber durchaus Veränderungen stattfinden. Europäer, die ja im Grunde genommen nur recht willkürlich in verschiedene nationale Gruppierungen aufgeteilt sind, inkarnieren sehr häufig in einem anderen Volk. Ich kenne mehrere Beispiele von Männern und Frauen, bei denen dies der Fall war. Das Gefühl, zu anderen Völkern hingezogen zu werden, das viele von uns auf der Erde empfinden, kann unter Umständen daher rühren, daß wir in früheren Zeiten ein Leben unter diesen Menschen zugebracht haben.»

Scott, der unserer Debatte mit Spannung gefolgt war, meldete sich nun zu Wort: «Ich möchte die Reinkarnationstheorie noch einmal mit evolutionären Theorien verbinden. Man begeht einen großen Fehler, verachtet man in diesem Zusammenhang die alten Mythen und Legenden, ganz besonders dort, wo gleiche symbolische Bedeutungen in den verschiedensten Kulturen und Sprachräumen immer wieder anzutreffen sind. Eine Legende, die zu allen Zeiten beharrlich überall wieder auftauchte, erzählt, daß irgendwann im Laufe der Menschheitsgeschichte der direkte, gerade Entwicklungsprozeß durch schwere menschliche Vergehen abrupt unterbrochen wurde. Die dunkle Ahnung von einem Sündenfall, vom Verlust eines Goldenen Zeitalters, von der Tragödie des versunkenen Reiches Atlantis – dieses alles hat sehr wahrscheinlich den gleichen Ursprung. Ich erkläre mir die Sache folgendermaßen: Es gab einmal ein menschliches Volk, weit fortgeschritten in Gestalt und Kultur – das Ergebnis einer langen Periode evolutionärer historischer Entwicklung, lange bevor der Same zu unserer heutigen Zivilisation gelegt war. Es besaß wundervolle physische Körper und ein hohes Maß an Sensitivität und Wahrnehmungsfähigkeit, doch sein Bewußtsein war von Unschuld und Unwissenheit geprägt; es kannte daher nicht, wie wir heute, den Unterschied zwischen Gut und Böse. Dann kam eine große Naturkatastrophe über dieses Geschlecht, vielleicht der Untergang eines Kontinentes, vielleicht aber auch gewaltige Erdumwälzungen vulkanischen Ursprungs. Das Volk wurde vom Erdboden hinweggefegt, wie es in den Atlantis-Sagen berichtet wird. Einige wenige Überlebende entgingen der Vernichtung und wurden über die Erde zerstreut. Allein waren sie unfähig, ihre Art zu erhalten. Schließlich waren sie gezwungen, sich mit einer Rasse von Frühmenschen zu vereinigen, die sich gerade aus der Linie der Menschenaffen entwickelt hatte. Durch diese Vermischung wurden die reinen menschlichen Eigenschaften verwässert und gingen beinahe verloren; schließlich jedoch traten sie wie-

218 Das jenseitige Land

der hervor und behaupteten sich in dem halbmenschlichen Ty-
pus unserer Tage.

Die übriggebliebenen ursprünglichen Menschen erlitten Er-
niedrigungen und Demütigungen im Umgang mit der niederen Rasse, mit der sie sich vermischten. Deren Abkunft trug
den Stempel des Tierhaften, und dieses Mal trugen ihre Angehörigen an ihren Körpern mit sich herum. Das Gefühl der
Scham und Erniedrigung über diesen Abstieg der Art senkte
sich tief in das Bewußtsein der nachfolgenden Geschlechter.
Ich behaupte, daß der Mensch von heute noch alle typischen
Verhaltensmuster dieser Mischlingsrasse aufweist, dieser
Halbblütler, die in zweifacher Hinsicht ihre Unschuld verloren, einmal die des Tieres, zum anderen die des Menschengeschlechtes, dem sie entstammten.

Ich möchte jetzt auf die Theorie der Wiederholung evolutionärer Vorgänge innerhalb jedes Menschenlebens zurückkommen. Der Lebensabschnitt, den ich mit dem Auftreten dieses
dunklen Teiles unserer Evolution in Beziehung setze, ist der
Beginn der Pubertät. Sie bildet das Ende der unbeschwerten
Kinderjahre. Bei den Menschen von heute muß der reine,
schöne Kinderkörper einer Reife weichen, die auch nicht annähernd so schön anzuschauen ist. Seine Unschuld muß er gegen
ein umfassenderes Selbstbewußtsein eintauschen, das von diesem seltsamen Schwebezustand des Gemüts begleitet wird,
den wir die Erkenntnis des Guten und des Bösen nennen.

An diesem Punkt sehe ich die Wiederholung der Erfahrungen, die die gedemütigte, erniedrigte Kinderrasse der Vergangenheit machen mußte. Ein Wirrwarr von Emotionen
bedrängt das heranwachsende Kind in dieser Zeit, für die es
keinerlei Parallelen im Tierreich gibt. Die körperlichen Veränderungen, die in der Pubertät stattfinden, sind oft von
eigentümlichen Schamgefühlen begleitet. Sollte die Wieder-
holungstheorie tatsächlich Hand und Fuß haben, dann muß
der gärende emotionale Aufruhr dieses Lebensabschnittes
eine Periode in der Evolution anzeigen, die von einer großen

emotionalen Revolte gegen die animalischen Fortpflanzungs-
prozesse mit allen ihren diversen Begleitumständen geprägt
war. Gleichzeitig aber besaß die physische Seite eine Faszina-
tion und Anziehungskraft, die allen verbotenen Dingen zu eigen ist.

Ein Kind, das den Veränderungen seines Körpers unvorbe-
reitet gegenübersteht, reagiert im allgemeinen angstvoll und
schockiert, ganz so, als sähe es in diesen natürlichen Abläufen
etwas absolut Fremdartiges und Neues, das urplötzlich mit er-
schreckenden Folgen in sein Leben einbricht.

Stets erweist sich die Eingewöhnung in diese neue Lebens-
phase als kompliziert und ist in den allermeisten Fällen mit
großen Schwierigkeiten verbunden. Vielen von uns gelingt es
niemals so recht, die tiefsitzende Abneigung gegen den
menschlichen Körper zu überwinden, ganz so, als sei er uns
fremd, aus welchen Gründen auch immer.»

«Das ist eine Herausforderung», sagte E. K. «Du behauptest
also, daß der Mensch auf seinen Körper anders reagiert als jedes Tier, nur daß er sich noch nicht die Mühe gemacht hat zu
untersuchen, warum das so ist. Tatsächlich, warum sonst ist
der Mensch eigentlich so eifrig bemüht, seinen Körper zu be-
kleiden? Er tut das aus vielen Gründen, aus dem Bedürfnis
nach Wärme und Schutz, aus Putzsucht und Eitelkeit und so
weiter, doch sicher sind sie den tiefen Gefühlen von Scheu und
Scham dem eigenen Körper gegenüber von untergeordneter
Bedeutung. Heutzutage setzt der Mensch zwar alles daran,
sich selbst davon zu überzeugen, daß man sich auch mit einem
unbedeckten Körper durchaus wohlfühlen kann, doch ändern
diese Versuche nichts am Verhalten der Mehrheit aller Menschen. Ich neige dazu, deiner Behauptung zuzustimmen, daß
eine solche Haltung nicht mit einer natürlichen Entwicklung
in Einklang stehen kann, die im menschlichen Gemüt schwerlich eine so seltsame Schrulle wie körperliche Schamhaftigkeit
auslösen würde, ein Schamgefühl über die gottgegebene
menschliche Gestalt und ihre Ausstattung. Ich finde deine Idee

sehr interessant. Sicher wirft sie ein neues Licht auf ein wichtiges menschliches Problem.»

«Und hier ist noch ein weiterer Beitrag zur Untermauerung dieser These», sagte Scott. «Das untergegangene Geschlecht mußte sich reinkarnieren, und die einzigen Formen, die ihm für diesen Abstieg zur Verfügung standen, waren Abkömmlinge jener vermischten tierisch-menschlichen Spezies, über die wir schon gesprochen haben. Mit einem Körper ins irdische Dasein zurückkehren zu müssen, der so viel weniger Reinheit und Schönheit besaß als der, den man in einem früheren Leben getragen hatte, muß ganz ähnliche Erfahrungen mit sich gebracht haben wie die schon besprochenen.

Die Atlantis-Sage stützt meine Rekonstruktion der Ereignisse ebenso wie die Legende der Hebräer vom Sündenfall. Doch ich baue dabei ebenfalls auf die Evolutionstheorie selbst. Kein Mensch konnte zu meiner Zeit etwas mit Darwins Hypothesen anfangen. Das menschliche Skelett ist unglücklicherweise nicht besonders langlebig. Prähistorische Leichenfunde sagen nichts über die Vorfahren der menschlichen Rasse und ihre direkte Abstammungslinie aus. Zwischen diesen frühmenschlichen Formen und dem paläolithischen Menschen, so wenig wir auch über ihn wissen, scheint eine gewaltige Lücke zu klaffen. Gehen wir jedoch von einer edlen menschlichen Spezies von weitaus feinerer Struktur aus, die sich ganz willkürlich mit der Rasse von Menschen einer niederen Entwicklungsstufe vermischt, kommen wir des Rätsels Lösung schon ein wenig näher. Du weißt, ich bin nicht in der Lage, meine Theorie unter Beweis zu stellen; sie ist lediglich eine Hypothese, die meiner Meinung nach die ökonomischste aller denkbaren Erklärungen liefert und sich für die Forschung zukünftig vielleicht als fruchtbar erweisen könnte. Allerdings sehe ich keine Möglichkeit, diese Ansicht durch Ausgrabungen zu belegen. Nur durch die Freilegung von Überresten der ursprünglichen reinen Menschenrasse, die keine Zweifel an ihrer Herkunft aus grauer Vorzeit aufkommen läßt, wäre das möglich. Wenn, wie die Sage berichtet, dieses frühe Geschlecht vollständig ausgemerzt wurde und nur einige wenige entkamen, um sich mit einer anderen Rasse einzulassen, dann ist es äußerst unwahrscheinlich, daß wir jemals auf ihre authentischen Relikte stoßen werden. Im übrigen gibt es Hinweise darauf, daß ihre Körper mehr ätherischer Art waren, was ihre Konservierung noch unwahrscheinlicher macht. Doch trotz dieser Schwierigkeiten hoffe ich zuversichtlich, daß es eines Tages noch gelingen mag, ihnen auf die Spur zu kommen.»

«Wenn es jemandem gelänge», bemerkte ich, «irgendeinen haltbaren Beweis für die Hypothese der Vermischung einer fortgeschrittenen mit einer primitiven Rasse zu erbringen, würde das sicher zu einer in sich schlüssigeren Theorie über die starken unbewußten Hemmungen und Komplexe führen, die vor allem mit den sexuellen Motivationen zu tun haben. Es mag sogar sinnvoll sein, diese These auch ganz ohne jede archäologische Hilfe weiter zu verfolgen, da sie vielleicht einen großen praktischen Wert für die Veranschaulichung unserer Abstammung vom Tier haben kann.»

«Ich kann mir vorstellen, daß wir große Unterstützung aus dem Bereich der Psychologie und auch durch das Studium dieser weitverbreiteten Mythen bekommen könnten», sagte Scott. «Doch zurück zu den historischen Möglichkeiten, die aus dem Glauben an die Wiedergeburt erwachsen», sagte er. «Die unruhige Geschichte menschlichen Fortschritts, die Geschichte von Geschlechtern, die ihre Herrschaft stets auf den Trümmern anderer errichteten, scheint zu chaotisch, als daß man sie auf irgendeinen einfachen Nenner zurückführen könnte; doch das wiederholte Auftreten ihrer großen Machthaber und die häufige Rückkehr ihrer Sklaven und Untertanen stehen sicher für eine gewisse Ordnung innerhalb der Abläufe. Wir wissen zu wenig über die Gesetzmäßigkeiten der Wiedergeburt, um Dogmen aufzustellen. Wir benötigen Daten über die Intervalle zwischen den einzelnen Inkarnationen; Andrew, der schon länger hier ist als ich und mehr darüber sagen kann, spricht von großen Unterschieden in diesen Intervallen. Wir vermuten, daß weniger entwickelte Seelen auch entsprechend kürzere Zeit hier zubringen und in kürzeren Abständen zur Erde zurückkehren, weil sie nicht in der Lage sind, über die Astralebenen hinauszugelangen. Weiter fortgeschrittene Wesen, die höher steigen können, sehen die Erde oftmals erst nach Zeiträumen von bis zu zweitausend Jahren wieder. Das ist immerhin schon einmal etwas, das uns weiterbringen kann. Es bedeutet, daß geniale Menschen und Heilige im gesamten historischen Zeitenverlauf vielleicht nur ein- oder zweimal zurückgekehrt sind, während gewöhnlichere Angehörige des Menschengeschlechts sich unter Umständen immer und immer wieder während einer geschichtlichen Periode inkarniert haben mögen. Das kann jedoch lediglich eine Verallgemeinerung sein, da wir wissen, daß es einer fortgeschrittenen Seele aus besonderen Gründen möglich sein kann, die himmlischen Wonnen vorzuverlegen und freiwillig in kürzeren Zeitabständen zur Erde zurückzugehen.

Was die Rückkehr des Individuums bestimmt, muß ebenfalls in Betracht gezogen werden. E. K. betonte ausdrücklich die affine Anziehungskraft, und ich bin dabei ganz seiner Meinung. Ich denke jedoch, daß die letztendliche Gestalt des Selbst, das Ego, gereinigt und befreit von seinen äußeren Formen, eine besondere Qualität des Wissens besitzen muß, die ihm Zweck und Richtung seiner Wiederkehr weist und die neue Umgebung bestimmt. An diesem Endpunkt seiner Existenz ist der Mensch ganz sicher fähig, seine wesenhaften Schwächen und Bedürfnisse zu erkennen, weil er an die Grenzen seiner Entwicklungsfähigkeit gestoßen ist und daher seine endgültigen Beschränkungen deutlich wahrnehmen kann. Er sieht nun klar, was ihm fehlt und um welche Dinge er sich in der nächsten Inkarnation zu kümmern hat, will er weitere Fortschritte erzielen. Sicher fehlt es dabei nicht an der nötigen Weisheit, die richtige Entscheidung über die Wahl der neuen Umgebung zu treffen, damit die Fehler eines Lebens im nächsten wieder gutgemacht werden können. So kann ein Mensch, den in seiner letzten Existenz Machtgelüste getrieben haben, jetzt erkennen, welchen Schaden sie seinem wahren Wesen zufügten. Er wird sich für seine Rückkehr nun Bedingungen auswählen, in der es für Versuchungen dieser Art nicht viel Spielraum gibt. Derjenige, der einstmals groß war, wird sich aus freien Stücken eine bescheidenere Rolle zuweisen, und der einstmals Bescheidene und Demütige wird sich zu Größe und Ehren aufschwingen. Jeden treibt es zu jener Art von Erfahrung, die einen Ausgleich für seine Defizite schaffen kann. Der Poet mag als ein Mann der Tat wieder in Erscheinung treten, der Soldat als Schriftsteller und Literat, der Philosoph als Dummkopf. Bei jeder Wiederkehr ist diese Tendenz, diese Suche nach dem Gleichgewicht im Hinblick auf frühere Erfahrungen, wirksam. Umsonst erwartet man von den Größen der Menschheitsgeschichte, daß sie im alten Status wiederkehren. Aus der weisen Voraussicht heraus, die sie sich erworben haben, wählen sie für sich selbst ein völlig andersartiges Schicksal.»

«Wie aber wirkt die Affinität?» fragte ich.

«Große Lieben, große Abneigungen, große Verpflichtungen, die man auf der Erde eingeht: sie alle wirken wie Magnete auf die Seele ein und ziehen sie zur Erde zurück, so daß das einmal begonnene Muster weitergeführt oder korrigiert werden kann. Karma ist niemals nur eine gänzlich isolierte Angelegenheit. Es ist eng mit den Leben anderer verbunden und kann nur in Verbindung mit ihnen erfüllt werden. So sind die Geschichten zwischenmenschlicher Beziehungen, so verworren und zwecklos sie auch manchmal erscheinen mögen, der aktuelle Versuch, die Kräfte des Lebens, die man nicht richtig genutzt oder nur teilweise bewältigt hat, nun endlich erfolgreich zu meistern.

Es ist interessant, sich vorzustellen, daß viele der Heldenfiguren der Geschichte und auch etliche Leute, die heutzutage viel Staub in öffentlichen Angelegenheiten aufwirbeln,

höchstwahrscheinlich Menschen sind, die zum ersten Male
Macht ausüben. Sie brauchten gerade diese besondere Erfahrung und wagten es, ihre wirklich großen Risiken auf sich zu
nehmen. Es ist sicher, daß sie für jeden Machtmißbrauch bü-
ßen müssen, sobald sie erst einmal hier sind, und ihr nächstes
Leben kann gut und gerne ein recht bescheidenes sein. Ein
Mensch, der echte Macht und Autorität besitzt, dessen persönliches Gewicht jedoch so groß ist, daß er sie weder braucht
noch ausüben mag – das ist der Mensch, der die Lektionen der
Macht in einem früheren Dasein gelernt hat und nur zu gut die
Gefahren kennt, die mit der Lust daran verbunden sind.

Erinnerst du dich an den reichen Mann und den armen Laza-
rus? Der reiche Mann hat sich nichts mehr und nichts weniger
zuschulden kommen lassen als die Ausübung von Macht und
den Besitz von Reichtum. In unserem modernen Sinne hat er
nicht gesündigt, doch dem Richterspruch darüber, was aus
einem geworden ist, kann man nicht entgehen. Kein äußeres
Tribunal ist notwendig; was einer *ist,* ist sein Verhängnis.

Ich könnte mir denken, daß zur Zeit der Renaissance viele
griechische Gelehrte und Künstler wieder zur Erde zurückgekehrt sind; vom zeitlichen Intervall her hätte dem nichts im
Wege gestanden, und der Zeitgeist dieser beiden Epochen
glich sich in vielen Punkten. Auch fände ich es sehr amüsant,
zu demonstrieren, wie britische Politiker mit ihrer Vorstellung von einem Imperium die Ideale des alten Rom wieder mit
auf die Erde zurückgebracht haben, und daß die Arbeiterschaft
der riesigen Industrienationen von heute die Sklaven vergangener Zeiten sind. Solche Spekulationen können durchaus
stimmen; und doch sind diese Vermutungen nicht gerechtfertigt, weil so viele Faktoren für Unterschiede zwischen den einzelnen Inkarnationen sprechen und so wenige für ein Wieder-
auftreten in der gleichen Form.»

«Was hat es mit dieser Vorstellung eines Geschlechtswech-
sels auf sich?» fragte ich. «Ich habe in diesem Zusammenhang
irgendwo gelesen, daß ‹das Schicksal des Mannes die Frau und

das der Frau der Mann› sei. Ich meine, das ist verständlich, trotz der Umkehrung der Gefühle, die ein solcher Wechsel ganz zwangsläufig auslösen muß. In dem Versuch, ein Gegengewicht zum letzten Leben herzustellen und Kräfte zu entwikkeln, die zu kurz gekommen sind, kann ein Mann gut und gerne die Rolle einer Frau wählen, um Geduld, Leidens- und Hingabefähigkeit zu lernen. Eine Frau, die das alles schon zur Genüge besitzt, wird nach Möglichkeiten suchen, stark, selbstbewußt, tatkräftig und mutig zu werden. Findet dann ein Geschlechtswechsel statt, kann unter Umständen nicht der Mann, sondern die Frau die überragende Persönlichkeit in einem zukünftigen Zeitalter sein.»

Ich hörte Scotts Kichern, bevor er fortfuhr: «Das befriedigt deinen Sinn für Gerechtigkeit, nicht wahr? Ich garantiere dir, das gäbe eine exquisite Rache. Was immer auch meine persönlichen Gefühle sein mögen – denn die Umkehrung der Gefühle ist eine Tatsache –, ich muß zugeben, daß es möglich ist. In jedem Fall aber verliert das Geschlechtliche schon sehr bald an Bedeutung gegenüber geistigen Qualitäten, und ich kann mir sehr gut vorstellen, daß männliche oder weibliche Empfindungen vollständig auf der Strecke bleiben, sobald man höher steigt. Für mich verlieren sie schon jetzt an Wichtigkeit.»

«Du weißt, dadurch fällt mir ein schwerer Stein von der Seele, ein nagender Vorwurf dem Leben gegenüber. Ich war mir immer sehr stark der Ungerechtigkeit bewußt, die das Los einer Frau mit sich bringt. Obgleich ich mir nicht klar darüber bin, ob ich für mich selbst so einen Wechsel wünschen würde, begrüße ich doch eine solche Möglichkeit im allgemeinen sehr, schon im Interesse von allem, was recht ist», meinte ich.

«Ich denke, daß das Geschlecht die Äther- und Astralsubstanzen modifiziert, aber nur sehr wenig Einfluß auf das mehr spirituelle Ego-Wesen besitzt. Wenn Äther- und Astralkörper zurückgelassen sind, verschwindet alles Geschlechtliche.»

15. Kapitel

Eine umfassende Sicht des Sonnensystems und der Planeten als Äthersphären

Sehr wahrscheinlich habe ich bislang den Eindruck erweckt, als hätten sich meine mediumistischen Erfahrungen und Erlebnisse ausgesprochen geradlinig entwickelt und hätten einfach aus einer Reihe von Gesprächen bestanden, die durch automatisches Schreiben zustande kamen. Ich glaube jedoch, es ist unmöglich, die Fähigkeit zur Herstellung realer Kontakte auszubilden, ohne sich nicht gleichzeitig auch anderen schwer verständlichen Erfahrungen zu öffnen. Bisher habe ich es bewußt vermieden, sie in diesem Bericht zu erwähnen, nun aber ist wohl der Zeitpunkt gekommen zu versuchen, sie in ihren entsprechenden Rahmen innerhalb unserer Theorie einzuordnen.

Es treten ungewöhnliche Bewußtseinszustände und andersartige Formen der Wahrnehmung auf. Für gewöhnlich sind sie das Ergebnis langer Zeiten des Studiums und Nachdenkens. Wenn irgendeine Belohnung für die Wechselfälle im Leben eines Mediums nötig ist, wird man sie sicher durch diese kurzen, aber leuchtend klaren Eindrücke von einer glücklicheren, erfüllteren Lebensweise bekommen. Diese Zwischenspiele haben keinerlei Ähnlichkeit mit dem Zustand, in dem wir uns befinden, wenn wir träumen, denn im Traum ist unsere Vitali-

tät herabgesetzt und unser Sehvermögen geschwächt. Das
Gegenteil ist hier der Fall: Diese geistigen Erlebnisse erweitern
das Bewußtsein, schärfen die Sicht und durchströmen den
Menschen mit wunderbar reinen, seligen Gefühlen. Ihre
Nachwirkungen, Empfindungen der Liebe und des Erkennens, sind über alle Maßen wohltuend und segensreich. Es
werden Kraft und Vitalität freigesetzt.

Es wäre durchaus möglich, diese Vorgänge mit psychologischen Begriffen zu erklären. Man könnte beispielsweise sagen,
es handele sich um die Auflösung einer inneren Konfliktsituation und daraus resultierend um die Freiwerdung unbewußter
Energien. Doch wenn ich mir die Art der Erfahrungen vor
Augen halte, die ich am eigenen Leibe machen durfte, halte ich
diese Erklärung für äußerst unzulänglich. Sie erscheint mir wie
einer jener unbeholfenen Allgemeinplätze, mit denen wir für
gewöhnlich unsere Unwissenheit bemänteln.

Es war in der Hauptsache E. K., der mir mit seiner meditati-
ven Wesensart zum Verständnis dessen verhalf, was tatsächlich bei solchen Gelegenheiten geschieht. Er meinte: «Man
kann hierbei zwei Irrtümern unterliegen: Der erste Fehler ist
der, diese Art von Erfahrungen für rein subjektiv zu halten; der
zweite Fehler besteht darin, in ihnen rein objektive Realitäten
zu sehen. Ganz sicher sind es echte Kontakte, die dein höheres
Selbst mit höheren Wirklichkeitsebenen anknüpft, doch sprechen sie zu dir in einer verschlüsselten Symbolsprache. Sie
müssen ja über den Mechanismus eines Gehirns interpretiert
werden, das an einen physischen Körper gebunden ist. Alle Erfahrungen und Erlebnisse, an denen dein höheres Selbst, also
Astralkörper und Ego, beteiligt ist, empfindest du so, als spiel-
ten sie sich *in dir* ab. Dein Ego-Selbst ist weit weniger indivi-
dualisiert als dein übriges Wesen und besitzt Affinitäten mit
Wirklichkeiten einer universalen Ordnung. Diese Eigenschaft
ermöglicht dir die authentische Erfahrung einer universalen
Realität, in der du dein isoliertes, persönliches Ich für eine
Weile vergessen und dich mit dem allumfassenden Bewußt-

sein deines Ego-Selbst identifizieren kannst. Ein Bewußtsein, das im Körper zentriert ist, schneidet den Menschen von universeller Erfahrung ab, doch besteht in seltenen Fällen die Möglichkeit, es zu überschreiten. Dann fließen Kraft, ungeahnte Seligkeit und das Licht einer anderen Art von Leben in die Seele.

Du denkst gerade an dein besonderes Erlebnis, von dem wir glauben, daß es eine kosmische Bedeutung habe?»

«Ja», bestätigte ich. «Ich meditierte damals über die Beziehung zwischen Mond und Erde und hatte gerade die Stufe erreicht, auf der mein Identitätsgefühl sich eintrübte. Plötzlich war mir, als würde ich emporgehoben, herumgewirbelt und erhielte die Gelegenheit, mich selbst in ein völlig anderes System von Bewegungsabläufen hineinfallen zu lassen. Es war ein haarsträubendes Wagnis, doch ich unternahm den Versuch und erhielt eine Vision. Sie ist sehr schwer zu beschreiben; es würde nur danebengehen, wenn ich versuchte, sie in Worte zu fassen.»

«Versuche es trotzdem», meinte E. K.

«Da waren zwei Bögen aus einem silbrig schimmernden Licht, die sich rasch im Raum aufeinander zu bewegten. Sie schienen beide voller Leben und vibrierten vor Kraft und dem Eindruck rasender Schnelligkeit. Unwillkürlich dachte ich an machtvolle elektrische Ströme, gefährlich und wunderschön anzusehen. Wäre es zu einer Kollision gekommen, hätte der Zusammenprall dieser gewaltigen Kräfte eine Katastrophe heraufbeschwören müssen. Als sie schließlich aufeinandertrafen, geschah dies nicht auf die harte Art, die eigentlich unvermeidlich erschien, sondern sie glitten sanft und harmonisch ineinander. Man konnte genau spüren, daß diese Kräfte und ihre Felder unzerstörbar waren; sie konnten sich zwar miteinander verbinden, es war ihnen jedoch nicht möglich, sich gegenseitig zu vereinnahmen. Meine angespannte Aufmerksamkeit wetteiferte mit der furchtbaren Gewalt dieser schimmernden Bögen. Mein Leben wurde beinahe aus mir herausgetrieben. In dem Augenblick, als sie sich berührten und ineinander übergingen, wurde mir bewußt, daß ich mich unter Aufwendung aller meiner Kräfte zurückorientieren und wieder in das entgegengesetzte System zurückspringen mußte. Irgendwie gelang es mir, doch nur mit der allergrößten Anstrengung und dem Verlust meines gewöhnlichen Tagesbewußtseins.

Alles das spielte sich ausschließlich in meinem Inneren ab; körperlich hatte ich mich nicht von der Stelle bewegt. Das Zeichen, das mir von diesem atemberaubenden Abenteuer blieb, war ein schimmernder Halbmond auf einem Lichtbogen.»

«Zweifellos wurde dir damit etwas sehr Wichtiges gezeigt, obwohl ich allerdings glaube, daß deine Vision wohl mehr symbolische als aktuelle Bedeutung hat. Wie hast du dich hinterher gefühlt?»

«Ich war erschöpft von der seltsamen, unkörperlichen Anstrengung, die ich machen mußte, aber ich strahlte ganz einfach vor Freude und war hochzufrieden, so als hätte ich etwas ganz Großartiges zustande gebracht. Noch lange danach konnte ich den Eindruck nicht loswerden, daß ein Licht um meinen Kopf spielte – natürlich eine rein subjektive Empfindung. Was alles das jedoch bedeuten sollte, davon hatte ich nicht die leiseste Ahnung. Tatsächlich ist es mir bis heute nicht gelungen, mir die Sache zu erklären.»

«Für mich», meinte E. K., «hat diese Vision direkten Bezug zu den kosmischen Wahrheiten, doch mußt du deine Ansichten über unser Sonnensystem revidieren, wenn du sie verstehen willst. Du denkst an eine Zentralsonne, an einen isolierten Körper, um den herum andere gleichfalls isolierte Körper auf wohlbekannten Bahnen kreisen; diese werden von einer Kraft gelenkt, die allen diesen Erscheinungen übergeordnet ist. Das ist die Newtonsche Sicht unseres Universums. Vergiß nun die Himmelskörper und stelle dir statt dessen ihre Umlaufbahnen vor. Versuche, jede planetarische Umlaufbahn als Felge eines großen Rades zu sehen, nur daß in diesem

Fall das Rad eine gewaltige, abgeflachte, hohle Scheibe ist. Der Bereich, der für dich sichtbar ist – der Planetenkörper –, ist nur ein Stück Äthermaterie, die sich zu etwas herauskristallisiert hat, was du mit Materie bezeichnest. Der Planet, so wie wir ihn sehen, ist eine große Ätherkugel, eine riesige ätherische Fläche, die aus ihrer Substanz ihre eigene Umlaufbahn formt. Diese Ätherkugel ist es, die sich im Raum dreht und an ihrem Rand diesen kleinen physischen Körper mit sich führt, den du als Planeten ausmachen kannst. Dieser bewegt sich keineswegs ohne eine Abstützung im Raum, noch wird er nur durch irgendeine mysteriöse Anziehungskraft an seinem Platz gehalten, die von der Sonne ausgeht. Er ist ein Teil vom Außenrand einer Ätherkugel und verhält sich zu diesem Ätherfeld wie ein Teil zu einem Ganzen. Stelle dir nun eure Erde auf diesem Plan vor. Sie kreist um die Sonne am Rande ihrer eigenen Ätherscheibe, und gleichzeitig durchschneidet eine andere, weitaus kleinere Scheibe ihre größere Fläche. Das ist die Äthersphäre des Mondes. Diese beiden Sphären drehen sich eine in der anderen wie zwei einander durchdringende Räder.

Unsere irdische Sphäre ist somit durchwoben von zwei Ätheratmosphären; in der Nacht ist der Einfluß des Mondes und am Tage der der Erde stärker ausgeprägt. Doch wie deine Vision zeigen sollte, besteht jedes dieser Energiesysteme für sich und ist unzerstörbar.

Weite nun deine Gedankengänge auf die anderen Planeten aus, von denen jeder sich mit seiner eigenen Sphäre aus ätherischer Substanz durch den Raum bewegt und um die physische Sonne kreist. Dieses System ist keineswegs in sich abgeschlossen, da die Sonne selbst kein ruhender Pol ist. Sie kreist selbst im Kosmos um einen riesigen Mittelpunkt und führt dabei alle diese eingeschlossenen Systeme ätherischer Energien mit sich. Wenn du jetzt dieser Vorstellung noch die Tatsache hinzufügst, daß alle Äthersysteme in ihrer Zusammensetzung, ihren Einflüssen und Wirkungen unterschiedlich sind, wird dir klar, warum es den Planeten möglich ist, unsere Ätheratmosphäre zu

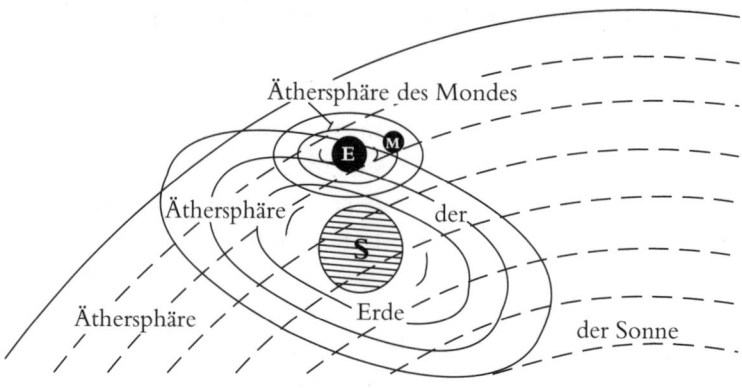

beeinflussen. Denn unser Weg durch den Raum führt uns ja wiederum in viele ihrer ätherischen Felder hinein und durch sie hindurch. Bekommt nun deine Vision von jenen leuchtenden Spuren im Raum eine Bedeutung?

Unsere Sicht der Wirklichkeit muß sich von der euren schon deshalb unterscheiden, weil die kleinen materialisierten Teile dieser Äthersysteme, die Planeten, für uns nicht mehr sichtbar sind. Anstelle der Sonne, des Mondes und der Planeten haben wir es mit ihren Ätherfeldern zu tun. Ich möchte dir nicht zu viel darüber erzählen, weil dir die Vorstellung eines solchen Universums noch zu fremd ist und es nicht gut wäre, es mit zu ausführlichen Einzelheiten zu komplizieren. Vergiß jedoch die Illusion von den kleinen, massiven Planeten, die nebelhaft und unsicher irgendwo im leeren Raum umherirren.

Denke vielmehr an jene leuchtenden Scheiben, die in vollendeter Harmonie und sich gegenseitig bedingend durch den Kosmos rotieren, eingegliedert in ein gewaltiges System ätherischer Substanzen. Die Alten erspürten die Wahrheit, wenn sie von der Umdrehung der Sphären sprachen; und die Aussagen der Dichter dazu sind oft ungewöhnlich. Sie sprechen von Dingen, die man für nette Redewendungen halten kann, die wir aber sehr oft als exakte Beschreibungen der Wirklichkeit erkennen.»

«Diese außerordentliche Sicht des Kosmos verwirrt mich», sagte ich zu E. K. «Ich fühle mich wirklich ein bißchen schwindelig und brauche Zeit, um das alles richtig zu verarbeiten. Sie besitzt eine Stabilität und Größe weit jenseits der gewöhnlichen astronomischen Sicht. Und doch macht sie diese nicht ungültig; sie schließt sie vielmehr ein in ein umfassenderes Ganzes. Astronomische Ziffern und Raumvorstellungen sind zwar eindrucksvoll, diese Vision des Kosmos aber befriedigt sehr viel mehr und füllt die schmerzhaften Lücken aus.»

«Ich kann dir nicht raten, wo in allen diesen riesigen Kraftfeldern du nach Gott Ausschau halten sollst», fuhr E. K. fort, «doch ich kann dir soviel sagen, daß jeder dieser Räume mit Geistwesen bevölkert ist, die von Sphäre zu Sphäre überwechseln können, wenn ihre Ausstattung die richtige Zusammensetzung ätherischer oder astraler Substanzen aufweist. In vielen dieser Ätherzonen sind Geister oder Engel beheimatet, welche der beiden Bezeichnungen dir nun lieber ist. Sie haben es nicht länger mehr nötig, sich in einem physischen Körper zu manifestieren. In einer vergangenen Epoche haben sie Vollkommenheit erreicht und sind heute Kanäle für die Willensäußerungen höherer Mächte. Sehr wahrscheinlich gibt es auf den anderen materiellen Planeten kein physisches Leben in unserem Sinne, ihre Ätherzonen jedoch sind belebt von spirituellen Wesen der verschiedensten Arten.»

«Ich versuche gerade, mich von der Vorstellung eines leeren Raumes zu befreien und den Kosmos als ein System ineinander verwobener Sphären aus ätherischen Substanzen zu sehen. Es ist aber sehr schwierig, die Idee von den leeren Zwischenräumen im Universum loszuwerden», meinte ich.

«Es ist völlig unnötig, sich bei der Vorstellung von räumlichen Entfernungen zwischen den Planeten aufzuhalten. Raum im Sinne von Leere ist wahrscheinlich illusorisch. Das Netz ätherischer Kräfte spannt sich überall, alles ist untereinander verbunden und verwoben; wo immer man auch seine geistige Heimat in diesem gigantischen Universum haben mag – überall führt eine leuchtende Leiter von der Erde zum Himmel.»

«Ich wünsche mir so sehr eine besondere Art des Verstehens, etwas, das sich von intellektuellen Prozessen unterscheidet, um diese Vorstellung fassen, sie als Realität wahrnehmen zu können. Ich muß mit der Sache eins werden, um sie wirklich zu begreifen. Langsam dämmert es mir, daß meine Vision von den leuchtenden Bögen von dieser Art war. Hilf mir zu verstehen, was geschieht, wenn ich diesen Bewußtseinszustand erreiche.»

«Ich denke schon, daß ich dir die genauen Hintergründe dafür nennen kann, vorausgesetzt, du kannst sie annehmen», meinte E. K. «Sei aufnahmebereit und höre auf, über sie *nachzudenken*. Nimm sie einfach in dich auf und werde eins mit ihnen.»

«Ich will es versuchen. Bitte, mach weiter.»

«Diese Erlebnisse finden im Innern deines Selbst statt, und zwar einzig und allein in seinen höheren Anteilen. Es ist, als besäße das Ego als ein universelles Prinzip, wenn es nur unabhängig von den körpergebundenen Kräften handeln kann, die Fähigkeit, mit dem Universum eins zu werden. Allerdings geschieht das nicht in der Weise, etwas darüber zu *wissen*, so als seien Wissender und Wissen zwei verschiedene Dinge; es löst sich vielmehr aus seiner Gebundenheit an eine Individualität und ist somit frei für diese universelle Erlebnisfähigkeit. In deiner gegenwärtigen Verfassung kannst du die Verbindung zu deinem überpersönlichen Selbst noch nicht sehr lange aufrechterhalten; darum verflüchtigt sich die Vision schon sehr bald wieder, und ein solches Erlebnis ist selten und kurz. Doch jedesmal, wenn das Bewußtsein auf diese Ebene des Wesens gehoben werden kann, ist die Verbindung mit dem Universum hergestellt und läßt dich einswerden mit allem, was zu fassen du in diesem Augenblick in der Lage bist.

Aber – und hier liegt die Schwierigkeit: Diese Realitäten

spielen sich ab, als geschähen sie im Selbst, also nicht als objektiv erfahrbare Tatsachen. Das kann gar nicht anders sein, weil du auf einer Wirklichkeitsebene lebst, die unterhalb dieser universellen Erfahrung angesiedelt ist. Wäre dein ganzes Wesen von dieser einen Art und hättest du die reine Ego-Qualität erreicht, die du am Ende deines Lebenszyklus besitzen wirst, würden diese Dinge, anstatt sich scheinbar in deinem Inneren abzuspielen, zu Teilen deiner normalen äußeren Erfahrungswelt werden. Sie gehörten dann zu deiner gewohnten, ganz alltäglichen Erscheinungswelt und würden vollkommen objektiv innerhalb deiner äußeren Umgebung stattfinden. So lange jedoch deine Welt der Tatsachen noch die physische Erde ist, gibt es nur eine Art, am universellen geistigen Leben teilzuhaben: die innere Erfahrung – die subjektive Erfahrung, wenn du so willst. Tatsächlich aber bedeutet sie die Freisetzung des Ego in seine angestammte Sphäre allumfassenden Geistes.»

«Darf ich dich an dieser Stelle mit einem persönlichen Erlebnis unterbrechen, das zu bestätigen scheint, was du gerade gesagt hast?» fragte Scott. «Obwohl wir keine physischen Körper mehr besitzen, haben wir doch noch ein ichbezogenes Bewußtsein, das uns normalerweise von dieser höheren Erlebnisfähigkeit ausschließt. Doch seit ich hierherkam, sind mir so viele mystische Bewußtseinszustände möglich, daß ich oft überhaupt nicht verstehe, was genau ich da nun eigentlich erlebe.

Ich fand die Vorstellung nur zu natürlich, daß es mir nach meinem Tode möglich sein müßte, einige der Menschen zu treffen und kennenzulernen, deren Geist mich zu meinen Lebzeiten auf der Erde am nachhaltigsten beeinflußt hatte, ganz besonders bestimmte Dichter und Literaten. Ich fand heraus, daß die meisten von ihnen bereits weitergegangen waren, und meine einzige Hoffnung war die, daß es mir im Laufe der Zeit gelingen würde, ihnen zu folgen und sie zu finden. Sehr oft dachte ich an sie und erhielt klare Bilder von ihnen, ganz so, als sähe ich sie in ihrem gegenwärtigen Zustand. Innerhalb meiner eigenen Umgebung waren sie nicht anwesend; es waren rein subjektive Bilder für mich. An eine solche Gelegenheit kann ich mich sehr lebhaft erinnern.

Ich stellte mir gerade einen Dichter, Shelley, in seinem hiesigen Umfeld vor. Plötzlich begann mein mentales Bild von ihm sich zu bewegen, und er versuchte seinerseits, mich auszumachen – beide versuchten wir, uns zu treffen. Ich führte ihn, denn ich schien den Weg zu kennen aufgrund irgendeines Sinnes, von dem ich nicht gewußt hatte, daß ich ihn überhaupt besaß. Er verschwand aus meinem Gesichtsfeld, doch ich konnte fühlen, wie er sich wie auf einer Wendeltreppe nach oben hin zurückzog, und spürte sein Suchen nach einer Tür, die, wie ich wußte, rechts von ihm verborgen lag. Das alles, so fühlte ich, geschah innerhalb meiner eigenen Lebenssubstanz; ich war die Wendeltreppe und die sich auf ihr bewegende Gestalt; ich war es, der mit gespannter Erwartung den Verlauf der Dinge abwartete; schließlich war ich der Freudentaumel, in dem wir uns begegneten und begrüßten. Wir blieben eine geraume Zeit beisammen, und dieses Erlebnis war für mich in hohem Maße real. Ich kam ins objektive Leben zurück durch den Gedanken an den immens großen Bereich, den mein unsichtbarer Körper auszufüllen schien, während alles das in mir stattfand. Das brachte mich wieder in meine gewohnte Umgebung zurück, und die Vision verschwand.»

«Das ist ein ganz ausgezeichnetes Beispiel für die universelle Art, Erfahrungen zu machen», meinte E. K., und fuhr fort: «Ein weiterer interessanter Umstand bei diesen Visionen ist der Zeitfaktor. Was wir über den illusionären Charakter von Raum und Entfernung festgestellt haben, gilt im gleichen Maße für die Zeit. Auch sie wird zur Illusion, wenn man in der universellen Welt des Geistes lebt. Was einmal war, *ist* jetzt, und es wird immer sein. Wenn du deinen Spuren zurück in die Vergangenheit folgst, die latent in deinem Unterbewußtsein schlummert, erlebt das Ego sie als aktuelle, gegenwärtige Realität wieder, da es ja Zeit – eingeteilt in Vergangenheit, Gegenwart und Zukunft – nicht kennt.»

«Das ist noch weitaus schwieriger zu erfassen als der Gedanke, daß Raum eine Illusion sein soll», seufzte ich. «Durch die drahtlose Telegraphie sind wir schon daran gewöhnt, den Raum entbehrlich zu finden. Unser Bewußtsein von Zeit als einer Einbahnstraße macht es uns jedoch sehr schwer, den Zeitbegriff zu überschreiten.»

«Und das wird auch immer so bleiben, weil du das Problem mit deinem Gehirn angehst und dich angestrengt bemühst, es über den Intellekt zu verstehen. Es war dagegen absolut nicht schwierig, als du Vergangenheit, Gegenwart und Zukunft in einem *erfahren* hast», bemerkte E. K.

«Du meinst diese schreckliche Vision von Zeitlosigkeit, die durch meine eigene Unzulänglichkeit so grauenvoll wurde», sagte ich. «Ein sehr einfaches Erlebnis jedoch überzeugte mich von der illusorischen Natur unserer *Uhr*zeit. Eines Morgens war ich tief in Gedanken versunken mit einem verzwickten Problem beschäftigt und machte mir Notizen dazu. Vor mir stand meine Uhr, sie zeigte gerade 11.25 Uhr; um 11.30 Uhr hatte ich etwas Dringendes zu erledigen. Ich brauchte aber mehr Zeit für mein Problem und fühlte mich sehr gestört, denn den Gedankenstrom, der mir gerade zu dieser Zeit zufloß, zu unterbrechen, hieß ihn für immer zu verlieren. Mein Federhalter schrieb: ‹Mach ruhig weiter. Du sollst genug Zeit bekommen.› Ich verbannte den Gedanken an Hast und Eile aus meinem Kopf und machte mich daran, mein Problem fertig auszuarbeiten. Eine weitere Seite füllte sich mit Notizen, und schließlich war eine Schlußfolgerung getroffen. Nun hatte ich meine Hauptbeschäftigung erledigt und blickte auf die Uhr in der Annahme, daß es mindestens schon 12.00 Uhr war. Mit einem Ruck richtete ich mich auf und rieb mir die Augen. Der Minutenzeiger registrierte 11.26 Uhr – nur eine Minute war inzwischen vergangen. Mir war in der Tat ‹Zeit gegeben› worden. Ich fühlte mich, als sei ich durch ein Tor in eine Welt eingetreten, wo kein Zeitbewußtsein existierte, und wäre nach einem langen, schwerelosen Aufenthalt wieder durch jenes Tor zurückgekehrt, um mich zum selben Zeitpunkt wie dem des Eintritts wiederzufinden. Das war das einzige Mal, daß ich ein solches Erlebnis hatte, und ich muß zugeben, daß es mir oft willkommen gewesen wäre, da ich nun mal eine sehr beschäftigte Frau bin.»

«Man könnte sagen, du hättest die Uhrzeit beim ersten Mal nur nicht richtig abgelesen», meinte Scott.

«Daran hatte ich natürlich auch schon gedacht», entgegnete ich. «Ich hatte aber an diesem Morgen die ganze Zeit über gearbeitet und dabei immer wieder so genau auf die Uhr geschaut, daß ich es für unwahrscheinlich halte, die Zeit nicht richtig abgelesen zu haben. Natürlich kann es keinerlei Bestätigung für meine Geschichte geben; doch muß man mich, die ich dieses Erlebnis hatte, nun nicht mehr so stark davon überzeugen wollen, daß Zeit eine Illusion und ein Durchbrechen dieser Illusion durchaus möglich ist.»

Mir fiel noch etwas zu E. K.s Feststellung ein, wir würden die universale Realität nur subjektiv im inneren Selbst erfahren.

«Ich kann mir vorstellen, daß dieses Prinzip auch bei Fällen von Hellsichtigkeit zutrifft», meinte ich. «Die Dinge scheinen sich im eigenen Inneren abzuspielen. Sicher ist das jenes Gefühl, das Scott erwähnte, dieses Empfinden, grenzenlos, gewaltig zu sein.»

«Richtig. Ich glaube, es ist uns gelungen, eine recht schwierige Angelegenheit zumindest teilweise klären zu können. Seltsam, wie sich einzelne Puzzle-Teilchen, die wir zuvor unter den Tisch fallen lassen mußten, heute so schön zusammensetzen ließen.»

«Ich glaube fast, daß ich früher gar nicht anders konnte, als alle diese komischen Erlebnisse einfach abzutun, E. K. Ich hatte absolut keine Ahnung, was sie bedeuten sollten, und mir blieb nichts weiter übrig, als sie auf sich beruhen zu lassen. Es gab auch noch andere, die offenbar sinnvoll und tief bedeutsam waren, doch hatten sie einen Sinn, der mir noch nicht zugänglich war.»

«Ich habe nicht damit gerechnet, dich irgendwann einmal dazu bewegen zu können, die Erklärung kosmischer Gegebenheiten willig anzunehmen», meinte E. K. «Für mich stand fest, daß sie aus deiner Sicht reine Phantasterei sein mußte. Und doch war sie wesentlich für dich, denn sie gab einer Reihe von Dingen einen Sinn, die du zu begreifen hattest. Und die Moral von alledem ist: Vertraue niemals nur allein der intellektuellen Einschätzung einer Sache.»

Welche Schlüsse nun kann der Leser für sich aus dieser reichlich obskuren Diskussion ziehen? Vielleicht nur die Vorstellung, daß es im Bereich der Erfahrung keinen toten Punkt gibt. Sowohl Abenteuer auf geistigen Höhen als auch solche in den Tiefen der menschlichen Seele haben gleichermaßen Anspruch auf Authentizität. Eines muß ich jedoch zugeben: Hätte ich nicht jene ganz besonderen Erfahrungen machen dürfen, auf die in diesem Kapitel eingegangen wurde – ich selbst hielte solche Berichte für abgeschmackten Unsinn und ihre Urheber für pathologische Fälle.

16. KAPITEL

Religionen als Spiegel nachtodlicher Erfahrungen und die Entstehung des Universums

«Religiöse Vorstellungen müssen eigentlich sehr stark von bestimmten Erinnerungen beeinflußt werden, die im Ego gespeichert sind», meinte ich zu E. K. «Nachtodliche Erfahrungen, soweit sie irgendeine Spur in der zurückkehrenden Seele hinterlassen, färben sicherlich auch religiöse Überzeugungen in der folgenden Existenz.»

«In seiner religiösen Erfahrung steht der Mensch auf den Zehenspitzen und reckt sich nach den Sternen; er bemüht sich, mit den intensivsten Kräften seines Wesens höchste Gedanken und Gefühle zu erfassen. Oft erhellt dieser Versuch Spuren vergangener spiritueller Erfahrungen. Der Mensch träumt Träume, schaut Visionen und bringt Prophezeiungen hervor, deren Ursprünge sowohl weit in der Vergangenheit als auch in der Zukunft liegen können, da sie jenem zeitlosen Reich des Geistes entstammen, in dem es weder Vergangenheit noch Zukunft gibt.

Doch betrachten wir einmal einige der typischen Religionsformen ein wenig näher, die aus dieser zeitlosen Ewigkeit erwachsen sind und durch den Menschen Gestalt annehmen konnten. Drei Hauptantriebe stehen hinter jeder Art von Religion: ein starkes Erspüren der Realität und Bedeutung einer übersinnlichen Welt; eine feste Überzeugung, daß irgendein Teil der Persönlichkeit nach dem Tode weiterlebt; und ein starkes Verlangen, die geistigen Hintergründe des Daseins zu entdecken und zu verstehen. Diese Antriebe stammen aus dem Astral- und Ego-Wesen. Die treibende Kraft hinter diesem Verlangen wird nach außen freigesetzt und auf die Suche nach einem Wert geschickt, der nicht an die Persönlichkeit gebunden ist, einem Wert, der nur durch das Ego in seinem universellen Aspekt erlangt werden kann. Folgt ein Mensch diesen tieferen Impulsen, steht er, wie ich schon sagte, zwangsläufig auf seinen Zehenspitzen und wagt einen Vorgriff auf die Sterne.

Er kann sein Gottesverlangen nur stillen und seinen Glauben an Unsterblichkeit nur festigen, wenn er die höchsten Kräfte in seinem eigenen Wesen gebrauchen lernt; kann er sie nutzen, hat er Anteil an jener universellen Erlebnisfähigkeit, über die wir erst kürzlich gesprochen haben.

Natürlich verwirren ihn seine Erfahrungen; er wird frustriert in seinem Wunsch, sie anderen zu vermitteln. Die Sprache, entwickelt als ein Verständigungsmittel für die Belange des Alltags, quält ihn mit ihren Unzulänglichkeiten, sobald er authentische religiöse Sphären betritt. Notgedrungen greift er auf Symbole zurück. Vorstellungen, Bilder, Rituale, rhythmische, tänzerische Ausdrucksformen für seine unaussprechlichen Gefühle treten an die Stelle der Sprache. Das religiöse Genie, Propheten, Heilige treten an dieser Stelle als typische Erscheinungen hervor, und aus diesen Geburtswehen entsteht eine Religion.»

«Das kann man wahrscheinlich von allen Religionen mit der gleichen Berechtigung behaupten», vermutete ich. «Aber sicher spiegeln nicht alle Religionen die gleiche spirituelle Wahrheit? Was soll man von primitiven Religionsformen halten, von ekstatischen Kulten, Totemismus, dem Glauben an böse Geister? Wie konnte der Mensch sich aus diesen Tiefen zu den höheren Wahrheiten der großen universellen Glaubensbekenntnisse emporarbeiten?»

«Um diesen Fortschritt verstehen zu können, müssen wir

erst einmal sorgfältig die Reihen der Lebenszyklen durchgehen, die jeder von uns bereits hinter sich gebracht hat. Höre auf
damit, die Primitiven der Vergangenheit als eine völlig andere
Gattung Mensch zu betrachten, und erkenne sie in den Männern und Frauen deiner eigenen Generation, die in Vergangen-
heiten lebten, die auf ewig in deiner Gegenwart fortbestehen.
Sie sind deinesgleichen. Du kannst die Spuren deines eigenen
Fortschritts durch die Zeitalter hindurch verfolgen.

Der primitive Mensch besaß ein astrales Wesen, jedoch
kaum Ansätze eines Ego-Prinzips. Nach dem Tode schwankte
dieses Wesen zwischen den Äther- und niederen Astralebenen
hin und her und kehrte sehr schnell wieder in einen physischen
Körper zurück. Die höchsten Erfahrungen, deren es fähig war,
waren die der niederen astralen Existenzstufen, und ohne
Zweifel wurde das nachtodliche Dasein von der tierischen
Ebene bestimmt, aus der wir uns beinahe eben erst erhoben
haben. Kehrte ein solches Wesen zur Erde zurück, fand es in
seinem vagen Sehnen nach spiritueller Wahrheit die Erscheinungen tierischer Gestalten, Elementarwesen der Erde, der
Luft und des Wassers und der ungeformten Menschenseele
selbst wieder. Schemenhaft spukten diese Dinge in seinen
Träumen; es ritzte sie in seine Bilder, versinnbildlichte sie in
seinen Mythen und verherrlichte sie in seinen Liedern. Doch
jeder Lebenszyklus förderte seinen Fortschritt und machte ihn
schließlich fähig, hier eine höhere Ebene zu erreichen. In späteren Existenzen, als der Mensch nach seinem Tode in die höheren Astralebenen hinaufgelangen konnte, kam er mit der Fähigkeit zur Erde zurück, sich schönere Formen schaffen, sich
lichtere Wesen vorstellen und edleren Gefühlen einen Platz
einräumen zu können. Von nun an mischten sich Engelsgestal-
ten unter die Dämonen und Tiersymbole, die Gegenstände seiner früheren Verehrung. Helden und Halbgötter spiegeln in
seiner Religion die Stufen seiner spirituellen Erfahrungen in
unseren Bereichen wider. Doch er schreitet weiter voran, erreicht schließlich die höheren Sphären und wird sich der Exi-

stenz höchster Geistwesen bewußt, die ihn zu einem Wissen der höheren spirituellen Wahrheiten führen und in ihn den Keim der Sehnsucht senken, einmal auch den allerhöchsten Geist finden und anbeten zu können.

Kommt er nun zur Erde zurück, wird das Reich Gottes, werden die Macht und die Herrlichkeit dieses Erbes in seinem innersten Wesen verankert sein, und er lernt die Sehnsucht der Seele kennen, die sich selbst durch die wundervollsten Erfahrungen eines irdischen Lebens nicht stillen läßt. Also wird dieser Hunger, dieses Verlangen, die reinen Wonnen wiederzufinden, die er einst hier erfahren durfte, sein religiöses Denken beeinflussen und die äußeren Formen der Religion, die er als sein Erbe auf Erden errichtet, läutern und veredeln. Ist er hier weit vorangeschritten, bringt er also eine reine Gottesidee mit zurück auf die Erde, kann ihn sein inneres Wissen gegen religiöse Haltungen und Denkweisen, mit denen er sich auf der Erde konfrontiert sieht, rebellieren lassen. Er mag dann ein großer Häretiker werden oder ein großer Reformer; ein solcher Häretiker aber ist der Heilige der Zukunft. Die Vision ist sein ständiger Begleiter, er trägt in sich das himmlische Königreich. Irdische religiöse Formen, die die überholten Symbole und Vorstellungen einer primitiveren Vergangenheit an sich tragen, müssen gereinigt und auf eine erleuchtetere Ebene spiritueller Wahrheit gehoben werden. Der Bezug zur Evolution ist leicht zu erkennen. In diesem ewigen Greifen zum Höchstmöglichen, das dem Menschen erreichbar ist, kann es keinen Fortschritt geben, wenn keine Möglichkeit besteht, eine höhere Stufe zu bewältigen. Die Fähigkeit hierzu muß auf der Erde entwickelt werden. Die irdische Erfahrung ist ausschlaggebend und bestimmt den restlichen Zyklus und die Ebene, bis zu der ein Aufstieg möglich ist.»

«Psychologen der Freudschen Schule neigen heute dazu, religiöse Instinkte als Ablenkungsmanöver der Libido, also in Verbindung mit der Sexualität zu sehen. Sie bezeichnen das als eine Sublimierung des Sexualtriebs. Was meinst du dazu?»

«Ich halte das für baren Unsinn», antwortete E. K. «Die Sexualität ist ein Trieb, der Physis, Äther- und Astralkörper tangiert. Äther- und Astralkörper haben zu gleichen Teilen damit zu tun, und der physische Leib ist lediglich ihr Werkzeug. Das Ego hält sich fern, von Vereinigungen abgesehen, in denen die Liebe eine beinahe religiöse Färbung annimmt. Denn in der Liebe sind ja die höchsten spirituellen Kräfte enthalten. In diesen Augenblicken kommt es zu einer direkten Verbindung der beiden Egos wie zu einer astral-ätherischen Vereinigung. In der wirklichen religiösen Erfahrung ist jedoch in erster Linie das Ego die handelnde Kraft. Obgleich es das astrale Wesen ebenfalls stimulieren und gebrauchen mag, ist der religiöse Antrieb in Wahrheit ein spirituelles Bedürfnis – das Verlangen, die Liebe, die Wonnen und den Frieden der geistigen Heimat wiederzufinden, von denen das Ego sich ausgeschlossen fühlt.»

«Ich glaube, das Chaos in der Psychologie rührt zum größten Teil daher, daß man von der Existenz und den besonderen Kräften der vier Prinzipien des menschlichen Körpers nichts weiß, denn wenn jede körperliche Reaktion nur auf die Tätigkeit der Drüsen, auf Sekretionen und Reflexe zurückgeführt wird, lassen sich Verwirrungen und Widersprüchlichkeiten gar nicht vermeiden. Es klingt gerade so, als seien die Scheibe und die Quecksilberrückwand eines Spiegels verantwortlich für alles, was sich im Spiegel bewegt. Ein englischer Psychologe hat erklärt, religiöse Motive stammten geradewegs von Projektionen des Mutter- und Vaterbildes ab. Er hat versucht, anhand eigener Fälle nachzuweisen, daß niemand geistig gesund sein kann, wenn er keinen befriedigenden religiösen Glauben besitzt. Das heißt also, daß wir im eigenen Interesse entweder Dummköpfe oder Schurken werden sollen. Wir müssen uns in aller Aufrichtigkeit von unseren eigenen Projektionen an der Nase herumführen lassen oder uns zu einem Glauben bekennen, von dem wir genau wissen, daß er eine Täuschung ist.»

«Ich freue mich, daß ich in der Lage bin, dir bessere Gründe als diese für einen religiösen Glauben liefern zu können», meinte

E. K. «Während das Ego seinen unbewußten Erinnerungen nachhängt, hungert und dürstet es unentwegt nach den Freuden von einst. Bei einer sorgfältigen Untersuchung von Religionssystemen aus Vergangenheit und Gegenwart kann man sehr leicht auf Verbindungen zwischen solchen verborgenen Erinnerungen und ihren Übertragungen auf Symbole und Rituale stoßen.»

«Ich stelle mir gerade vor, daß die Übertragung dieser versteckten Spuren unserer höchsten geistigen Erlebnisse vielleicht auch in unseren Vorstellungen vom Himmel zu finden sein muß. In den verschiedenen Religionen gab es so viele Versionen von einem Paradies», meinte ich.

«Und alle geben sie die gleiche Wahrheit wieder, wie man feststellen wird, wenn man sie bis zu ihren Ursprüngen zurückverfolgt», antwortete E. K. «Ihre Unterschiedlichkeit erklärt sich daraus, wie sie die verschiedenen geistigen Ebenen jeweils spiegeln. In sehr frühen Zeiten kam die Vorstellung verlorener, umherirrender Seelen auf, der Klagegeister des Hades, der elenden Schatten aus dem Scheol. Wahrscheinlich sind das Spiegelungen der Ätherwelt, einem ‹Niemandsland›, mit dem Scott so unheimliche Erfahrungen gemacht hat. Später machten sie konkreteren Begriffen vom Himmel Platz, es entstanden Walhallas und Paradiese, die die Züge idealisierter irdischer Existenzbedingungen trugen. Das sind die Spuren der astralen Welten. Die höheren Ebenen werden in Visionen vom Neuen Jerusalem und dem Himmel der Christen reflektiert. Ich denke aber, daß die höchsten Stufen universellen geistigen Seins durch die buddhistische Vorstellung des Nirvana ausgedrückt werden. Irrtümlicherweise nimmt man vom Nirvana oft an, daß in ihm der Mensch wesenlos wird, gerade zu dem Zeitpunkt, wenn die Menschenseele ihre wonnevollsten, wunderbarsten Erfahrungen auf dem Gipfel ihrer Entwicklung machen darf. – Doch ich sehe, daß du dich daranmachst, diese Stufenleiter zu skizzieren.»

«Richtig», bestätigte ich. «Mir erschienen nämlich die geistigen Ebenen und ihre Spiegelungen in einem umfassenden Kreislauf.»

E. K. fügte noch Folgendes hinzu: «Der Prozeß bis zur Entstehung des menschlichen Ego wird klar, wenn man das Diagramm studiert. Jede irdische Existenz zwang den Astralkörper zu weiterer Entwicklung, bis sich schließlich im Menschen der historischen Frühzeit erste Hinweise auf die Anfänge des Ego-Wesens zeigten. Der Mensch begann, sich, wenn auch erst nur schwach und schemenhaft, als ein von seiner Umgebung getrenntes Wesen wahrzunehmen. Von Leben zu Leben wuchs dieses Bewußtsein; er erlebte sich als ein emotionales Geschöpf, das sich immer stärker seiner eigenen Wünsche und Triebe bewußt wurde und seine Freuden und Leiden immer intensiver auskosten konnte. Schließlich erreichte das Ego Selbst-Bewußtsein.

Bis zu dieser Stufe haben uns unsere vielen Erdenerfahrungen geführt; im weiteren Verlauf dieses Prozesses wird das Ego seine Herrschaft über die Gefühle (Astralkörper), die Empfindungen der Sinne (Ätherkörper) und schließlich sogar über den physischen Körper festigen. Ist einmal diese lange Eroberung abgeschlossen, wird der Mensch fähig sein, selbst auf der Erde ein Leben im Geiste führen zu können. Dorthin streben wir alle, müssen jedoch noch viele böse Wünsche und blinde, rohe Überzeugungen ablegen, bevor wir weitere Fortschritte in diese Richtung machen können.

Die echteste Religionsform ist die, an die wir nicht reichen und die wir kaum erfassen können, diejenige, in die wir langsam aber sicher hineinwachsen. Das Christentum, so wie sein Begründer es predigte, ist ein solcher Glaube. Es werden noch viele Zeitalter vergehen müssen, bis wir an ihn heranreichen können. Alle Zusätze und sorgfältigen Ausarbeitungen, die von Menschen erdacht wurden, um ihn leichter verständlich zu machen, müssen eines Tages fortfallen.

Das Ego-Bewußtsein steckt noch in den Kinderschuhen; entwickelt es sich jedoch allmählich weiter, so wird es uns für

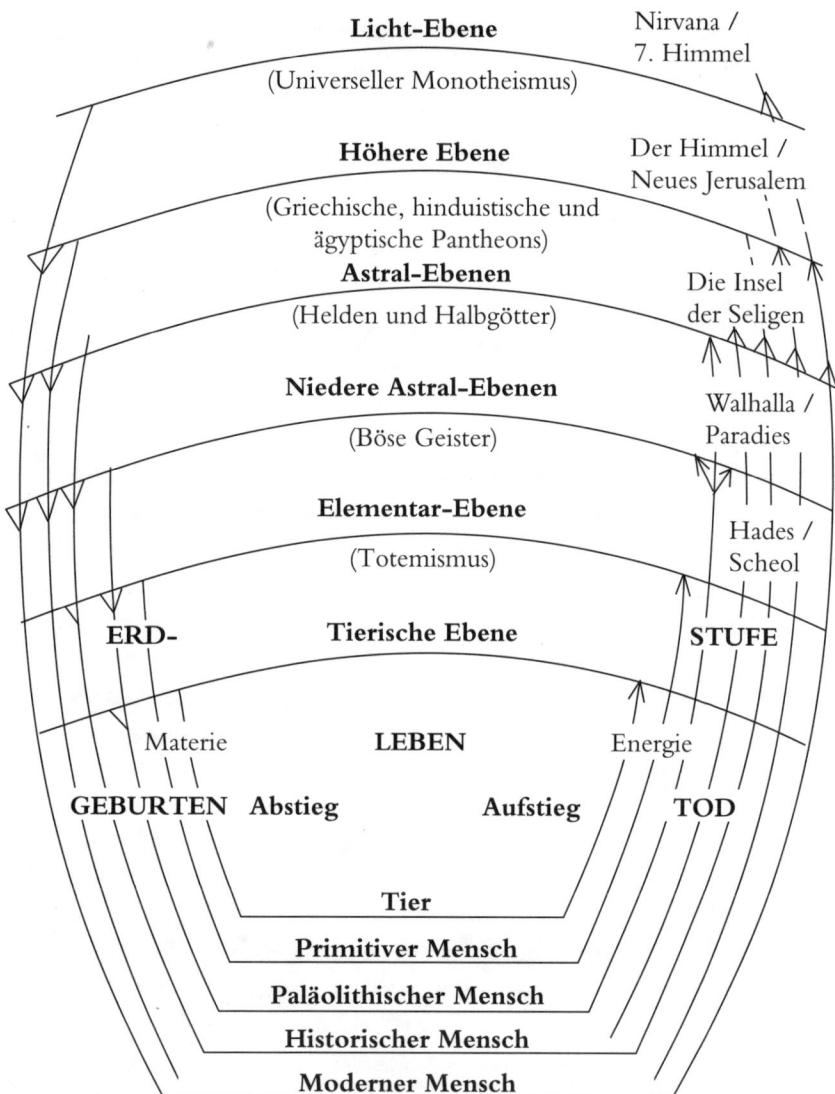

Licht-Ebene · Nirvana / 7. Himmel

(Universeller Monotheismus)

Höhere Ebene · Der Himmel / Neues Jerusalem

(Griechische, hinduistische und ägyptische Pantheons)

Astral-Ebenen · Die Insel der Seligen

(Helden und Halbgötter)

Niedere Astral-Ebenen · Walhalla / Paradies

(Böse Geister)

Elementar-Ebene · Hades / Scheol

(Totemismus)

ERD- **Tierische Ebene** **STUFE**

Materie **LEBEN** Energie

GEBURTEN Abstieg Aufstieg **TOD**

Tier

Primitiver Mensch

Paläolithischer Mensch

Historischer Mensch

Moderner Mensch

geistige Einflüsse empfänglicher werden lassen, und der Prozeß wird angekurbelt. Als Teil seiner alltäglichen Erfahrungen wird der Mensch ein echtes Bewußtsein von der geistigen Welt erhalten, und was zur tatsächlichen Erfahrung geworden ist, wird danach verlangen, verstanden und auf andere Wissensgebiete ausgedehnt zu werden. So wird die Theorie mit der Praxis Schritt halten müssen, und dein langgehegter Wunsch nach einer Verbindung von Wissenschaft und spiritueller Wahrheit wird sich erfüllen. In deinem gegenwärtigen Dasein wirst du das wahrscheinlich nicht mehr miterleben, wenn du jedoch das nächste Mal auf die Erde zurückkehrst, wird vieles von dem, was ich prophezeit habe, eingetreten sein. Dann ist die Brücke zwischen Diesseits und Jenseits errichtet und fertiggestellt, und die Menschen werden frei und sicher über sie hinwegschreiten, während wir von unserer Seite aus in der Lage sind, euch zu erreichen und dem vollständigen Eintritt des Geistes ins alltägliche Erdenleben den Weg zu ebnen.»

Später hatten wir ein Gespräch über die willkürliche Einteilung von Gut und Böse. E. K. meinte: «Um die Anfänge dieses dunklen Problems zu ergründen, müssen wir Äonen von Zeitaltern zurückgehen in eine Epoche kosmischer Geschichte, die stattfand, lange bevor unser Universum Gestalt annahm. Als Folge einer langen Evolutionsperiode entstand ein Geschlecht reiner Wesen, die ihre ständige Heimat in jenem wunderbaren Lichtreich hatten, das der allerhöchsten Sphäre am nächsten liegt. Die schöpferische Liebe selbst durchdrang sie, erfüllte sie ganz und gebrauchte sie ungehindert als Kanäle zur Erfüllung ihres Willens. Diese entschwundene Epoche war jedoch zu Ende, noch bevor das ganze Geschlecht vollendet werden konnte. Einige seiner Angehörigen blieben zurück und gerieten darüber in Konflikt mit der geistigen Welt. So entstand ein oppositioneller Geist gegenüber dem Willen Gottes; er manifestierte sich auf besondere Weise in bestimmten Teilen des astralen und ätherischen Universums. Wo immer dieser Unmut wütete, kehrte sich das Licht der spirituellen Welt in Finsternis. Darum sind diese Zonen für uns heute ein Nichts, und ihr erkennt in ihnen eure sichtbare Sonne, den Mond, die Planeten und Sterne. Wo immer Materie sich aus der umgebenden ätherischen Substanz herauskristallisiert hat, handelt es sich um die Folgen des Konfliktes zwischen der Macht der schöpferischen Liebe und dem Prinzip feindlichen Durcheinanders, fühlbar als Trägheit und Schwere. Am Beginn dieses Kampfes herrschte Chaos, die wüste, leere Welt. Schließlich aber gewann der unwiderstehliche Einfluß der Schöpferkraft die Oberhand und schuf die ersten Formen von Ordnung und Struktur. ‹Der Geist Gottes schwebte über den Wassern› – so wurde uns berichtet.

Du erinnerst dich: Keine der Aktivitäten eines Atoms könnte manifest werden, würde sie uns nicht durch ihren Gegenpol erfahrbar gemacht. Um wahrnehmen zu können, müssen wir ein oppositionelles Prinzip als gegeben voraussetzen. Da es sich nicht unmittelbar anhand wissenschaftlicher Methoden nachweisen läßt, bedient es sich sehr wahrscheinlich eines Mediums, das in seiner Beziehung zur Materie bisher noch nicht in die Reichweite wissenschaftlicher Entdeckung gerückt ist. Wir kennen dieses Medium als die ätherischen Substanzen, auf denen Materie basiert.

Die Ordnung wurde dem chaotischen Zustand auferlegt durch den Willen und die Vorstellungen Gottes, dem Prinzip der Ordnung und der Harmonie; die Menschen nannten es die schöpferische Liebe.

Die Geschichte der Schöpfung ist die allmähliche Eroberung des Chaos durch den Willen und die Absichten Gottes. Jede Naturerscheinung, vom Atom bis zum entferntesten Stern, ist ein Modell, entstanden aus einer kämpferischen Auseinandersetzung, ist Rhythmus, der Energien auferlegt wurde, die weder Zweck noch Ziel besaßen. Heute, wo die Wissenschaft einige der Geheimnisse atomarer Strukturen zu lüften beginnt, sieht es so aus, als ähnelten sich die Muster eines

Sonnensystems mit Planeten und eines Atoms, dessen Elektronen einen Kern umschwirren. Denn Elektronen sind sowohl Partikel als auch Wellen; möglicherweise wurden sie nach dem gleichen Modell erschaffen wie der Kosmos selbst, und es wird sich irgendwann einmal herausstellen, daß auch sie Energiesysteme aus miteinander verwobenen Äthersphären sind. Die extreme Schwierigkeit, diese kleinen Universen zu verlagern und ihre Stabilität sprechen für unsere Hypothese.

Die Schöpfung begann also auf einem Schauplatz des Kampfes und der feindlichen Antriebe, auf dem sich bestimmte Kräfte in einer gegensätzlichen Position zur übrigen geistigen Welt betätigten. Regionen neutraler spiritueller Substanzen entstanden dort, wo diese beiden Mächte aufeinanderstießen. Hier sehen wir das Chaos in seiner ganzen Ursprünglichkeit. Doch jenseits dieser kleinen negativen Randzonen und um sie herum existiert jene gewaltige, riesige Welt des Geistes, in der das zeitlose Prinzip der schöpferischen Liebe, der große formgebende Geist Gottes ohne Widerstände herrscht.

Dieser Einfluß strömte in die Regionen des Chaos und der Nacht, und langsam, aber unaufhaltsam ergab das Chaos sich dem Schöpfer. Der Aufruhr der Elemente beruhigte sich, als gleichmäßige Rhythmen und Gruppierungen seine schrillen, dissonanten Vibrationen durchwebten und sie zu immer größeren, komplexeren Konstruktionen organisierten. Dieser Schöpfungsprozeß hat niemals aufgehört; noch immer überwältigt er Zwist und störende Elemente und schafft neue, kompliziertere Formen der Ordnung. Wir nennen dies Evolution. Indem wir dem Schöpfungsakt einen neuen Namen und eine neue Definition gaben, schafften wir damit die Notwendigkeit eines Schöpfers ab. Doch brauchen wir uns nur zu fragen, wodurch eine Ordnung oder ein Entwurf überhaupt entstehen konnten, und warum diese Entwicklung hin zu immer komplizierteren, subtileren Harmonien im Evolutionsprozeß besteht, um zu erkennen, daß wir immer noch ein Prinzip der Harmonie voraussetzen müssen.

Ich möchte, daß du erkennst, daß jede neue Schöpfungs-
phase durch das ursprüngliche oppositionelle Prinzip ange-
fochten und bekämpft wurde. Sobald der schöpferischen
Liebe Gottes auf den einzelnen Stufen der Durchbruch gelungen war und eine neue Lebensform entstand, folgte dieses
Widersacherprinzip mit seinem kämpferischen, Verwirrung
stiftenden Geist. Jeder neue Garten Eden wurde immer wieder aufs neue von der alten Schlange heimgesucht. Die große
Arena dieses kosmischen Wettstreites ist die Erde und ihre
Äther- und Astralebenen. Sprechen wir in diesem Zusammenhang jedoch von einem Krieg zwischen guten und bösen
Kräften, vereinfachen wir die Sache über Gebühr und ver-
wenden zwei Begriffe, die wir nicht definieren können. Im
Grunde wissen wir gar nicht recht, was nun eigentlich gut
und was böse ist.

Laß uns versuchen, die wahre Natur dieses Vorgangs zu
verstehen. Man darf ihn sich nicht als einen Kampf zwischen
Gut und Böse vorstellen, sondern eher als einen notwendigen
Ausgleich zwischen den oppositionellen Kräften von Ordnung und Chaos; von Schöpfung und Zerstörung; von Liebe
und ihrer Negation. Tatsächlich sind diese beiden Pole des Daseins, der positive und der negative, notwendig für die Existenz jeder Wesenheit, sei sie nun ausschließlich materiell oder
der vierfache Körper des Menschen. Stets muß es ein Gleichgewicht geben, und in jeder Art treten die beiden Lebenspole
augenfällig in Erscheinung.

Sprechen wir von der Schlechtigkeit der Welt, von bösen
Menschen, schlechten Bedingungen, häßlichen Gefühlen,
dann beschreiben wir einen Stand der Dinge, in dem das Negative gegenüber dem Positiven ein Übergewicht erreicht hat
und die Tendenz zu Aufruhr, Zerstörung und Auflösung besteht. Wo immer auch der negative Aspekt die Vorherrschaft
gewinnt, zeigt er die Neigung, sich selbst zu zerstören. Seinem
innersten Wesen gemäß kann Böses nur immer mehr und noch
schlimmeres Böses erzeugen, und so beschleunigt es nur sein

eigenes Ende. Dieses Ende bedeutet stets Auflösung, Zersetzung und Zerfall.

Ganz gleich, wo das geschieht, ob in der Materie, in Lebewesen, Gesellschaften oder Individuen – das ungleichgewichtige System ist zum Tode verurteilt, wenn die Balance nicht wieder hergestellt werden kann und Ordnung und Kreativität ihren Einfluß nicht wieder geltend machen können. Doch selbst der Zerfall ist noch nicht das Ende. Auf den Trümmern errichten die positiven Mächte eine neue Schöpfung und dokumentieren damit das Verhältnis Gottes zu den Menschen. Die Schöpfung kann niemals gänzlich vernichtet werden. Die Schöpferkraft macht sich selbst die Ausbrüche von Verwirrung und Chaos zu eigen, um noch subtilere Siege und Triumphe des Gesetzes und der Ordnung zu erringen.

Ich glaube, daß das ganze materielle Universum in Schutt und Asche sinken und der Herrschaft des Chaos überliefert würde, zöge sich das ordnende Prinzip aus dem Zwist und der Dunkelheit der Materie zurück. Ein solcher Kurs stünde jedoch im Widerspruch zur wahrhaftigen Natur Gottes, der als reine Liebe gar nicht anders als schöpferisch sein kann. Ich habe die dunkle Ahnung, daß im Laufe der allmählichen Unterwanderung aller negativen Elemente die Möglichkeit eines endgültigen Sieges über die oppositionellen Mächte besteht, eines Einfließens spirituellen Lebens in die Materie, bis schließlich nur noch die schöpferische Kraft allein übrig ist und die Materie als Resultat des Konflikts aus der Existenz ausscheidet. Dann wird die geistige Welt wieder ihren Einzug in das Reich der Materie halten und ihre Ansprüche anmelden. Der Mensch ist das Instrument, das Gott sich zu diesem Zweck geschaffen hat. Er ist zu dem Kanal bestimmt, durch den allein der Wiedereintritt des Geistigen möglich werden wird.»

17. Kapitel

Das Ziel der Evolution: Vergeistigung des Kosmos, Heimkehr aller Menschen in das «Königreich Gottes»

«Jetzt wollen wir uns nicht mehr mit der Erschaffung von Welten befassen, sondern mit der des Individuums. Gott ‹nahm eine Handvoll Staub von der Erde› und erschuf den Menschen. Das stimmt. Es geschah über lange evolutionäre Zeitalter hindurch. Die Darstellung, wie Gott Seiner Schöpfung Seinen lebendigen Atem einhauchte und so aus dem Menschen eine lebendige Seele machte, bezieht sich auf die spätere Periode der Evolution, als schließlich der Geist des Ego Einlaß in den Menschen fand und begann, seine Kontrolle über ihn auszuüben. Dieser Prozeß ist noch in vollem Gange, doch nun muß das Ego sich zu den mehr materiellen Prinzipien des Körpers hinunterarbeiten, um sie ganz allmählich zu durchdringen und zu durchgeistigen.

Auf der Erde stellt man Geschichte für gewöhnlich als den Fortschritt der Menschheit dar. Dich verwirrt die Tatsache, daß Vollkommenheit innerhalb der menschlichen Rasse nur sehr selten auf dem Wege der Vererbung weitergegeben werden konnte. Nur die physische Gestalt wird hiervon betroffen und modifiziert. Das Entstehen einer Persönlichkeit ist eine weitaus großartigere Sache. Es ist einfach lächerlich, sich vorzustellen, die physische Zeugung und eine einzige kurze Lebenszeit mit ihren Erfahrungen könnten so etwas Komplexes hervorbringen. Denke für einen Moment noch einmal an die langwierigen Bemühungen der schöpferischen Kraft, die uns aus der materiellen Nacht befreit hat.

Der Geist des Menschen muß nun von Uneinigkeit und Widersetzlichkeiten gereinigt und makellos werden in seiner wahren Natur schöpferischer Liebe. Dann kommt das emotionale Wesen an die Reihe – auch aus ihm müssen alle Unreinheiten entfernt werden, bis der Astralkörper durchgeistigt und geklärt sein wird; und endlich verändert dieser Prozeß auch äußerst wirkungsvoll die Elemente des groben physischen Körpers selbst. Ist dies vollbracht, hat der Mensch das Ziel dieser irdischen Schöpfungsebene erreicht, und der Geist wird schließlich von der Notwendigkeit befreit sein, erneut in die Materie hinabsteigen zu müssen.

Niemals könnten aufeinanderfolgende physische Zeugungsvorgänge das bewirken. Der Fortschritt der geistigen Eigenschaften des Menschen beruht auf einer völlig andersartigen Zeugungsmethode. Das Individuum wird nämlich der Erbe der Hintergründe und aufgespeicherten Bedeutung seiner langen Serien irdischer Existenzen. Stellt sich ein Wesen nicht immer wieder den irdischen Bedingungen, wird es keinen Fortschritt geben können. Der Reichtum und die Fülle der Persönlichkeit, durch viele Leben hindurch mühevoll erworben, wären nutzlos vergeudet, hinge ihre Erhaltung lediglich von irdischer Fortpflanzung ab, denn kein Mensch kann die Qualität und Bedeutung seiner reichen Persönlichkeit auf seine Kinder übertragen. Diese bleibt ein unveräußerlicher Teil seiner selbst.

Wo diese Lebensqualität des Menschen und ihr individueller Sinn in Frage gestellt werden, erscheint die Menschheitsgeschichte lediglich als eine Abfolge wirrer Wiederholungen uralter Fehler und Irrtümer. Doch in Wahrheit erhöht sich der Wert des Menschen und steigt immer weiter. Das ist der ewige Teil des Wesens, das stets sicher ist in der Hand Gottes. Er sendet es immer wieder zurück, um es während einer neuen Lebensspanne neue irdische Erfahrungen und tiefere Erkenntnisse sammeln zu lassen, damit es reicher und edler werde.

Die schlimmsten Gefahren, die uns drohen, sind Naivität und die Weigerung, den moralischen Tatsachen des Lebens ins Gesicht zu sehen. Wir täuschen unser Ego und betrachten die Dinge mit unseren astralen Sinnen, über den Weg der Emotionen. Falsche Vorstellungen und Wünsche, die durch unhaltbare Gefühle wie Wut, Neid, Grausamkeit oder Habgier motiviert werden, lassen das Ego zum Sklaven des Astralwesens herabsinken; es muß sich freikämpfen und sich die Emotionen gefügig machen.

Du beginnst zu erkennen, daß sich die menschliche Rasse in ihrer schicksalhaften Rolle im alten Drama des Kampfes und Hasses heute tatsächlich in einer Krise befindet. Der Glaube an die Materie und an physikalische Kräfte, der für dein Zeitalter charakteristisch ist und seinen logischen Ausdruck in kriegerischer Aggression findet, treibt den Menschen auf die Seite der Zerstörung und des Todes. Selbst das Gefühl für Gerechtigkeit wird dem alten Widersacher geopfert und für legalisierte Mordtaten mißbraucht. Doch es ist zwecklos, zu glauben, Gott könne sich täuschen lassen. Nachdem wir auf der Erde die Nichtigkeit eines materiellen Glaubensbekenntnisses erfahren haben, passieren wir die Todespforte und kommen hierher, um unsere Lektionen durch ein tieferes Erfassen der Macht und Herrlichkeit der geistigen Welt zu vervollkommnen. Kehren wir dann wieder auf die Erde zurück, tragen wir dieses Wissen in uns, nicht als ein intellektuelles Konzept, sondern als angeborene Neigungen unseres Charakters. Bei unserer Rückkehr werden wir es mit dem Erbe zu tun bekommen, das uns vergangene Epochen hinterlassen haben, und jenes tiefe instinktive Wissen versorgt uns mit den Inspirationen, durch die wir die religiösen und moralischen Systeme der Zukunft begründen werden. Die Gedanken an die Zukunft und unseren notwendigen Anteil an ihr lassen den Zeitfaktor wieder bedeutsam werden. Wir müssen uns angewöhnen, im Hinblick auf unsere wiederholten Auftritte auf dem irdischen Plan in langen Zeiträumen zu denken. Schauen wir einmal auf den Weg, der vor uns liegt.

Als das Ego seinen Einzug in den Menschen hielt, trug es das Licht Gottes in die Finsternis der mit sich selbst zerfallenen Materie. Es entzündete dieses Licht in dem vierfältigen Körper und verhieß dem Menschen, sein ganzes Wesen vom Fluch der Widersachermächte zu erlösen und es auf seinen Eintritt in die Welt des Geistes vorzubereiten. So wird schließlich jener uralte Konflikt, der die Materie verursacht hat, vom Menschen in seinem eigenen Körper gelöst. Wenn du auch nur die leiseste Vorstellung von der Ungeheuerlichkeit dieser Aufgabe besitzt, deren Erfüllung dem Menschengeschlecht auferlegt ist, wirst du erkennen, daß diese noch äonenweit in der Zukunft liegt. Ist jedoch dieser Zeitpunkt einmal erreicht, mag es durchaus geschehen, daß die Erde vergehen muß, denn alles Leben wird sich von der irdischen Ebene erhoben haben. Der Tod wird nicht mehr sein.

Wissenschaftler sind der Ansicht, daß die Erde das Leben wohl noch für viele Millionen Jahre sicherstellen kann, bevor die Entropie schließlich alle materiellen Erscheinungen einholen wird und alle Bewegung im Todeskampf des Universums erstarrt. Wir neigen zu der Einstellung: ‹Ach, für mich wird die Zeit schon noch reichen.› Dabei vergessen wir, daß sie ausreichen muß, bis das gewaltige Werk der Vergeistigung für alle abgeschlossen ist. Viele, viele Abstiege zur Erde liegen noch vor uns, bevor wir dieses Ziel erreicht haben werden. Die Frage, ob die Erde tatsächlich noch lange genug bestehen wird, um uns allen genügend Zeit zu geben, steht noch offen.

Ich bin fest davon überzeugt, daß durchaus Grund zur Eile gegeben ist. Zu jener Stunde Null muß die Erlösung von der Materie selbst für den Niedrigsten unter uns abgeschlossen sein; gelingt dies nicht, müssen die Konsequenzen dieses Versagens mit hinüber in eine neue Ära kosmischer Geschichte genommen werden. Und wieder wird die Schlange in einen neuen Garten Eden kriechen, so wie sie es zu Beginn unseres gegenwärtigen Zeitalters tat. Die Schmerzen und Leiden einer langen Erlösung von der Materie werden auf einer anderen Ebene fortgesetzt werden müssen. Das ist der Grund für die Dringlichkeit, mit der wir versuchen, dir alles einzuprägen, was du von dieser gewaltigen spirituellen Welt nur gerade zu erfassen imstande bist. Wir tragen Mitverantwortung für die Errettung der Menschheit. Daher ist unser großer Kummer über die unsinnige, hinderliche Zeitverschwendung durch Kriege vollauf gerechtfertigt. Der Mensch scheint eine finstere, gefährliche Stufe in seiner Entwicklung erreicht zu haben. Und doch gäbe es in dieser Krise noch Hoffnung für die Zukunft, wenn er nur dazu gebracht werden könnte, die Größe und Erhabenheit seiner eigentlichen Bestimmung zu begreifen, die er durch seinen blinden Glauben an den Nutzen physikalischer Kräfte aufs Spiel setzt und gefährdet. Die alten Religionen sterben oder sind bereits tot; ihr Vermögen, den Weg der Menschheit nach vorn zu erhellen und sie aus ihrer tragischen Unwissenheit aufzurütteln, ist dahin. Der christliche Glaube muß im Licht unseres und auch eures Wissens neu formuliert werden. Wenn Gott es will, wird sich eines Tages der Beweis für die Annahmen, die wir dir nahezubringen versuchen, endlich finden lassen.»

«Was hat es mit Jesus Christus aus eurer Sicht auf sich?» fragte ich E. K. «Ich weiß zwar, daß die Christen nur einen Teil der Menschheit bilden und es noch viel mehr Leitern zum Himmel gibt als nur unseren eigenen gewohnten Glauben. Doch für uns, die wir von Kindesbeinen an in seinem Geiste erzogen worden sind, muß er sicherlich der richtige Weg sein. Was kannst du uns von Christus und seinem Einfluß auf eure Ebenen erzählen?»

«Das Erscheinen Christi auf dem irdischen Plan war ein gewaltiges Ereignis in der Geschichte der Menschheit. Daß es einem solchen Geist überhaupt möglich war, einen mensch-

lichen Körper zu bewohnen, ist allein schon wundersam genug. Okkulte Lehren wiesen immer wieder darauf hin, daß
eine ganz besondere körperliche Gestalt allein zu diesem
Zweck vorbereitet werden mußte. Ein unendlich weises, ural-
tes Wesen, das bereits früher schon oft als spiritueller Führer
der Menschheit aufgetreten war, kehrte als Angehöriger des
jüdischen Volkes auf die Erde zurück und entwickelte einen
weit fortgeschrittenen Astral- und Egokörper. Solch eine
wunderbare Seele in einem ungewöhnlich ätherischen Körperkleid wuchs in den Einöden Galiläas auf.

Als er das Erwachsenenalter erreicht hatte, war er sich der
großen Aufgabe, die zu erfüllen ihm vom Schicksal bestimmt
war, voll bewußt geworden. Auf dem Höhepunkt dieser Erkenntnis erlebte er die Taufe. Ein mächtiger Geist nahte sich
ihm und erfüllte ihn. Es war der Geist, dessen Einfluß auf unsere Erdsphäre durch alle historischen Zeiträume hindurch
stetig zugenommen hat und immer intensiver spürbar wird.
Die Existenz dieses großen Wesens hatten schon alle Men-
schengeschlechter vordem gefühlt; sie huldigten ihm unter
vielen verschiedenen Namen.

Vor allem das Volk der Juden besaß ein feines Gespür für die
Natur und die Bedeutung dieses Wesens; in seinen heiligen
Schriften legte es nieder, was es von dessen Plänen erfassen
und begreifen konnte. Diesem auserwählten Volk nun näherte
sich das Wesen an, und in dem reinen, herrlichen Mann mit
Namen Jesus von Nazareth fand es ein geeignetes Instrument
für sein Werk unter den Menschen. Drei Jahre lang ging Jesus
in einem physischen Körper über diese staubige Erde, der
wahrscheinlich trotz seiner feinen, lauteren Beschaffenheit
nicht fähig war, solch einen gewaltigen, machtvollen Geist zu
beherbergen, ohne dabei hinfällig und physisch gebrechlich zu
werden. Diese Annahme liegt nahe, wenn man bedenkt, wie
rasch er unter den Torturen der Kreuzigung starb. Die Bedeutung seines Abstiegs zur Erde liegt klar auf der Hand. Durch
seine freiwillige Einkerkerung in einen Körper aus Fleisch und

Blut konfrontierte er sich mit jener Konfliktsituation, aus der die Materie entstand, um so dem alten Erzfeind im vollen Wissen um das leiderfüllte Dasein begegnen zu können. Während seines Lebens auf der Erde begründete er die Macht, den Geist und die Wege Gottes im Umgang mit den Menschen: die Liebe. Christus selbst war die Vorwegnahme des zukünftigen Menschen, der Vorläufer des wahren, vollkommenen Menschentums, das wir alle einmal erreichen müssen.

Der Geist Christi, durch das Kreuz vom Körper befreit, schwebte noch eine Weile in der Nähe der irdischen Ebene. Und seit der Zeit, da er sich als ein Mensch mit unserer Erde identifizierte, ist er auch stets dort geblieben. Er nimmt teil an ihren geistigen Erfahrungen, übt seinen Einfluß auf ihre Bewohner aus und ist auf der Suche nach Menschen, die geeignet sind, seine Botschaft zu verkünden. Er steht uns zur Seite, inspiriert und belehrt uns – nicht allein durch die heiligen Aufzeichnungen seiner irdischen Mission, sondern vor allem durch die immerwährende Allgegenwart seiner Liebe unter den Menschen. Seine Aufgabe, die Wiedereinsetzung des Königreichs Gottes, ist noch nicht vollendet; jede einzelne Menschenseele muß Vollkommenheit erlangen. ‹Das Königreich Gottes ist in euch›, so hat er gelehrt, und es ist dieses Gottesreich, das vom ganzen Wesen des Menschen Besitz ergreifen muß. Dann erst wird das Erlösungswerk beendet sein. Und bis dahin wird er bei uns bleiben. ‹Denn siehe, ich bin bei euch alle Tage, bis an der Welt Ende› – so lautet sein Versprechen. Er wird mit den Menschen ausharren, bis auch die letzte Seele von der Rückkehr in die Materie befreit ist. Die Evangelien selber bauen auf diese Wahrheit. Nur durch die Beimengung jüdischen, griechischen und römischen Gedankengutes konnte das Christentum vom rechten Wege abweichen. Aber noch trägt es lebendige Wahrheiten in sich, die erlösende Wirkung haben, denn aus den Lehren Christi ertönt der Ruf zur Heimkehr in das Königreich Gottes für alle Völker gleichermaßen.

Es gehört hier zu unseren täglichen Erfahrungen, den Einfluß des Geistes Christi ständig wahrnehmen zu können, und wir wissen, daß er ebenso gleichmäßig hinabströmt in die Dunkelheit der irdischen Sphäre. Wo immer sich Leben und Gedanken der Menschen in moralische und spirituelle Höhen aufschwingen, wird ein Weg geebnet, auf dem seine Macht fühlbar werden kann, und zwar als Licht. Besitzen wir Affinität zum Geiste Christi, dürfen wir sicher sein, seine Anwesenheit spüren zu können. ‹Wo immer sich zwei oder drei in meinem Namen versammeln, da werde ich mitten unter ihnen sein.› Halten wir also unsere Gottesdienste im Geist der Liebe, ziehen wir damit den Geist Christi an, und seine Inspiration und Gegenwart werden dort in unserer Mitte sein. Je näher wir als Individuen seinem reinen, liebevollen Wesen kommen, desto stärker und machtvoller kann seine Kraft in uns einströmen, und desto ähnlicher werden wir ihm.

Wenn, wie in Kriegszeiten, die Gewalt regiert, wird die Wiederkunft des Gottesreiches in ungeheuerlichem Ausmaße behindert und blockiert. Wir sprechen dann so leichtfertig davon, daß Christus erneut ans Kreuz geschlagen werde; doch wer kann sich auch nur eine leise Vorstellung von den tödlichen geistigen Martern machen, die wir ihm in solchen Zeiten zufügen? Durch die Grausamkeiten des Krieges türmen die Menschen einen riesigen Berg an Bösem und Leidvollem auf, der später gesühnt werden muß. Eine mit solcher Schuld behaftete Seele wird mehr als nur eine zusätzliche Lebensspanne brauchen, um die verlorene Zeit der Entwicklung wieder aufzuholen.

Den materiellen Spielzeugen, auf denen der moderne Mensch sein Leben und sein Vertrauen errichtet, muß es unter Umständen gestattet werden, ihn und seine wohlgeordnete Welt zu vernichten, so daß dieser üble Glaube als das erkannt werden kann, was er in Wahrheit ist. Eine Eruption des Bösen mag vielleicht sogar den Lebenskörper zukünftiger Generationen klären und reinigen. Beobachte nur einmal, wie das Böse sich immer und immer wieder verdichtete, wellenartig in den Lauf der Geschichte eindrang und auf die Menschheit niederbrach, um schließlich dann doch wieder durch die Ordnung und Einfachheit glücklicher menschlicher Lebensumstände ersetzt zu werden.

Ich fasse nochmals zusammen: Am Anfang war das Wort, Gottes sinngebundene, zweckgerichtete Absicht; es durchdrang das Chaos, ordnete es und füllte es mit Bedeutung. Aus diesem Harmonisierungsprozeß entstand die lange Abfolge lebendiger Wesen mit dem Menschen als der Krone der Schöpfung, der durch die Errungenschaft des Ego eine lebendige Seele wurde. Die Aufgabe dieser Seele ist es, jedes Prinzip ihres vierfältigen Körpers von der Vorherrschaft des Chaos und der Widersetzlichkeit und damit von der Notwendigkeit der Rückkehr zur Erde zu erlösen. Schließlich wird das ganze Wesen des Menschen vollkommene Spiritualität erlangt haben und mit seinem Ursprung und Urgrund, mit Gott, wiedervereinigt sein. Der äonenlange Kreislauf von Geburt, Tod und Rückkehr in die Materie muß so lange fortgesetzt werden, bis das Leben des Geistes sich von der Materie emanzipiert hat. Dieser Prozeß schafft ein gereiftes, spirituelles Wesen, das aus Kampf, Finsternis, Leiden und Freuden heraus zurückkommt als ein erwachsen gewordener Sohn Gottes. Zu diesem Zweck fließen die Gottesgedanken als die schöpferische Liebe selbst mit Nachdruck in Seine Schöpfung ein, sie inspirierend, ordnend, harmonisierend, Haß und Zwist überwindend. Hier sehen wir das kontinuierliche Werk der Schöpfung vor uns, das wir Evolution nennen. Um diese sicherzustellen, sind Geistwesen ohne Unterlaß bei der Arbeit, um den Menschen die Bedeutung und Mysterien aus der Welt der Realität einzuprägen, in der alle Menschenseelen ihre Heimat haben. So quält und martert sich der Geist Christi auch weiterhin und leidet gemeinsam mit uns Menschen in seinem unermüdlichen Bemühen um Erlösung. Er versucht immerfort, uns durch das Gesetz der Liebe in die Gemeinschaft mit der schöpferischen

Liebe zurückzuführen, deren treuester Diener er selber ist. Aus diesem Grunde sind wir verpflichtet, unser Leben vollbewußt und intensiv zu leben, voller Vertrauen, Liebe und Mut. Wir sollen uns dem Licht, den Wonnen und der Liebe aus der geistigen Welt öffnen und hier oder auf der Erde an uns selbst arbeiten bis an die Grenzen unserer Entwicklungsfähigkeit, immer eingedenk der Tatsache, daß wir durch diesen Dienst zu reifen, vollkommenen Wesen werden, zu vollendeten Gottesgedanken, Schöpfungen Seiner Liebe.

So gewinnen die Verse des Gebets eine neue Bedeutung:

DEIN REICH KOMME,
WIE IM HIMMEL,
ALSO AUCH AUF ERDEN.»

Ein «Tagebuch von drüben» als wichtige Lebensschule im Hier und Jetzt!

T. E. Lawrence
TAGEBUCH VON DRÜBEN
Erkenntnis, Läuterung und Entwicklung nach dem Tode
Aufgezeichnet von Jane Sherwood
Ein schöner Ganzleinenband. 160 Seiten
ISBN 3-7157-0126-9

Das «Tagebuch von drüben» gewährt tiefe Einblicke in bisher unbekannte nachtodliche Zustände und in das unvorbereitete Erwachen in einer unerwarteten Welt. Es berichtet von einem ausdrücklichen Erkenntnis- und Läuterungsweg unter Anleitung von liebevollen geistigen Freunden aus der höheren Welt.

Selten zuvor haben Mitteilungen über das Leben nach dem Tode einen so wichtigen Aspekt des Jenseitsweges beschrieben, wie es Lawrence hier tut. Er lernt erst schmerzvoll begreifen, daß es die emotionalen Zustände sind, die einem drüben das Paradies oder die Hölle bereiten, und daß man dort nicht mehr wie auf der Erde Gefühle *hat,* die man einfach in den leiblichen Körper wegstecken oder verdrängen konnte, sondern daß man jetzt das Gefühl in seinem ganzen Wesen *ist.* Er erfährt zudem, wie mit der sich verstärkenden Fähigkeit zu leben, zu lieben und Freude zu empfinden gleichzeitig eine erhöhte Sensibilität dem Leiden und der Schuld gegenüber erwacht.

Lawrence schildert sehr genau diese schwere, aber auch gnadenreiche Zeit und dokumentiert einfühlsam, wie sich sein seelischer Aufruhr langsam legt und die Qualen der Selbstanklagen abebben, sein Blick ruhiger und klarer wird bei zunehmendem Gewahrwerden der Liebe und Gerechtigkeit der universellen, göttlichen Wahrheit.

Lawrence' Tagebuch kann für jeden auf der Erde Lernenden zu einer wichtigen Lebensschule werden. Es macht vor allem klar, daß unser scheinbar kurzer, begrenzter Lebensweg ein wichtiges Teilstück eines viel größeren Stufenweges zu tieferer und höherer Erkenntnis ist, zu fortschreitendem Lernen und spiritueller Entwicklung – und dies im Geiste einer unbegrenzten Liebe und Freundschaft mit der Erde und all ihren Wesen.

Erlebnisse und Begegnungen in unbekannten Jenseitswelten

Herbert Engel
DER SPHÄRENWANDERER
Reisen, Begegnungen und Offenbarungen in anderen
Dimensionen
252 Seiten, broschiert
ISBN 3-7157-0047-5

Dies ist der wahre Lebensbericht eines Suchers nach Weltenerkenntnis. Er wurde vom Verfasser ursprünglich als ein spirituelles Testament für seine Kinder und Enkel geschrieben. Die große geistige Not der heutigen Zeit veranlaßte ihn jedoch, seine Aufzeichnungen schon jetzt zugänglich zu machen.

Herbert Engel beschreibt im ersten Teil des Buches seine Erlebnisse und Erfahrungen während seiner Jenseitswanderungen. Er erzählt, wie er meist nachts, aber bei vollem und klarem Bewußtsein, aus seinem Körper geholt und von erhabenen Botschaftern aus höheren Welten durch die jenseitigen Sphären geleitet wurde. Er begegnete unzähligen bekannten und unbekannten Jenseitsbewohnern und erfuhr dabei alles über das neue Leben der Abgeschiedenen: von ihrer unermüdlichen Arbeit zur geistigen Vervollkommnung, ihrem Aufstieg in die höheren Sphären der Reinigung und Vorbereitung – bis zu ihrer späteren Reinkarnation in unserer Erdenwelt.

Im zweiten Teil des Buches bringt Engel Aufzeichnungen von bisher ungeahnten Offenbarungen und Belehrungen, die er bei seinen Sphärenwanderungen von seinen Geistführern erhielt. Diese Begleiter aus den universellen Welten des Lichts und der Liebe ließen ihn an den großen Geheimnissen des kosmischen Wirkens teilhaben.

Die lebensnahen Schilderungen der verschiedensten Jenseitsbereiche und des Lebens ihrer Bewohner, aber auch die unglaublich präzis beschriebenen Sphärenlandschaften sowie die überraschenden Wendungen im Astralgeschehen – fern aller bekannten Naturgesetze! – machen seinen authentischen Bericht zu einem einmaligen Vermächtnis echten Wissens.

Das Ungewöhnlichste, was ein Mensch je erfahren und beschreiben durfte

Robert A. Monroe
DER ZWEITE KÖRPER
Expeditionen jenseits der Schwelle
Astral- und Seelenreisen in ferne Sphären der geistigen Welt
Broschiert
336 Seiten mit Tabellen
ISBN 3-7157-0201-X

Robert A. Monroe ist einer breiten Leserschaft schon durch sein erstes Buch «Der Mann mit den zwei Leben» bekannt. Im vorliegenden Buch berichtet der Autor über sein revolutionäres System zur Synchronisation der rechten und linken Gehirnhemisphäre (Hemi-Sync), bei dem gewöhnliche Testpersonen mittels bestimmter Tonfrequenzen in transpersonale Bewußtseinsräume vordringen konnten und oft einzigartige Begegnungen mit heilenden Lichtwesen hatten.

Monroes eigene erstaunliche Erfahrungsberichte bilden den Hauptteil des Buches. Auf seinen bewußt gesteuerten Reisen außerhalb des Körpers erforscht und beweist er die Existenz von anderen übergreifenden Universen jenseits der Materie. Er beschreibt die unaussprechliche, beglückende Gegenwart und Berührung von hohen geistigen Wesen: wie er in ihr Licht und ihre Liebe eintaucht, mit ihnen wortlos kommunizieren kann und an ihrem Wissen über unergründliche Schöpfungsgeheimnisse teilhaben darf.

Der Autor schildert fesselnd, was noch nie jemand aus eigenem Erleben beschreiben konnte: wie ein Wesen aus anderen Galaxien sich zum erstenmal als Mensch inkarniert. So erfährt der Leser ungeahnte und wertvolle Einzelheiten über den Zyklus der menschlichen Existenz – vor und nach dem Leben.

Die tief menschliche Schilderung über Herkunft, Erdenschicksal und Ziel einer jeden Menschenseele gehören zum Schönsten und Ergreifendsten, was ein Buch heute zu bieten vermag. Wie der Autor in nonverbaler Kommunikation die erlebten Geschehnisse und das Wissen aus anderen Dimensionen in unsere menschliche Sprache zu übertragen vermochte, zeugt bereits vom evolutionären Wachstum des menschlichen Geistes und läßt auf eine nicht mehr allzu ferne spirituelle Evolution des Menschen und seiner Erdenwelt hoffen.

Aufbruch zu den grenzenlosen Horizonten des Bewußtseins

Michael J. Roads
AN DER PFORTE ZUR UNENDLICHKEIT
Metaphysische Dimensionen der Natur
Erlebnisse und Begegnungen jenseits des Vorstellbaren
280 Seiten, broschiert
ISBN 3-7157-0185-4

Auf der Suche nach der Einheit der gesamten Natur, die er in den beiden vorangegangenen Büchern beschrieben hat, boten sich dem Autor stets Gelegenheiten, sein Bewußtsein zu erweitern und bestimmte Pforten zu durchschreiten, um in einen anderen, nicht-physischen Bereich einzudringen.

Die Mystiker aller Zeiten wußten um diese Pforten und haben von ihnen berichtet, doch immer verschlüsselt und mit dem Schleier des Geheimnisvollen umgeben. Auch die oft zitierten Pforten oder Tore zum Paradies spielen auf dieses Geheimnis von etwas Wunderbarem an, das jenseits unserer alltäglichen Wirklichkeit liegt. Michael J. Roads schildert hier nun Erfahrungen und Begegnungen in jenen metaphysischen Bereichen, die oft an die Grenzen der menschlichen Sprache und Ausdrucksfähigkeit führen.

Beim Durchschreiten dieser Pforten der Wahrnehmung endeten für ihn die üblichen Auffassungen von linearer Zeit und normaler Realität. Bekanntes wurde abrupt durch absolut Unvorhergesehenes und bislang Unvorstellbares ersetzt. Hundert Millionen Jahre Leben rollten sich auf und wurden in einem einzigen sphärischen Moment – in einer Art Gleichzeitigkeit aller Orte und Geschehnisse – erlebt. Als reiner Energie- oder Lichtkörper wurde er zu immer neuen Wirklichkeitsebenen katapultiert und begegnete dort jenseitigen Wesenheiten, die ihm dabei halfen, sein Bewußtsein für die ungeheuren, vielschichtigen Dimensionen zu erweitern.

Michael J. Roads beschreibt, wie er als reine Bewußtheit alle Formen des Lebens umfaßt – vom Mineral zur Pflanze, vom Tier zum Menschen – und wie er in sich den Drang des höheren Selbst spürt, sich in immer neuen Ausgestaltungen der Natur auszudrücken.